Kakichi Kadowaki

Erleuchtung auf dem Weg

Kakichi Kadowaki

Erleuchtung auf dem WEG

Zur Theologie des Weges

Kösel

Aus dem Japanischen übersetzt von Georg Evers.
Das japanische Original »Michi no Keijijo-gaku« ist 1990 im
Verlag Iwanami Shoten, Tokio, erschienen.

ISBN 3-466-20369-4

© 1993 für die deutsche Ausgabe by Kösel-Verlag GmbH & Co., München
Printed in Germany. Alle Rechte vorbehalten
Druck und Bindung: Kösel, Kempten
Umschlag: Elisabeth Petersen, Glonn, unter Verwendung
einer Tuschzeichnung von Tatsuhiko Yokoo, Kürten

1 2 3 4 5 · 97 96 95 94 93

Gedruckt auf umweltfreundlich hergestelltem Werkdruckpapier ·
(säurefrei und chlorfrei gebleicht)

Inhalt

Vorwort

Vor drei Jahren, als ich mitten in der Arbeit an dem vorliegenden Buch war, erhielt ich eines Tages Besuch von Prof. H. Bürkle von der Universität München. Er hatte die deutsche Übersetzung meines Buches »Zen und die Bibel, ein Erfahrungsbericht aus Japan« (O. Müller-Verlag, Salzburg 1980) mit großer Bewegung gelesen und war gekommen, mir einen Besuch abzustatten. Bei dieser Gelegenheit kam das Gespräch auf Publikationsvorhaben meinerseits, an denen ich arbeitete. Als ich ihm antwortete, daß ich gerade dabei wäre, das Vorwort zur »Theologie des Weges« – im vorliegenden Buch das Kapitel 1 – zu schreiben, fragte er nachdenklich zurück, was denn eine »Theologie des Weges« sein könne. Als ich ihm den Inhalt erklärte, zeigte er großes Interesse an der Thematik und drückte seinen Wunsch aus, mich zu Vorlesungen an die Universität München einzuladen. Ich fragte meinerseits zurück, woher es käme, daß im Westen nie eine »Theologie des Weges« entwickelt worden sei. Nachdem er etwas nachgedacht hatte, sagte er: »Das hat wohl damit zu tun, daß im Westen die Theologen stark unter dem Einfluß des Intellektualismus griechischer Philosophie gestanden haben und sich nicht von diesen Denkmodellen haben lösen können.« Über diese Antwort habe ich mich sehr gefreut, denn sie drückte genau das aus, was ich in meinem Vorwort (im vorliegenden Buch, Kapitel 1) geschrieben habe.

Aristoteles, der große Denker der griechischen Philosophie, hat auf dem Gebiet des Intellektualismus mit Hilfe der Vernunft die Suche nach der Wahrheit vorangetrieben und mit seinen Werken wie der »Metaphysik«, der »Ethik« und der »Psychologie« eine großartige Philosophie geschaffen. Er hat jedoch selber sich nie aktiv künstlerisch betätigt. Seine »Poetik« ist zwar ein ausgezeichnetes Werk der Ästhetik, aber anders als die Werke von Seami

9

»Kaden« oder »Kakyo« sind sie nicht vom Standpunkt des Kunst-schaffenden, sondern ausschließlich aus der Sicht des Kunstbe-trachters geschrieben. Daran erweist sich der intellektualistische Charakter seiner Philosophie. Im Gegensatz dazu möchten wir bei der Diskussion des »Weges« in diesem Buch zwar auch die Fähigkeiten des Intellekts, des Gefühls und des Willens benutzen, aber in Abgrenzung zur aristotelischen Philosophie wollen wir vom Standpunkt eines Pilgers her, der unterwegs auf dem Weg ist, das Gesamt aller menschlichen Fähigkeiten ins Spiel bringen. Bashô hat die Kunst der »Haiku« mit Leben erfüllt (Teil I); Dôgen entwickelte eine scharfsichtige Theorie der religiösen Lebensfüh-rung und Lehre (Teil II), und mit Christus und der christlichen Gemeinschaft erstellen wir eine Theorie von Theologie und Ge-schichte, die unterwegs ist zur glückseligen Vollendung im Escha-ton (Teil III).

Weil der Weg, d.h. das Unterwegssein, in der Geschichte der Welt und der Menschheit sowohl die grundlegende Antriebskraft als auch den letzten Zielpunkt darstellt, ist eine Metaphysik, die von der Funktion des Weges ausgeht, nach meiner Meinung am ehesten in der Lage, die negativen Folgen des Intellektualismus zu überwinden, der die Hauptursache für die gegenwärtige Krise darstellt, die unsere Umwelt und die menschliche Rasse zu zer-stören droht. Hinzu kommt, daß eine solche Metaphysik aufge-baut ist auf der Weisheit und der alles umfassenden Erkenntnis, die die Fähigkeiten des Gefühls, des Verstandes und des Willens zusammenhält und damit auch dem aristotelischen »Denkvermö-gen« und dem modernen rationalistischen Denken (der grundle-genden Kraft der wissenschaftlichen Technik) ihren angemesse-nen Platz in der allgemeinen Ordnung zuweist. Das vorliegende Buch, das auf der Motivationskraft des Weges aufbaut, sollte mit seiner umfassenden Sicht in der Lage sein, den Intellektualismus zu überwinden und dem heutigen Menschen auf der Suche nach neuen Horizonten für das »post-moderne Zeitalter« intellektuelle Anregung und geistige Kraft (dynamis) zu geben.

Im folgenden möchte ich kurz erläutern, wie es zu dem japa-nischen Titel »Metaphysik des Weges« gekommen ist. Beim Wort »Metaphysik« wird vielen das gleichnamige Hauptwerk von Aristoteles einfallen. In der lateinischen Übersetzung wurde das Wort »metaphysica« gebraucht, das in der Tradition des Iching auf Japanisch mit »Suche nach einem Weg jenseits der physischen Erscheinung« übersetzt wurde. Unter dieser Rücksicht, daß hier das Element des »Weges« vorkommt, schien uns die Bezeichnung »Metaphysik« für unser Buch, das sich zentral mit dem Thema des Weges befaßt, geeignet.

Teil II, der sich mit den Vorstellungen Dôgens vom Weg befaßt, nenne ich die »Meta-Ethik des Weges« in Anlehnung an Arbeiten von Karaki Jun und Kawada Kumataro. Karaki hat herausgearbeitet, daß Dôgens Sicht von der Vergänglichkeit der Dinge »Metaphysik« darstelle, während Kawada beim Vergleich von buddhistischer Philosophie mit westlichem Denken von einer »Meta-Ethik« spricht.

Teil III befaßt sich mit den theologischen Implikationen der Sicht »Christus als der Weg« und hat daher den Titel »Theologie des Weges«. Schließlich habe ich im Japanischen an dieser Stelle in Anlehnung an das Iching doch wieder das japanische Wort für »Metaphysik« verwandt unter Hinzufügung der besonderen Lesart »Theologie«.

Das vorliegende Buch versteht sich nicht als Ertrag akademischer Forschung, sondern möchte ein Buch zum Nachdenken für den gewöhnlichen Leser sein. Da es nicht in erster Linie für den Spezialisten gedacht ist, haben wir die Zahl der Fußnoten klein gehalten und sie, wenn möglich, in den Text aufgenommen. Was den Inhalt angeht, so haben wir die Werke vieler Kollegen und Philosophen, die sich vor uns mit diesen Fragen auseinandergesetzt haben, benutzt. Ihnen allen gilt unser Dank.

11

Reise auf der Suche nach dem Weg

Warum hat es bisher keine »Theologie des Weges« gegeben?

Von Anfang an wird im Christentum davon gesprochen, daß der Mensch ein Pilger (homo viator) sei. Daß der Mensch als Pilger und das Menschenleben als Reise angesehen werden, gehört auch zu den Grundzügen des japanischen Denkens, wie später noch zu belegen sein wird, und stellt auf keinen Fall ein Sondergut des Christentums dar. Andererseits geht die Definition des Menschen als Pilger ohne Zweifel auf das christliche Menschenbild zurück. Dies läßt sich z.B. mit dem gedankentiefen Wort Jesu beim Letzten Abendmahl belegen, als er von sich sagt: »Ich bin der Weg, die Wahrheit und das Leben.« (Joh 14,6). Ein Christ ist danach jemand, der diesen »Weg« sucht und ihn in Begleitung dessen, der der Weg ist, auch geht. Eigentlich müßten wir es noch deutlicher sagen: Bevor wir diesen »Weg« suchen, haben wir schon unser Leben von diesem »Weg« erhalten und werden von ihm gehalten. Aus diesem Grund suchen wir diesen »Weg«, können ihn entdecken und ihn gehen. Ein bewußter Christ hat an sich erfahren, wie der »Weg« seinen Leib und seine Seele bis ins Innerste durchdringt und wie er selber, ganz mit diesem Weg eins geworden, sein Leben führt.

Es ist aber andererseits schon erstaunlich, daß trotz der klaren Aussage Jesu, daß er der Weg sei und daß das Wesen des Christen in seinem Pilgersein bestehe, sich bis heute keine »Theologie des Weges« herausgebildet hat. Hat es etwa bisher keine theologischen Überlegungen gegeben, die sich mit jener Person befaßten, die sich selbst als der Weg bezeichnete? Oder hat es bisher an

Reflexionen über das Pilgersein des Menschen gemangelt? Einige der Ursachen für das Fehlen einer Theologie des Weges mögen hier liegen, aber ich bin überzeugt, daß es noch einen tieferen Grund gibt. Um die Schlußfolgerung schon vorwegzunehmen: Die protestantische wie auch die katholische Theologie waren fest in abendländischen Denkstrukturen verankert und unfähig, sich aus der in der griechischen Philosophie vorherrschenden Betonung des Intellekts und Willens zu befreien. Solange aber Intellekt und Wille im Mittelpunkt stehen, wird sich, wie dies am Beispiel der Philosophie Hegels zu sehen ist, eine Philosophie des Geistes entwickeln, oder wie es das Beispiel der Theologie Karl Rahners zeigt, sich eine Theologie des Geistes herausbilden.

In den Denkstrukturen der griechischen Philosophie wird das Gute durch den Intellekt erkannt, im Willen der Entschluß gefaßt, es in die Tat umzusetzen und durch den Körper schließlich realisiert. In diesem Denkschema ist es unmöglich, den Menschen als Pilger mit Leib und Blut wirklich zu erfassen. Denn eine Reise besteht ja darin, daß man sich zunächst einmal»körperlich auf die Reise begibt« und daß eine Einsicht in die Philosophie des Weges nur möglich ist, wenn der Leib im Mittelpunkt steht. Es kommt ferner hinzu, wie später noch zu belegen sein wird, daß die Gründe, warum z.b. Abraham wie auch Bashô sich auf die Pilgerschaft begeben, nicht durch Intellekt und Wille zu verstehen sind. Wie es Bashô in einem Gedicht ausdrückt:»Verlockt vom Wind aus einer einsamen Wolke verspürte ich in mir den Drang zu wandern…«. Auch Abraham wurde vom Geiste Gottes – das hebräische Wort für Geist»ruach« bedeutet zunächst den Wind – bewegt, sich auf die Reise zu begeben, die eben in erster Linie eine in abstrakter Begrifflichkeit nicht zu fassende körperliche Fortbewegung ist und von daher zweifellos den Bereich des Intellekts und Willens übersteigt.

Im Abendland hat es andererseits nicht völlig an Formen einer Theologie gefehlt, die man als»Theologie des Weges« bezeichnen könnte. Ein gutes Beispiel dafür ist das Werk Bonaventuras»Itinerarium mentis in Deum« (Die Reise des Geistes zu Gott), in dem er seine voluntaristische Theologie darstellt. Seine Theologie bleibt denn auch immer eine»Reise des Geistes«, bei der der

14

ganzen Wirklichkeit des Menschen, der sich körperlich unterwegs auf seiner Pilgerschaft befindet, in keiner Weise Rechnung getragen wird. Hinzu kommt, daß das Werk in erster Linie eine Theologie der Spiritualität des Gebetes für Ordensleute darstellt und in keiner Weise das alltägliche Leben des Menschen bedenkt, der körperlich auf seiner Pilgerschaft sich befindet und dessen Leben von dem der Ordensleute so verschieden ist. Diese Theologie stellt zwar die Liebe in den Mittelpunkt und wird wegen der Zurückstellung des Intellekts gegenüber der intellektualistischen Theologie eines Thomas von Aquin gegenwärtig höher eingeschätzt. Sie bricht aber andererseits nicht aus den Strukturen der platonischen Philosophie aus und bleibt eine Theologie, die auf der Suche nach einer anderen göttlichen Welt ist, die die unsere übersteigt. Die »Theologie des Weges« jedoch, die wir entwickeln möchten, begreift das Leben auf dieser Welt in seiner Gesamtheit als Weg und unterscheidet sich wesentlich von der Transzendenz eines Plato und ebenfalls von den »Reiseanweisungen für die Seele« in der Theologie eines Bonaventura, die von ganz anderen Denkstrukturen und Gesichtspunkten ausgehen.

Die Tradition des »Weges« in Japan

Wo können wir die neuen Gesichtspunkte und den neuen Denkhorizont für eine »Theologie des Weges« finden? Zunächst werden wir ganz natürlich daran denken, daß wir dies am ehesten in der Heiligen Schrift entdecken werden. Auch wenn eine gründliche Untersuchung zeigt, daß in der Heiligen Schrift tatsächlich reiches Material für eine »Theologie des Weges« sich findet, so reicht dies leider nicht aus, das philosophische Gerüst an Begriffen und den Denkhorizont für den Aufbau einer neuen Theologie zu bieten.

Auf der anderen Seite gibt es in Japan von alters her ein Denken in Kategorien des Weges, und es hat sich eine kulturelle Tradition darum entwickelt. In dieser Tradition finden sich nicht nur Denkstrukturen, die mit dem Weg zu tun haben, sondern diese Tradition übt auch heute auf den modernen Japaner weiterhin ihren

Einfluß aus. Wir brauchen nur einige Beispiele zu nennen, um zu zeigen, wie häufig heute in Japan das Wort »Weg« gebraucht wird, um eine Vielzahl japanischer Künste, Fertigkeiten oder dergleichen zu bezeichnen. So ist vom »Weg des Tees« (chadô), »Weg des Blumensteckens« (kadô), »Weg der Dichtung« (kadô) und »Weg des Haiku« die Rede. Bei den Sportarten gibt es »Kendô« (wörtlich: »Weg des Schwertes«) und »Judô« (den »sanften Weg«). Es gibt sogar Leute, die vom »Weg des Baseballs« oder sogar von einem »Weg des Handels« sprechen. Was ursprünglich der Erholung diente, wie der Baseball, wurde zu einem »Weg« gemacht und sogar das Geldverdienen im Handel wird als »Weg« angesehen. Es würde interessant sein, einmal alle Menschen zu zählen, die sich beim »Weg des Tees« oder beim »Weg des Blumensteckens« betätigen und dazu die vielen zu nehmen, die Kendo und Judo betreiben oder sich dem Erstellen von japanischen Gedichten, sei es den Waka bzw. Haiku widmen. Natürlich läßt sich keine genaue Zahl nennen, aber ich würde vermuten, daß das Ergebnis ziemlich genau mit der Gesamtzahl der japanischen Bevölkerung zusammenfallen würde. Sicher läßt sich bezweifeln, daß alle diese Menschen ernsthaft auf der Suche nach dem »Weg« sind, aber es steht außer jedem Zweifel, daß diese Menschen in der Ausübung dieser Künste auf irgendeine Weise ihren Körper und Geist stärken und einem Verlangen ihrer Seele genügen wollen. In jedem Fall läßt sich sagen, daß die Tradition des Weges im heutigen Japan ganz sicher lebendig ist.

In dieser Tradition ist zum Glück eine Vielzahl von Begriffen vergraben, die die neuen Ideen und den Denkhorizont hergeben, den wir für den Aufbau einer »Theologie des Weges« notwendig brauchen. Wir müssen sie nur zum Leben erwecken.

In Japan gibt es eine reiche Literatur zum Themenbereich des »Weges«. Ich möchte daraus zunächst den »Weg der Haikai« (haiku) von Bashô untersuchen und mich dann der Zen-Philosophie von Dôgen zuwenden, in der sich eine »Meta-Ethik des Weges« finden läßt. Aus diesen Untersuchungen müßten sich dann die neuen Ideen und der neue Denkhorizont finden lassen, von denen ich gesprochen habe. Im Licht dieser aus dem japanischen »Denken über den Weg« entwickelten philosophischen

Ideen und Gedankengebäude wollen wir das Volk Israel auf seiner von Moses geleiteten Reise begleiten, auf der sie Gott als die Antriebskraft auf ihren »Weg« erfahren. Dabei finden wir auch den Ausgangspunkt für die neutestamentliche »Theologie des Weges«, indem wir den Prolog des Johannes, die Evangelien von Markus, Lukas und Matthäus untersuchen und darin entdecken, daß Jesus der »Weg« ist, in einer Weise, die es genauer zu bestimmen gilt. Auf diese Weise hoffen wir, die Grundlagen für eine Hinführung zu einer »Theologie des Weges« legen zu können.

Die von uns angewandte Methodologie ähnelt dem im Westen beim Aufbau der Theologie entwickelten Verfahren, die griechische Philosophie von Platon und Aristoteles zu benutzen. In der Gegenwart hat Karl Rahner die Gültigkeit dieses Vorgehens gezeigt, als er die Thomasinterpretation eines Maréchal oder die Philosophie eines Martin Heidegger für die Entwicklung seiner Theologie benutzte.

I. Der »Weg« im Denken Bashôs

Bashô als Pilger und seine »innere Einstellung zum Weg«

Was ist ein Weg? Worin besteht eine Reise? Auf diese Fragen zu antworten, ist gar nicht so leicht. Wie wir schon erläutert haben, können wir mit dem Verstand noch so viel über den Weg und das Reisen nachdenken, ohne deswegen den Menschen zu verstehen, der tatsächlich eine Reise unternimmt. Nur solche Menschen, die während ihres ganzen Lebens das »Unterwegssein« als Heimat gewählt und tief darüber nachgedacht haben, sind dazu in der Lage. Bashô scheint mir ein Musterbeispiel eines solchen Menschen zu sein.

Bashô wurde 1644 (Kanei 3) in Iga, Ueno-ken, geboren und starb am 13. Oktober 1694 (Genroku 7) in Osaka. Von den 51 Jahren seines Lebens hat er in den letzten zehn Jahre das Unterwegssein buchstäblich zu seiner Heimat gemacht. Es gibt eine Reihe von Reiseberichten, von denen fünf für die letzten fünf Jahre seines Lebens erhalten sind: »Nozarashi Kikô« (Bericht über das Ausgesetztsein auf dem Feld) aus dem Jahr 1684; aus demselben Jahr »Kashima Kikô« (Reise nach Kashima) und »Oi no kobumi« (Manuskript in meinem Rucksack), ferner »Sarashina Kikô« (Reise nach Sarashina) und »Oku no Hosomichi« (Der enge Pfad von Oku) aus dem Jahr 1689. Dies sind nur einige Beispiele der vielen Reisen Bashôs.

Zu Recht berühmt geworden ist das Haiku, das der Pilger Bashô während seiner letzten Krankheit verfaßte und das sein Werk angemessen abschließt:

Tabi ni yande
yume wa kareno wo
kakemawaru.

Krank auf der Reise
Träume auf verdorrtem Feld
hin und her wandern.

Sein ganzes Leben war geprägt vom Reisen und auf einer Reise fand er schließlich auch seinen Tod. Das während der letzten Krankheit entstandene Haiku spiegelt diese Situation wider und läßt uns einen ergreifenden Blick tief in sein innerstes Wesen tun. Auch auf dem Totenbett wandert Bashô mit Leib und Seele, wenn auch nur im Traum, über verdorrte Felder. Auf den Spuren von Saigyô und Sogi, Vorläufern, die ebenfalls auf Reisen ihr Ende fanden, setzt Bashô im Traum auch in seiner letzten Stunde das Reisen fort. Was Bashô in einem Brief an seinen Schüler Masahide geschrieben hatte, daß sein größter Wunsch sei, »eine wandernde Wolke ohne Wohnstatt« zu sein, das erfüllte sich in seinem Sterben aufs Wort.

Bashô war aber mehr als nur ein Dichter. Er hat sein Leben nicht nur dem Weg der Haiku-Dichtkunst gewidmet, sondern war ein Dichter, dessen Augen für den Weg der Religion weit geöffnet waren. Als Bashô auf dem Totenbett das oben zitierte Gedicht verfaßt hatte, rief er Shikô und sagte ihm, daß er noch eine andere Fassung des Gedichtes gemacht habe und wollte wissen, welche die bessere wäre. Der Schüler wollte seinen Meister nicht belasten und erklärte, ohne nach der anderen Fassung zu fragen, daß die vorliegenden Verse unübertrefflich seien. Daraufhin machte sich Bashô Selbstvorwürfe, daß er selbst auf dem Sterbebett immer noch so an der Dichtkunst hänge. War es doch diese Art des Verhaftetseins, das der Buddha als Illusion getadelt hatte. »Ich habe mich vergangen«, erklärte er, »von jetzt an will ich alle meine Dichtung vergessen.« Angesichts des nahe bevorstehenden Todes erschienen ihm die vielen Gedichte, die er zeit seines Lebens verfaßt hatte, als nichtig im Vergleich zu den Wahrheiten der religiösen Welt, die ihm aufgegangen waren.

Um einen Zugang zum Verständnis des Weges im Denken Bashôs zu finden, muß man die Gedichte, die er in Haiku oder anderen Gedichtsformen hinterlassen hat, sowie seine verschiedenen Reise- und Tagebücher lesen. Wenn man aber alte Literatur, wie die Haiku von Bashô verstehen will, dann muß man auch das Zeitalter Bashôs kennen, weiter muß man als notwendige objektive Voraussetzung den Wortgebrauch und die Grammatik der damaligen Zeit untersuchen und die zentralen Begriffe und Kompositionsgesetze als Hintergrund untersuchen. Wenn man diese objektiven Kenntnisse zur Voraussetzung macht, können wir uns von Bashôs Werk berühren lassen, von ihm bewegt werden und versuchen, Bashôs Erfahrung zu unserer eigenen zu machen. Das Ideal wäre, daß wir die gleichen Erfahrungen wie Bashô machen. Aber wie können wir dies erreichen? Zum Glück hat uns Bashô selber zu Beginn seines Buches »Nozarashi Kikô« (Bericht über das Ausgesetztsein auf dem Feld) in einem Gedicht in Haiku-Form Anweisung gegeben, wie er wünschte, daß seine Gedichte gelesen werden.

Tabine shite   Auf dem Reisebett
Waga ku wo shire ya   verstehest Du mein Gedicht
Aki no kaze.   im herbstlichen Wind.

Bashô möchte, daß wir uns selbst auf die Reise machen, daß wir die Erfahrung machen, eine Nacht auf einem Reisebett zuzubringen, um so einen Zugang zum tatsächlichen Sinn von Bashôs Dichtung zu finden.

Natürlich unterscheidet sich das Reisen zu Bashôs Zeiten von dem der Gegenwart. Die hoch entwickelten Verkehrsmöglichkeiten und die vollkommen ausgestatteten Hotels, mit der unser Reisen heutzutage privilegiert ist, unterscheiden sich grundlegend vom Reisen zur Edo-Zeit. Wie können wir es anstellen, daß unser Reisen wenigstens in etwa Ähnlichkeit mit dem Unterwegssein Bashôs hat? Müßten wir dafur nicht bereit sein, folgende Einstellung in uns zu wecken?

Erstens sollte unser Reisen, wie Blaise Pascal uns rät, nicht nur »wegen der Erholung allein« unternommen werden. Die jungen Leute erfreuen sich an Auslandsreisen, während die älteren Jahrgänge sich dem Inlandtourismus widmen. Angesichts dieser fröhlichen Touristenmentalität müssen wir versuchen, etwas von der Lebensweise der Alten uns wieder zu eigen zu machen.

Zweitens müssen wir bereit sein, mit Bashô uns auf das »Ausgesetztsein auf dem Feld« einzulassen.

Bashô hat die Erfahrungen seiner ersten Reise in das Versmaß
eines Haiku – 5, 7 und wieder 5 Silben – zusammengefaßt:

Nozarashi wo	Ausgesetzt im Feld
koro ni kaze no	im Herzen der kalte Wind
Shimu mi kana.	geht durch Mark und Bein.

»Nozarashi«, das bedeutet wörtlich gebleichte Knochen, besonders Schädel, die auf Feldern oder in den Bergen verstreut sind.
Damit verbunden ist die Vorstellung »vom kalten Wind«, der
»durch Mark und Bein« dringt. Der erste Teil des Gedichtes ruft
die Vorstellung wach, daß der Reisende gewärtig sein muß, auf
dem Feld verlassen wie gebleichte Knochen zu enden, wo der kalte
Wind bis ins Mark beißt. Die Aussage: »durch Mark und Bein
dringen«, wird seit der Zeit, als sie erstmals von Sogi in seiner
Dichtung verwendet wurde, als Ausdruck für stechenden Schmerz
gebraucht. Bashô verwendet dieses Bild eindrucksvoll, um seine
Bereitschaft, den größten Schmerz auf sich zu nehmen, auszudrücken und zeigt darin die große Einfachheit seiner Seele.

Wir werden später verstehen, wie die Bereitschaft, »auf dem
Feld ausgesetzt zu sein« für Bashô gerade die Quelle einer großen
Kreativität geworden ist. Auf der Reise, von der sein Bericht
»Ausgesetzt auf dem Feld« handelt, hat Bashô viele Freunde
gewonnen, wurde beglückt mit einer Reihe herzerwärmender Begegnungen, erfuhr das große Gefühl der Einheit mit der Natur
und war so imstande, eine Reihe großartiger Gedichte zu verfassen. Wenn ich hier schon das Ergebnis der theologischen Untersuchung vorwegnehmen soll, dann stellt Bashôs Einstellung zum
»Weg« jene Haltung dar, die Jesus in seiner Bergpredigt mit der
»Armut des Herzens« bezeichnet hat, d.h. die Einsicht, daß wir
immer schon, bevor wir den »Weg« suchen, von diesem »Weg«
leben und im Verlangen nach dem »Weg«, diesen schon gehen.
Wenn dies wahr ist, war dann nicht auch der »Weg« die eigentliche Antriebskraft Bashôs auf seinen Reisen?

Eine Tiefenbegegnung mit Bashô

In den letzten zehn Jahren hat das Studium von Bashô große
Fortschritte gemacht, was die Sammlung seiner Werke, die literarischen Untersuchungen und die Aufarbeitung des Quellenma-
terials angeht. Auf diesem Grundlagenmaterial aufbauend haben
Katô Shuson, Yamamoto Kenkichi, Andô Tsugio und andere
neue, auf selbständigen Einsichten beruhende Interpretationen
der Haiku und der übrigen Kettengedichte (renga) vorgelegt. Ich
möchte mich hier besonders auf die Beiträge von Katô Shuson
konzentrieren. Katô entwickelt bei seiner Interpretation von Bashô wichtige Elemente, die uns helfen, die Vorstellung des »Weges
im Denken Bashôs« besser zu verstehen. Während des Pazifischen
Krieges vertiefte sich Katô sehr intensiv in das Studium von Bashô,
in einem Maße, daß er sich selber rückblickend fragt, wie es kam,
daß er so fasziniert wurde. Er selber erklärt zu dieser Phase seines
Lebens: »Während der Jahre 1944 und 1945 lebte ich ständig
unter der Bedrohung durch die Brandbomben, die Tag und Nacht
unser Leben gefährdeten. ... Und doch machte ich unter der
Bedrohung durch die Brandbomben, in der Gefahr um Leib und
Leben, die Erfahrung einer tiefen Ruhe... Ich hatte das seltsame
Gefühl, daß dieses kleine unscheinbare Ich in einer großen Einsamkeit allein auf dieser Welt lebte. In dieser aus der eigenartigen
Situation erwachsenen Stille war mir, als ob mir jene Stille zu-
wüchse, die auch Bashô früher in seiner Suche nach Abgeschie-
denheit erfahren hatte.« (Bashô ni hikareru kokoro, Bashô Zenku
/ Angezogen von Bashô, Bashôs Gesammelte Werke).

Ogata Isao erklärt diese Erfahrung damit, daß Katô Shuson
gerade in der Todeserfahrung während des Krieges diese tiefrei-
chende Begegnung mit dem aus dem 17. Jahrhundert stammenden
Bashô geschenkt wurde, die ihm zugleich ermöglichte, eine grundsätzliche Solidarität mit allen Menschen zu erfahren. Als er sich
mit der Einsamkeit beschäftigte, die Bashô in der Zeit der Zu-
rückgezogenheit in Fukagawa erfuhr, eröffnete er dabei zugleich
einen ganz neuen Zugang zur Interpretation von Bashôs Werk.

Die Erfahrung von Katô Shuson mag auf den ersten Blick
widersprüchlich erscheinen. Denn, wie kann das Gefühl der Ein-

23

samkeit zugleich das Gefühl der Solidarität vermitteln? Bestand die Erfahrung etwa darin, daß er aus dem Erlebnis der Einsamkeit das Verlangen nach menschlicher Liebe verspürte, daß er bei der Suche nach Solidarität dem an dem gleichen Gefühl der Einsamkeit leidenden Bashô begegnete und daß sie sich gegenseitig Trost gespendet hätten? Auf keinen Fall! Denn eine solche Begegnung hätte ja nur in einer Übereinstimmung eines gleichen Gefühls bestanden und könnte keinesfalls eine Begegnung in der Tiefe genannt werden. Es war doch vielmehr so, daß aus dem Erlebnis der Einsamkeit ihm der Durchbruch zur tiefsten Schicht der menschlichen Existenz geschenkt wurde und er darin erkannte, daß sein eigenes Schicksal die Zeit transzendierend mit dem Schicksal Bashôs identisch ist. Darin liegt auch der Grund, warum Ogata sagt, daß Katô seine Erfahrung von Bashô in der Form einer auf der Grundlage der Todesgefahr geschenkten Tiefenbegegnung mit Bashô gemacht hat.

Andererseits ist es auch für uns, die wir auf der Suche nach dem »Weg im Denken Bashôs« sind, ebenfalls unumgänglich, in gleicher Weise eine Tiefenbegegnung zu erfahren, weil, wie wir schon weiter oben festgestellt haben, sich ein Zugang zum Weg im Denken Bashôs nur dem eröffnet, der auf die gleiche Weise wie Bashô sich auf die Reise begibt. Dafür ist aber eine oberflächliche Nachahmung allein nicht ausreichend, denn darin würde es nicht möglich sein, in Wirklichkeit Bashôs Schicksal zu teilen. Wir leben im Strudel des neuzeitlichen Individualitätsdenkens, in einem Zeitalter, in dem das Individuum und die Gemeinschaft gespalten sind; da bedürfen wir, wie es Yamamoto Kenkichi genannt hat, »einer besonderen Entschlossenheit«, um einen Zugang zu Bashô zu finden. Wie finden wir dazu einen Weg?

Es gibt für uns nur einen einzigen Weg. Wir müssen die Krise unserer gegenwärtigen Zeit in ihrer Gänze annehmen. Das bedeutet, daß eine Fülle von Aufgaben vor uns liegt. Anfangen sollten wir mit dem, was uns am nächsten liegt. Wir alle begegnen an irgendeiner Stelle unseres Leben einer Krisensituation. Sie mag darin bestehen, daß wir Gefahr laufen, unsere Stellung in der Gesellschaft zu verlieren, sie kann in einer Krise der Partnerschaftsbeziehung bestehen, in einem Nervenzusammenbruch, in dem uns aus Verzweiflung der Selbstmord als Ausweg erscheinen mag. In all diesen Situationen kommt es darauf an, daß wir in Erinnerung an die Reisen, die Bashô unternommen hat, in uns die Bereitschaft wachrufen,»auf dem Feld ausgesetzt zu sein«. Gerade in einer solchen Zeit erfahren wir ganz unmittelbar, daß das Leben des Menschen eine Reise ist, auf der es Zeiten gibt, wo die Reise über gefährliche Bergpfade führt oder im Frühling durch freundliche Felder verläuft, wo es Tage gibt, in denen Regen fällt, aber auch Zeiten, wo der Himmel lacht. Wir können die beglückende Erfahrung machen, einem alten Freund wieder zu begegnen,und kurz darauf mögen wir die Erfahrung machen, im Unwetter dem Tod ausgesetzt zu sein. Aber es ist doch so, daß wir gerade in den Grenzerfahrungen von Leben und Tod die Erfahrung machen können, daß wir als Einzelmenschen in die Einsamkeit dieser Welt hineingestellt sind. Werden dann nicht gerade diese Ereignisse für uns zur Chance, aufs neue zu erfahren, daß wir»Menschen immer Pilger sind«? Wenn wir uns dann von Bashô leiten lassen, diesem ausgezeichneten Führer, und in uns die Bereitschaft wachrufen,»auf dem Feld ausgesetzt zu sein«, dann kann uns die tiefe Begegnung mit Bashô geschenkt werden, dann können wir zur Erkenntnis gelangen, daß wir über die Begrenzungen der Zeit hinweg mit Bashô dieselbe Erfahrung des Unterwegsseins machen können. Wie es Katô Shuson gelungen ist, während der Todesgefahren im Kriege Bashô in der Tiefe zu begegnen, sollten wir nicht auch durch die Krisenerfahrungen unseres Lebens zu einer Tiefenbegegnung mit Bashô gelangen können?

Die existentielle Struktur dieser Tiefenbegegnung

Wie können wir aber zu einer Begegnung mit Bashô gelangen, der doch dreihundert Jahre vor uns gelebt hat? Wenn es für einen Zugang zum Verständnis des Weges notwendig ist, wie Katô Shuson zu einer Tiefenbegegnung zu gelangen, dann müssen wir eine Methode suchen, die uns dies ermöglicht. Das gleiche gilt auch für das Verständnis des Weges im Denken von Dôgen und

Jesus Christus, mit denen wir uns später befassen werden. Christen sind doch der Überzeugung, daß es ihnen möglich ist, beim Lesen der Bibel zu einer Begegnung mit Jesus Christus zu kommen, der immerhin vor zweitausend Jahren gelebt hat. Im Zen-Buddhismus wird der Schüler angehalten, beim Studium von Chao Chous Kôan vom »Mu« sich darum zu bemühen, »Chou von Angesicht zu Angesicht gegenüberzustehen, mit seinen Augen zu sehen und mit seinen Ohren aufs neue zu hören«. Ist es nicht so, daß der Mensch grundsätzlich die Möglichkeit hat, den großen Menschen der Vorzeit aufs neue zu begegnen? Karl Jaspers und Nikolai Berdjajew haben gezeigt, daß der Mensch grundsätzlich die Fähigkeit besitzt, sich der geschichtlichen Erinnerung zu bedienen. Wir wollen der Struktur dieser grundsätzlichen Möglichkeit der Tiefenbegegnung etwas nachgehen.

Nach Jaspers hat die Erinnerung drei verschiedene Ebenen. Auf der Ebene der psychologischen Erinnerung geschieht der Akt des ganz gewöhnlichen Sicherinnerns. So mag es z.B. sein, daß wir uns beim Lesen von Kaga Otohikos Buch »Schiff ohne Anker« an verschiedene Ereignisse aus der Kriegszeit erinnern. Wenn jedoch der Leser durch das Lesen des Romans emotional so tief berührt wird, daß er mit der Hauptperson (die ja auf eine historische Person zurückgeht) sich im gleichen Schicksal verbunden fühlt, dann übersteigt er die Ebene der rein psychologischen Erinnerung. Der Roman handelt davon, wie am Vorabend des pazifischen Krieges ein japanischer Diplomat und seine amerikanische Frau in den japanisch-amerikanischen Verhandlungen sich abmühen, noch eine friedliche Lösung herbeizuführen. Trotz der großen Anstrengungen dieses Diplomaten wird Japan wie ein »Schiff ohne Anker« in den Strudel des Krieges hineingezogen, der es schließlich verschlingt. Ein gleiches Schicksal wie dieser Diplomat haben andere Japaner, die auf ihr Gewissen hörten, ebenfalls erfahren. Dieser Roman wird daher nicht nur Menschen, die auf ihr Gewissen hören, eine Begegnung mit den geschichtlichen Ereignissen vermitteln und ihnen im Schicksal der Hauptperson, des Unterhändlers Kurusu Saburo, das Schicksal eines Einzelmenschen vor Augen führen, sondern auch zeigen, daß jeder Mensch, der seinem Gewissen folgt, ein ähnliches Schicksal zu gewärtigen hat. T.S. Eliot hat betont, daß keine noch so vollendete Literatur, gerade wenn sie echte Literatur ist, in der Lage ist, dem Leser die tatsächliche Lebenssituation zu vermitteln. Aber wenn ein Mensch in seinem mit Problemen und Ängsten gefüllten eigenen Leben die gleichen Erfahrungen macht, wie wir sie im Roman »Schiff ohne Anker« finden, dann kann ein solches Stück echter Literatur dem Menschen zeigen, daß sein eigenes Schicksal und das der Menschheit auf der gleichen Ebene liegen. Ein großer Roman hat die Macht, Erinnerung dieser tiefen Art hervorzurufen, eine Erinnerung, die Jaspers die »historische Erinnerung« genannt hat.

Berdjajew sagt dazu: »Um das Geheimnis der Geschichte zu ergründen (dies gilt für den Schreiber wie auch für den, der die Geschichte selber erfährt), müssen wir uns selber in das Schicksal der Geschichte versenken und als unser eigenes Schicksal uns zu eigen machen. Dann wird uns ein tiefes Verständnis für das in der Geschichte sich verwirklichende Schicksal des Menschen aufgehen. Von den Anfängen der Geschichte bis zu unserer Zeit handelt es sich immer um unsere eigene Geschichte. In der Tiefe unseres Herzens müssen wir alles als an uns geschehen betrachten« (Der Sinn der Geschichte).

Wir haben ja schon gelernt, daß wir, wenn wir eine Tiefenbegegnung mit Bashô haben wollen, wir genauso wie Katô Shuson die Krisensituationen unseres Lebens direkt anzugehen haben, daß wir als Individuen, der Einsamkeit von Leben und Tod ausgesetzt, uns mit der Bereitschaft, »auf dem Feld ausgesetzt zu sein« wappnen müssen, um so das gleiche Schicksal mit Bashô zu teilen. Wenn wir die Werke Bashôs mit dieser Einstellung lesen, dann werden wir die historische Erinnerung erfahren, von der Jaspers spricht. Wir dürfen jedoch nicht dabei stehenbleiben, nur das gleiche historische Schicksal mit Bashô zu teilen. Wir müssen beim Lesen der Werke Bashôs, genauso wie später beim Studium des Werkes von Dôgen, überzeugt sein, daß uns die gleiche lebendige Kraft durchdringt, die auch im Leben und Schicksal von Bashô und Dôgen am Werk war. Eine vertiefte Betrachtung dieser lebendigen Kraft, die die Geschichte vorantreibt, sollte uns zum Ursprung dieser die ganze Menschheitsgeschichte vorantreibenden Kraftquelle, Jesus Christus, führen. Denn Jesus Christus hat von sich gesagt: »Ich bin der Weg« und damit den Anspruch erhoben, jene Kraft zu sein, die die Geschichte der ganzen Menschheit bewegt. Die Geschichte der ganzen Menschheit ist eine Geschichte des Unterwegsseins zum Vater und es gibt keinen anderen Weg zum Vater.

Jaspers spricht davon, daß es noch eine dritte Ebene der Erinnerung gäbe. Dadurch, daß wir in einer positiven Annahme, gleichsam in der Erfüllung einer angenehmen Pflicht, das uns mit den Menschen vergangener Zeit verbindende gemeinsame Schicksal annehmen, werden wir zum »ursprünglichen Selbst« erweckt und finden so zu einer schöpferischen Form unserer Existenz. Jaspers nennt diese Form der Erinnerung die »existentielle Erinnerung«.

Menschen, die sich mit Freuden dem Studium von Bashô widmen, stehen oft in der Gefahr, in eine Art Romantizismus oder in eine verklärende Sicht der Vergangenheit zu verfallen. Sie stehen in der Gefahr, in einer traditionalistischen und konservativen Sicht sich an der literarischen Qualität des großen Werkes gleichsam zu berauschen und ihm zu verfallen. Dieser Versuchung können wir widerstehen, wenn wir in die Tiefen unseres eigenen Wesens hinabsteigen und im Wissen, daß wir mit Bashô dem gleichen Schicksal entgegengehen, uns in einem weiterführenden Schritt vom »Weg«, der einen die Geschichte bewegenden Kraft, anspornen lassen. Dann werden wir unser ursprüngliches Selbst erkennen und neue Kraft für das Weiterschreiten auf unserem Weg in die Zukunft verspüren.

Diese Berufung aufgrund der existentiellen Erinnerung wird uns, wie wir später noch genauer sehen werden, zu einem Hinweis für unsere Überlegungen für eine »Theologie des Weges«. Denn für eine Theologie des Weges ist es nicht genug, daß sie auf der Offenbarung Gottes beruht und sich in den Schicksalen der Menschen der Vergangenheit niederschlägt, in denen wir den »Weg« entdecken können. Inmitten der Krisen unseres gegenwärtigen Lebens und in Verbundenheit mit dem Schicksal der Menschen vergangener Zeiten müssen wir uns bemühen, unsere eigene Bestimmung zu erkennen und Anstrengungen für eine bessere Zukunft zu unternehmen. Wer sich daher der Aufgabe stellt, eine

»Theologie des Weges« zu entwickeln, begibt sich auf einen mit vielen Schwierigkeiten besetzten Weg.

Die Entdeckung des Weges nach der Begegnung mit Chuangtzu

Nachdem sich Bashô einen Platz unter den Haiku-Dichtern der Edozeit erworben hatte, erfüllte er sich einen Wunsch seines Herzens und zog sich in eine Hütte in Fukagawa zurück. Im Rückblick auf seinen Gemütszustand schrieb er darüber später: »Innerlich zerrissen kannte ich keine Ruhe« (Manuskript in meinem Rucksack). Bashô war von tiefem Zweifel an der Sinnhaftigkeit des Lebens im damaligen Edo erfüllt, wo es ständig nur darum ging, sich nicht übers Ohr schlagen zu lassen und wo jeder sich tagaus tagein damit beschäftigte, den eigenen Ruhm zu mehren. Bashôs Zweifel wurden genährt von der unergründlichen und jenseitigen Philosophie des Chuangtzu (vgl. Kon Eizo, Einführung zu Bashô, S. 11).

Daß Bashô das Denken Chuangtzus geschätzt hat, wird an der Tatsache deutlich, daß in seinen Werken wenigstens 37mal Zitate oder charakteristische Hinweise auf Chuangtzu sich finden lassen. Wenn wir dem Lexikon zu Bashôs Sprachgebrauch (Nakamura Toshisada, Shunju Sha) folgen, dann sind bei den Zitaten der chinesischen Klassiker die Referenzen zu Chuangtzu am zahlreichsten. Diese Hochschätzung wird ebenfalls deutlich, wenn wir sehen, daß im Vergleich mit den Zitaten aus der japanischen Literatur Chuangtzu an zweiter Stelle hinter Bashôs Lieblingsautor Saigyô rangiert. Bashô stürzte sich mit ganzer Kraft auf das Studium des Lebens Chuangtzus und bemühte sich, dem historischen Schicksal von Chuangtzu möglichst nahezukommen. Indem er die Werke Chuangtzus zu seiner Leib- und Magenlektüre erkor, versuchte er, zur Tiefe seiner eigenen Person vorzudringen und wie in der Verfolgung der Jasperschen historischen Erinnerung mühte er sich, Raum und Zeit zu überwinden, um zu einer Tiefenbegegnung mit Chuangtzu zu finden, der im 4. Jahrhundert westlicher Zeitrechnung im Reich der Chou gelebt hat.

Bashô zitiert zweimal aus dem berühmten Werk Chuangtzus

»Land des Nichtstuns« und an einer anderen Stelle benutzt er Gedanken daraus, ohne wörtlich zu zitieren. Es wird für uns hilfreich sein, wenn wir etwas von der Philosophie verstehen, die sich im »Land des Nichtstuns« findet, das Teil eines Gesamtwerkes »Wandern in Freiheit« ist und das wir daher am besten im Gesamtzusammenhang betrachten.

Der Titel des Werkes bedeutet »Wandern in Freiheit« und beschreibt das Leben eines Menschen, der vollkommen frei und ungebunden ist. Chuangtzu vergleicht diese wunderbar freie Lebensweise mit dem ungehemmten Flug des Rock, des mythischen Vogels der Antike. Dieser Rock war ursprünglich ein riesiger Fisch, der einen Körper besaß, der mehrere Meilen lang war. Dieser Riesenfisch wandelte sich dann in einen Vogel, der ebenfalls mehrere Meilen groß war. Immer, wenn er sich in die Lüfte erhob, verdunkelte er mit seinen Flügeln den Himmel und schwang sich in Höhen von 90.000 Meilen empor. Aus dieser riesigen Höhe betrachtet, zeigte sich die ganze Erde in einer azurnen Farbe, und alle Unterschiede und Gegensätze schienen aufgehoben. Ungehindert von irgendeinem Hindernis nahm der Rock seinen Weg nach Süden.

Wer ein ungehindertes freies Leben wie der Rock führen will, der muß sein ganzes Leben dem »Nichtstun« (Wuwei) widmen, lehrt Chuangtzu. Das »Nichtstun« bedeutet nun nicht, überhaupt nicht tätig zu werden, sondern beinhaltet die Rückkehr zum eigentlichen Selbst. Indem wir das menschliche eigensüchtige Verlangen und die zersetzende Intellektualität hinter uns lassen, versuchen wir, mit dem Schöpfer eins zu werden und uns der »Kraft des Alls« zu überlassen. Aus dieser »Kraft des Alls« sind alle Dinge entstanden und alle Dinge kehren zu dieser dynamischen Wirklichkeit wieder zurück. Wir sollen unser unnatürliches Gehabe aufgeben und unser ganzes Tun dieser »Kraft des Alls« anpassen. Auf diese Weise werden wir, in den Worten Chuangtzus, »die Freude erfahren, ganz wir selbst zu sein«. Konkret gesehen bedeutet dies, nicht nur Erfolg und Ruhm (Verlangen nach Anerkennung, gesellschaftlicher Stellung und Besitz) hinter uns zu lassen, sondern auch unser Ich zu verleugnen, damit so unser wahres Selbst sich zeigen und der vollkommene Mensch geboren werden kann. Damit ist in den Worten Chuangtzus der »wahre Mensch«, der »göttliche Mensch« oder auch der »heilige Mensch« gemeint, der eine Verkörperung des Weges ist.

Das »Land des Nichtstuns« bezeichnet eine Wirklichkeit, die vollständig die Begrenzungen dieser Welt übersteigt. Der »vollkommene Mensch« wird dieses »Land des Nichtstuns« als seine Wohnung erfahren und sich seiner erfreuen. Deshalb kann dieses »Land des Nichtstuns« im wahrsten Sinn als die Heimat dessen bezeichnet werden, der den Weg verkörpert.

Chuangtzu hat nicht nur eine erhabene Lehre verkündet, sondern sie auch selbst verwirklicht. Im zweiten Band der Werke Chuangtzus wird berichtet, daß Chuangtzu die Einladung des Königs von Chu zurückwies, sich jeder gesellschaftlichen Stellung und Ehrung entzog und als er vor dem König von Wei erschien, sich seiner Armut nicht schämte, die sich darin zeigte, daß seine Kleider zerrissen waren und seine Schuhe Löcher aufwiesen. Wie sehr Chuangtzu jede weltliche Ehre verachtete und wie hoch er sein Leben in vollkommener Freiheit und Entsagung schätzte, wird in den scharfen Worten deutlich, mit denen er einen Landsmann tadelte, der weltlichen Ruhm suchte und von dem er sagte, daß er ein »Speichellecker der Mächtigen« sei. Er selber hatte alle weltliche Stellung und Ehrung überwunden und lebte ein Leben der absoluten Freiheit und Abgeschiedenheit.

Die Gestalt und Lehre Chuangtzus muß auf den jungen Bashô einen tiefen Eindruck gemacht haben. So nahm er Abschied von der prachtvollen Atmosphäre der Nihonbashi und zog sich in die Einsamkeit der kleinen Hütte in Fukagawa zurück. Es ist ganz offensichtlich, daß die Lehre Chuangtzus mit diesem Rückzug nach Fukagawa in einem direkten Zusammenhang steht. Einmal finden sich im Werk von Bashô zwei direkte Verweise auf das »Land des Nichtstuns« und jedesmal ist das in Arbeiten, die unmittelbar im zeitlichen Zusammenhang mit dem Rückzug nach Fukagawa stehen. Eine Anspielung findet sich in einem Kommentar zu einem Haiku, das bei einem Treffen unmittelbar vor dem Rückzug nach Fukagawa stattfand. Der andere Verweis steht in einem Gedicht »Isshiken« (Die Hütte des einen Astes), das ein Jahr nach »Nozarashi Kikô« geschrieben wurde.

Eine andere Passage, die zu beachten sich lohnt, findet sich am Anfang von »Nozarashi Kikô«, wo es heißt: ...»unter dem Schein des mitternächtlichen Mondes in das Nichts eingehen«. Dabei handelt es sich zwar direkt um ein Zitat aus der Anthologie »Fluß, Gezeiten, Wind und Mond« (Jiang Chao Fung Yue Ji) des Zenmeisters Guang Wen, die aber letztlich auf Chuangtzus »Land des Nichtstuns« zurückgeht. Dies beweist jedenfalls hinreichend, daß Bashô vor Beginn seiner tausend Meilen langen Reise sich den Geist der Weltverachtung Chuangtzus zu eigen gemacht hatte und daß das Ideal des »Landes des Nichtstuns« für ihn zu einer festen Stütze geworden war. Auch wenn ihm auf der Reise das Schicksal beschieden sein sollte, daß seine bleichen Knochen auf dem Feld ausgesetzt würden, bliebe der Entschluß des Pilgers Bashô ungebrochen, nach Freiheit und Ungebundenheit als letzte Heimat unterwegs zu sein, um so die Ideale Chuangtzus zu leben.

Auf diese Weise gelangte Bashô durch Chuangtzu zu einer historischen Erinnerung und zu einer Tiefenbegegnung mit Chuangtzu selber. »Von einer einzelnen Wolke verlockt«, machte er sich immer wieder auf die Reise, um letztlich, wie er in der »Reise nach Ushin« am Anfang des Buches »Oi no Kobumi« schreibt, »ohne eigenes Geschick und eigene Fähigkeit, jedoch mit fester Entschiedenheit« den Weg zu entdecken. Bashô blieb jedoch nicht bei einer Nachahmung des Lebens von Chuangtzu stehen, sondern fand als Haiku-Dichter im Japan der beginnenden Edo-Zeit im 17. Jahrhundert zu seinem eigenen Weg. Diesen schöpferischen Weg Bashôs mag man mit Jaspers eine Form der existentiellen Erinnerung nennen. Denn Bashô hat, von Chuangtzu unterwiesen, das gemeinsame Schicksal der Menschheit sich zu eigen gemacht, die ihm vom Schicksal gestellte Aufgabe positiv gemeistert und dabei auf schöpferische Weise seinen eigenen Weg (sein ursprüngliches Wesen) entdeckt. Zu diesem Weg gehörten wohl die Begegnungen mit Männern wie Saigyô, Sogi, Sesshu, Rikyu und Zenmeister Butchô. Bashô mußte sich wie seine Vorläufer der Notwendigkeit bewußt werden, das gemeinsame Schicksal aller Menschen zu teilen und dadurch zur unmittelbaren Erkenntnis des einen Weges kommen. In »Oi no Kobumi« schreibt er nach der Zeile, wo er von der »Entschiedenheit für die eine

Aufgabe« spricht, »daß die Gedichte Saigyôs, die Kettengedichte von Sogi, die Tuschzeichnungen Sesshus oder die Teezeremonie von Rikyu alle in deinem Weg beschlossen« sind.

Wir dürfen uns nicht damit begnügen, den von Bashô gegangenen Weg nur als Nachahmer nachzugehen versuchen. Wir, die wir an der Schwelle zum 21. Jahrhundert leben, sollten uns bemühen, nachdem wir zu einer Tiefenbegegnung mit Bashô gelangt sind, unsere eigenständige, von Bashô unterschiedene Aufgabe zu entdecken und uns anstrengen, im Blick auf eine neue Zukunft den eigenen Weg zum Aufbau einer neuen Menschheit schöpferisch zu finden. Im Vorgriff auf die Gedanken einer »Theologie des Weges« müssen wir, die wir in der internationalen Gemeinschaft am Ende des 20. Jahrhunderts leben, aus dem Bewußtsein des gemeinsamen Schicksals der Menschheit heraus, uns um eine Tiefenbegegnung mit dem die Geschichte der ganzen Menschheit bewegenden »Weg« (Jesus Christus) bemühen. Nur in einer solchen Tiefenbegegnung können wir, die wir den Gefahren eines Atomkriegs, der Umweltzerstörung und der möglichen Verwandlung dieser Erde in eine Wüste ausgesetzt sind, auch selber fest daran glauben, daß der, der von sich gesagt hat: »Ich bin der Weg«, auch uns tragen wird, wie es im Deuteronomium (1,31) heißt, »der Herr hat dich auf deinem Weg durch die Wüste getragen, wie ein Vater seinen Sohn trägt«.

Der Neue Weg von Bashô

Wie sieht der neue Weg aus, den Bashô in der Begegnung mit Chuangtzu gefunden hat? Bashô steht in der Tradition der japanischen Literatur, in der das Haiku als die Dichtung des einfachen Mannes galt, während das Waka, das 31 Silbengedicht, als Dichtung des Adels angesehen wurde. Bashô gelang es, das Haiku zu einer so kunstfertigen Form der Dichtung zu machen, daß sie zu einem Meilenstein in der japanischen Literaturgeschichte wurde. Auch wenn Bashô sich die Vorstellung der »Welt der gegenseitigen Durchdringung« von Chuangtzu zu eigen machte, blieb er doch nicht dabei stehen, sondern öffnete sich der »Welt der interpersonalen Beziehungen«. Während wir uns mit Leib und Seele mit dem von Bashô uns hinterlassenen Werk beschäftigen, wollen wir ihn auf seinen Reisen begleiten.

Das erste, das Chuangtzu Bashô gelehrt hat, war die Flucht vor den Ehrungen dieser Welt und die Wahl eines armen einfachen Lebens. Bashô hat diese Lehre in seinem Leben verwirklicht. Dies belegt ein Haiku, das er nach der Rückkehr von seiner Reise, die er in »Nozarashi Kiko« beschreibt, Ende 1685 verfaßte und das den Titel »Mahnung zur Selbstgenügsamkeit« trägt. Es beginnt mit den Worten: »Während das Jahr zu Ende geht, gibt es Gaben und Almosen. Ich mag einiges leiden, aber ich werde nicht sterben.« Darauf folgt das Haiku:

Medetaki hito no	Zur Zahl der Glücklichen
Kazu ni mo hairan	möchte auch ich mich rechnen
Oi no kure	am Jahresende.

Die einleitenden Worte beschreiben gut, wie das Leben von Bashô ausgesehen hat. Üblicherweise lebten die Haiku-Dichter von dem, was ihre Schüler für die Unterweisung ihnen zum Lebensunterhalt brachten. Bashô aber hat immer auf diese festen Zahlungen für sich verzichtet. Er lebte von den Almosen, die ihm die »Verehrer des Haiku Weges« freiwillig leisteten. Aus dem Blickwinkel des gewöhnlichen Menschen wird dieses Leben der Armut, das Bashô führte, kaum als »gesegnet« erscheinen. Bashô dagegen, der die Armut aufrichtig liebte, verstand es aber als ein »gesegnetes Leben« im wahrsten Sinn des Wortes. Kann man nicht in dieser »gesegneten Armut« etwas von der Ironie verspüren, die auch in den Worten: »Gesegnet sind die Armen!« liegt, die jener gebraucht hat, der von sich sagte: »Ich bin der Weg«? Sollte es sich bei dieser Assoziation nur um eine Illusion handeln? Das ist doch wohl nicht der Fall. Von einer »Theologie des Weges« gesehen erscheint eine solche Übereinstimmung eher selbstverständlich. Denn die Wege eines jeden Wanderers, mag er sich dessen bewußt sein oder nicht, werden von jenem einen »Weg« her belebt und getragen. Der Widerspruch, daß Armut Glück bedeutet, ist für den wahren Wanderer eine offenkundige Wahrheit. Dieser Widerspruch wird für ihn zu einer Quelle des Friedens. Nur der Mensch, der in der Armut das Glück empfunden hat, kann hier auf Erden den wahren Frieden erfahren.

Aus dieser Sicht heraus ist es sehr bedeutsam, daß Bashô diesem Haiku den Titel »Ermahnung zur Selbstgenügsamkeit« gegeben hat. Denn Selbstgenügsamkeit bedeutet Selbsterkenntnis, Freude und Frieden. Bashô hat an seinem eigenen Leib erfahren, daß Armut Seligkeit bedeutet, er hat seine Freude daran gehabt und sein ganzes Leben hindurch darin seinen Frieden gefunden. Das Wort »Ermahnung«, das er gebraucht, bedeutet zunächst, sich selbst im Zaum zu halten, es bezeichnet aber auch die Nadel, die in der Akupunktur verwandt wird, um eine Krankheit zu heilen. So verwendet Bashô das Wort vom »Glück in der Armut« in der Doppelbedeutung von »Mahnung« und »Wegweisung«.

Der Gedanke der Selbstgenügsamkeit findet sich zwar häufig in den klassischen Schriften Chinas, geht aber in seinem Ursprung auf Chuangtzu zurück. In der »Abhandlung über die Gleichheit aller Dinge« beschreibt Chuangtzu die Selbstgenügsamkeit auf folgende Weise. 1. Alle Dinge im Himmel und auf Erden sind Manifestationen des Weges. Deshalb können alle Dinge, die im Himmel und auf Erden existieren, wenn sie ihrer vom Himmel geschenkten Natur folgen, zufrieden und glücklich, d. h. »sich selbst genügend«, leben. 2. Um diese Wahrheit zu verstehen, muß man auf dem Standpunkt stehen, daß alle Dinge im letzten eine Einheit bilden. 3. Deshalb müssen alle weltlichen Gegebenheiten die irdische Wirklichkeit transzendieren. 4. Deshalb muß man die nichtigen menschlichen Unterscheidungen, nach denen jenes »schön«, das andere »häßlich«, jenes wieder »gut« und etwas anderes »schlecht« ist, aufgeben. 5. Nur wenn das falsche Selbst verneint wird, kann das wahre Selbst erscheinen, können wir zu gänzlich freien und vollkommenen Menschen werden. 6. Erst dadurch wird der Mensch wirklich zur Einheit mit dem All finden, und es wird offenbar, daß alle Dinge eine Offenbarung des Weges sind und der Mensch seine wahre Freude und echten Frieden nur in dieser Wirklichkeit findet.

Folgen wir der Philosophie von Chuangtzu, dann stehen alle Gegebenheiten wie die vollkommene Entsagung, die vollendete

Freiheit, die Einheit mit dem Selbst und dem All und die Selbstgenügsamkeit alles Geschaffenen in einer engen Verbindung. Wie alle geschaffenen Dinge ständig in Bewegung sind, so verändert sich auch der Weg als die sie bewegende Kraft ständig und immer. An dieser Stelle unterscheidet sich das Denken Chuangtzus von dem des Laotzu. Laotzu war der Ansicht, daß alle Dinge im Himmel und auf Erden ihren Ursprung in einer letzten unbewegten Wirklichkeit haben. Dem gegenüber versteht Chuangtzu den Weg als eine alle Dinge im Himmel und Erden von innen bewegende Kraft. »Der Weg ist eine sich immer bewegende Kraft ohne Anfang und Ende. Inmitten dieses ursprünglichen Stromes entstehen und vergehen alle Dinge und genügen sich selbst. Der Weg verändert und formt ständig alle Dinge, ohne sich dessen aber zu rühmen. Mal ist er leer, dann wieder voll, keinen Augenblick gibt es einen Stillstand.«

Chuangtzu, der die Dynamik des Weges erkannt hat, konnte nicht wie Laotzu es getan hat, davon sprechen: »Zum Weg der Alten zurückzukehren«. Er sprach vielmehr davon, »sich selbst zu vergessen« (vgl. Himmel und Erde), oder betonte, daß es darum gehe, »sich den Dingen anzupassen und sich daran zu erfreuen« (vgl. Die Welt der Menschen). Arm zu werden und sich von den weltlichen Bindungen zu trennen, bedeutete für ihn jedoch nicht, aus der Welt zu fliehen oder in eine jenseitige Welt sich zurückzuziehen. Armut besteht vielmehr darin, in dem sich wandelnden Universum sich frei und ungebunden zu bewegen. (Was die Interpretation von Chuangtzu angeht, so habe ich mich vornehmlich auf Fukunaga Kôji gestützt.)

Wie sehr sich Bashô auf die Einsichten von Chuangtzu stützt, zeigt sich an vielen Stellen seines ganzen Werkes. Ich möchte dies aus Platzgründen nur mit zwei Zitaten belegen:

Yoku mireba	Schaue nur gut hin,
Nazuna hana saku	das Täschelkraut blühet,
Kakine kana	dort in der Hecke.

Dieses Haiku wird seit langem in Japan geschätzt, denn diese Zeilen atmen den Geist der Selbstgenügsamkeit. Das »Täschelkraut«, sonst auch als »penpengusa« (Hirtenkraut) bekannt, ist ein einfaches Gras, das als Unkraut nicht sehr geschätzt wird. Im Frühling bringt es weiße Blumen hervor, die nicht sehr ins Auge fallen. Bashô jedoch richtet seine Aufmerksamkeit auf dieses von den Menschen eher verachtete Gras. »Wenn man gut hinschaut«, dann offenbart sich hier ein großes Wunder der Natur. Diese kleine Blume lebt inmitten der Natur glücklich und genügt sich selbst. In den Augen von Bashô zeigt sich in dieser unscheinbaren, so wenig in die Augen fallenden Blume das erhabene Wirken des Weges ganz deutlich. Hierin liegt etwas von dem, was Chuangtzu die »Nützlichkeit des Unnützen« genannt hat. Der »wahre Mensch«, so erklärt Chuangtzu, wird nicht vom Urteil der Welt erreicht, er ist frei von allen Nützlichkeitserwägungen dieser Welt und erkennt die echten Werte gerade in den nutzlosen Dingen. Es gibt sogar ein Haiku, dem Bashô den Titel: »Die Selbstgenüg-samkeit aller Dinge« gegeben hat.

Hana ni asobu   Spielend auf Blumen
Abu na kurai so   werden Bremsen nicht Fraß
Tomo suzume.   freundlicher Spatzen.

In den wohlwollenden Augen Bashôs sind die auf den Blumen hin und her fliegenden Bremsen Geschöpfe, die mit ihrem Schick-sal zufrieden sind und denen das ihnen von der Natur zugewiesene Los »genügt«. In den Worten »spielend auf Blumen« klingt etwas von der Selbstgenügsamkeit wider, und zugleich werden wir an Chuangtzus »Land des Nichtstuns« erinnert. Auch an dieser Stelle richtet Bashô wieder seine Augen auf Geringes wie die Bremsen, die sonst keine Beachtung finden und entdeckt in diesen unschein-baren Geschöpfen ein Beispiel der Selbstgenügsamkeit.

Das bedeutet jedoch nicht, daß für Bashô die Welt der Selbst-genügsamkeit so etwas wie ein Paradies darstellt. Es ist eine Welt, in der ständig Gefahren lauern. Das vergißt Bashô keinen Augen-blick. Daran erinnert symbolhaft die Existenz der »freundlichen Spatzen«. Die Spatzen fliegen als freundlicher Schwarm hin und her, und in diesem spielenden Herumflattern erkennt Bashô etwas von der Selbstgenügsamkeit, die sich darin zeigt. Aber das Wort

»Freund« verrät in diesem Zusammenhang, daß Bashô zugleich Zuneigung als auch Angst empfindet. Bashô möchte den Spatzen zurufen, die so selbstvergessen zwischen den Blumen hin und her fliegenden Bremsen nicht zu fressen, wobei er zweifellos sich bewußt ist, daß es für die Spatzen ganz natürlich ist, gerade dies zu tun. Die Welt der Selbstgenügsamkeit der Bremsen steht daher jederzeit Aug in Auge mit dem Tod.

Der Weg als Hinführung zur »Welt der persönlichen Begegnung«

Ich möchte noch einmal darauf zurückkommen, daß Bashô den Schwarm der Spatzen als »Freunde« bezeichnet. Für Bashô ist alles und jedes, das er in der Natur erblickt, ein unersetzbarer Freund. In ganz besonderer Weise hat Bashô jedoch den Schnee geliebt. Das folgende Haiku »Der erste Schnee« (Hatsu yuki ya) hat ein Vorwort, in dem Bashô die Umstände seiner Entstehung und seine Gefühle bei der Abfassung beschreibt. Bashô liebte es offensichtlich, den Schnee von seiner Strohhütte aus zu betrachten, so daß er öfter, wenn er anderswo unterwegs war und Wolken aufsteigen sah, die nach Schneefall aussahen, schleunigst nach Hause zurückkehrte. In dem besagten Jahr fiel der lang erwartete Schnee am 18. Dezember, und glücklicherweise war Bashô gerade zu Hause. Aus der Freude dieses Erlebens heraus entstand das folgende Haiku.

Hatsu yuki ya	Der erste Schneefall,
Saiwai an ni	welch Glück zu Hause zu sein,
Makari aru.	ihn zu begrüßen.

Die Freude Bashôs, den ersten Schnee erleben zu dürfen, ist geprägt von einer großen Ehrfurcht. Dies zeigt sich an dem Wort, das er »für zu Hause sein« (makari aru) gebraucht, das eine höflich-demütige Form für das Wort »sein« darstellt. Viele schätzen daher gerade die Schönheit und Eleganz, die diesen Vers auszeichnet. Aber man sollte hinter der Schönheit der Ausdrucksweise nicht das Herz und Gefühl Bashôs übersehen. Bashô schätzt sich glücklich, daß der so sehnlichst erwartete Schnee seine erbärmliche Hütte heimgesucht hat, und darob ist er von einem tiefen Gefühl der Dankbarkeit und Ehrfurcht erfüllt. In all seinem Dichten beweist Bashô, daß er sich bewußt ist, daß im kraftvollen Wirken des Weges sich in allen Dingen die Selbstgenügsamkeit zeigt und daß er in seinem Herzen gegenüber dieser Manifestation des in allen Dingen wirksamen Weges nur Dankbarkeit und Ehrfurcht empfinden kann. In diesem Licht sollten die Gedichte Bashôs noch einmal gelesen werden. Die folgenden Haiku zum Beispiel sind so populär geworden, daß sie gleichsam von zu vielen Händen besudelt erscheinen. Wenn wir sie aber unter der oben genannten Rücksicht erneut betrachten, dann erhalten sie sogar so etwas wie einen religiösen Klang.

Meigetsu ya   Der helle Vollmond
Ike wo megurite   umkreisend den stillen See
Yoru mo sugara.   die ganze Nacht lang.

Kannon no   Am Kannon-Tempel
Iraka miyaritsu   dem Auge des Beschauers
Hana no kumo.   Wolke von Blumen.

Die Themen dieser Haiku sind einmal der »helle Vollmond« und die »Wolke von Blumen«. Die gerade aufblühenden Kirschblüten erscheinen dem Betrachter wie eine Wolke. Es ist daher wohl richtig, wenn wir feststellen, daß diese Gedichte angesichts der Selbstgenügsamkeit des vollen Mondes und der Blütenpracht mit einem tiefen Gefühl der Hochachtung und Ehrfurcht geschrieben worden sind. Das zweite Gedicht ist vor dem Hintergrund des Kannon-Tempels in Asakusa angesichts der in voller Blütenpracht stehenden Kirschbäume entstanden. In der Welt, in der alles mit allem zusammenhängt, finden sich der heilige Tempel und Bashô in einer letzten Einheit wieder. Die Welt des Heiligen und die große Natur erscheinen seinen Augen als große Gemeinsamkeit. In Schweigen und Ehrfurcht erfährt er seine eigene Selbstgenügsamkeit in der Vereinigung mit ihnen.

Da Bashô alles, was in der Natur lebt, mit warmen Augen ansieht, fühlt er sich ganz natürlich gedrängt, sie alle »Freunde« zu nennen. In ganz besonderer Weise schätzte er den Schmetterling, der auch bei Chuangtzu eine besondere Rolle spielt.

Okiyo okiyo	Wach auf, wach auf
Waga tomo ni sennu	laßt uns Freunde werden
neru kocho.	schlafender Schmetterling.

Bei Chuangtzu findet sich die Stelle, daß er geträumt hat, in einen Schmetterling verwandelt worden zu sein. Chuangtzu ist zum Schmetterling und der Schmetterling ist Chuangtzu geworden. In der ungebundenen freien Welt, in der Chuangtzu lebt, ist es möglich, die gewöhnliche Welt des gesunden Menschenverstands, die klar zwischen der Existenz des Chuangtzu und der des Schmetterlings unterscheidet, zu durchbrechen und in eine Welt einzudringen, in der Freiheit für jedwede Veränderung besteht. Chuangtzu nennt dies die »Welt der gegenseitigen Durchdringung«. Sowohl Chuangtzu als auch der Schmetterling sind nichts anderes als Manifestationen des Weges. In den Augen dessen, der mit dem Weg eins geworden ist, erscheinen alle Dinge als sich gegenseitig durchdringend und verändernd. Bashô lebte in dieser »Welt der gegenseitigen Durchdringung«. Worin sich Bashô von Chuangtzu unterscheidet, wird im oben zitierten Haiku deutlich, wenn er den schlafenden Schmetterling seinen Freund nennt und die Schar der Spatzen zu seinen Freunden zählt. Soweit ich es untersucht habe, läßt sich bei Chuangtzu keine Stelle finden, wo er Blumen, Vögel, den Wind oder den Mond seine Freunde nennt. Wie auch Fachleute der Philosophie Chuangtzus anerkennen, dünkte er sich nicht nur frei von den Dingen dieser Welt, sondern machte sich auch über Heiliges lustig, verglich die Wahrheit über das All mit Kot und trieb seinen Spaß mit allen Dingen dieser Welt. Er besaß nicht die Offenheit und Herzensgüte, die Schönheit der Natur, die kleinen Vögel und Insekten seine Freunde zu nennen. Bashô gehört zur Tradition der japanischen Dichter, die Blumen, Vögel, Wind und Mond hochschätzen, und war daher in der Lage, nach der Tiefenbegegnung mit Chuangtzu einen neuen selbständigen

Weg zu gehen. Um Chuangtzu begegnen zu können, war Bashô in die Tiefen seines eigenen Selbst hinabgestiegen. Ebenso kehrte er in die noch tieferen Schichten seines Ichs hinab, um die Begegnung mit seinen japanischen Vorläufern zu suchen. Dort machte er die Entdeckung, die für eine »Theologie des Weges« wichtig ist, daß er hier auf denselben Weg stieß, den auch Franz von Assisi gegangen ist, der ebenfalls die Sonne, die Vögel und den Wind seine Freunde nannte. Beider Weg weist viele Gemeinsamkeiten auf und ist ein Hinweis, daß die beide tragende und vorantreibende Kraft dieselbe war. Aus der Sicht einer »Theologie des Weges« könnnen wir in dieser treibenden Kraft Christus sehen, den Weg, der die Geschichte der ganzen Menschheit bestimmt.

Als Rotsu, einer seiner Schüler, von seiner Familie enterbt und von seinen Mitschülern verstoßen wurde, setzte sich der 50jährige Bashô für ihn ein und bat darum, ihm das Studium der Dichtkunst wieder zu ermöglichen. Er schloß sein Plädoyer mit folgenden Worten: »Wo echte Freundschaft herrscht, ist es leicht, ein Gedicht zu machen«, aber »ohne Freundschaft ist es schwer zu dichten«. Hieran wird deutlich, wie sehr Bashô Freundschaft und persönliche Begegnung schätzte. Ogata Isao hat dazu gesagt: »Bashô sah den Sinn des Dichtens nicht darin, durch sein Schaffen die eigene Person zu behaupten, sondern vielmehr darin, mittels der Dichtkunst Verbindungen zu anderen Menschen herzustellen« (Bashô, Buson, Kashinsha, S. 152).

Für Bashô stellten seine Gedichte keine Selbstgespräche dar. In Bashôs Umgebung befanden sich immer Schüler, und auch auf seinen Reisen war er immer von einem oder mehreren Schülern begleitet.

Samukeredo	Mag es auch kalt sein,
Futari neru yoru zo	Wenn zwei zusammen schlafen,
Tanomoshiki	Ruhen sie sicher.

Die folgenden bewegenden Verse finden sich in »Der enge Pfad von Oku« und schildern die Ankunft von Reisenden in Kanazawa. Bashô war nach Kanazawa gekommen, um Issho, einen jungen Schüler, zu treffen. Issho war jedoch ein Jahr zuvor im

41

jungen Alter von 36 Jahren gestorben. Den Verlust dieses begabten Menschen beklagte Bashô sehr. Beim Lesen des folgenden Nachrufs können wir die Liebe und die Trauer Bashôs verspüren.

Tsuka mo ugoke	Durchdringe das Grab
Waga naku koe wa	meine klagende Stimme
Aki no kaze.	Im herbstlichen Wind.

Für Bashô war jede Reise sowohl eine neue Begegnung, aber zugleich auch immer ein Abschied. Wenn er auf beschwerlichen Reisen herzlich empfangen wurde, war er immer sehr dankbar. Das folgende Haiku beschreibt sehr schön diese Empfindung. Es findet sich in »Nozarashi Kiko«, wo er beim Abschied von seinem Schüler Toiyô in Atsuta davon spricht: »Jetzt brechen wir nach Osten auf.«

Botan shibe	In der Blüte der Päonie
Fukaku wakederu	tief verfangen
Hachi no nanokori kana.	schwer wird der Biene der Abschied.

Im Garten blühen die Päonien und der Garten versinnbildet zugleich die »Welt der gegenseitigen Durchdringung«. Die Päonie verwandelt sich in seinen Gastgeber Toiyô, und Bashô selber wird zur Biene, die, nachdem sie sich am süßen Honig der Päonie gütlich getan hat, nur höchst ungern ihren Abschied nimmt.

Die Einzigartigkeit des Weges von Bashô

Wie war es möglich, daß Bashô, obschon er zu einer Tiefenbegegnung mit Chuangtzu gelangt war, doch in der Lage war, einen eigenständigen Weg zu gehen? Der Schlüssel zur Antwort liegt in der existentiellen Erinnerung, die wir im 3. Kapitel im Zusammenhang mit Karl Jaspers behandelt haben. Indem Bashô die Schriften Chuangtzus zu seiner bevorzugten Lektüre machte, konnte er tief in sein eigenes Innere vordringen und in der Tiefe dieser Realitätserfahrung mit Chuangtzu denselben Weg des geschichtlichen Schicksals gehen. Bashô ist hier jedoch nicht stehengeblieben, sondern ist einen Schritt weitergegangen und hat sich gefragt, wie er, der in der Edo-Zeit lebte, zu seinem ursprünglichen Selbst zurückfinden könnte. Angetrieben von der die Geschichte bewegenden Urkraft (dem Weg), versuchte er herauszufinden, worin inmitten der Situation seiner eigenen Zeit sein ursprüngliches Selbst bestehe und suchte einen Zugang zu einer neuen schöpferischen Zukunft.

Bashô lebte zu einer Zeit, in der die Kultur der Edo-Zeit eine gewisse Reife erlangt hatte. Es war der Anfang eines ersten Erwachens einer neuzeitlichen Kultur, aber es war doch weitgehend »ein Zeitalter der noch bestehenden engen gegenseitigen Bindungen« (Yamamoto Kenkichi). Bashô fand in seiner Dichtung die Unterstützung einer »Gemeinschaft, die untereinander durch Beziehungen verbunden war, nicht unähnlich den Versen in einem Gedicht« (a.a.O. ebd.). Bashô erkannte nach der Begegnung mit Chuangtzu und unter dem Einfluß des die Geschichte bestimmenden Weges, daß dies die für ihn bestimmte Welt sei. Aus der Tiefenbegegnung mit Chuangtzu heraus sah er daher in dieser einfachen Welt, die ihre Mitte in der menschlichen Gemeinschaft hatte, die Möglichkeit, zu seinem ursprünglichen Selbst zurückzufinden. Er verstand, daß in der Geschichte der Menschheit der »Weg« über das Stadium der Welt der freien Ungebundenheit von allen weltlichen Bindungen eines Chuangtzu sich allmählich zu einer Welt der interpersonalen Beziehungen gewandelt hatte. Wie wir schon beschrieben haben, verstand Bashô in Übereinstimmung mit Chuangtzu das Universum als eine Welt der gegenseitigen Beziehungen. Diese »Welt der gegenseitigen Beziehungen« in eine Welt der persönlichen Beziehungen gewandelt zu haben, darin liegt der eigenständige Beitrag von Bashô. Aber für Bashô bezeichnet diese Welt der persönlichen Beziehungen mehr als nur das einfache menschliche Zusammensein. Sie umfaßt auch die Spatzen, die Freunde genannt werden, und den Schmetterling, der aufgeweckt wird. Der Kreis der »persönlichen Beziehungen« geht über den Kreis der Menschen hinaus und erstreckt sich auf das Gesamt der Welt.

Dieser Wandel ist für eine Theologie des Weges von großer

Bedeutung. Wie wir später zeigen werden, zielt der die Geschichte bestimmende Weg auf eine Welt der interpersonalen Beziehungen, die das ganze All umfassen und die, wie Teilhard de Chardin gezeigt hat, Christus als den Punkt Omega zum Ziel hat. Im Vergleich mit der Welt eines Chuangtzu sieht Bashô die ganze Natur als eine Welt der interpersonalen Beziehungen, und er versteht das die Geschichte bestimmende Wirken des Weges als einen klaren Erweis seines eigenen Personseins. Dies stellt in der Tat einen wichtigen Schritt zu einer Theologie des Weges dar.

Wenn Bashô trotz der Tiefenbegegnung mit Chuangtzu zu einem von ihm verschiedenen Weg gefunden hat, dann hat dies neben den anderen schon genannten Gründen mit der von Jaspers genannten existentiellen Erinnerung zu tun. In dieser Erinnerung fand sich Bashô in die Gegebenheiten und Wirklichkeiten versetzt, die in den verschiedenen Stadien der japanischen Literaturgeschichte sich im Manyôshu, dem Kokinshu und in den Werken von Saigyô, Sôgi, Sesshu und Rikyû finden. Indem er sich damit identifiziert, begibt er sich auf einen von Chuangtzu verschiedenen Weg.

Wir finden einen Hinweis darauf in einem berühmten Aufsatz mit dem Titel »Theorie der Dichtkunst« (Fûga Ron) am Anfang der Abhandlung »Oi no Kobumi« (Manuskript in meinem Rucksack). Dieser Beitrag ist als eine von Bashô eigenhändig verfaßte Darstellung der Ideale seiner Dichtkunst (vgl. Kon Eizo) bekannt geworden. In der ersten Hälfte beschreibt er im Rückblick auf sein Leben, wie er nicht anders konnte, als sich ganz dem Weg der Haikai-Dichtung hinzugeben. Im zweiten Teil berichtet er, wie ihn dieser Weg der ganzen Hingabe über die Waka von Saigyô, die Kettengedichte von Sôgi, die Tuschzeichnungen Sesshus und die Teezeremonie von Rikyû führte, wobei er hinzufügt, daß das gleiche künstlerische Ideal sie gemeinsam bewegt habe. Er betont, daß er ihren künstlerischen Eros geerbt und in seiner Dichtkunst schöpferisch weiter entwickelt habe. Dann fügt er hinzu: »Mir sind alle vier Jahreszeiten lieb, und ich entdecke Blumen in allen Dingen, wie ich auch dem Mond immer verbunden bin.« Und er schließt: »So folge ich ständig der schöpferischen Kraft der Natur und kehre immer dahin zurück.«

In dieser Abhandlung über die Dichtkunst können wir eine

Reihe Anklänge an Gedankengut von Chuangtzu feststellen. Wir finden da Ausdrücke wie »Hundert Knochen und neun Löcher« (als Beschreibung für den Körper), »ohne Talent und Kunstfertigkeit« und »sich anpassen an die schöpferische Kraft der Natur«, die belegen, wie sehr Bashô in seinen theoretischen Überlegungen sich Gedanken Chuangtzus zu eigen gemacht hat. Hier ist vor allem die Übernahme des Begriffs »des Folgens der schöpferischen Kraft der Natur« für eine Theologie des Weges wichtig, und es empfiehlt sich daher, die entsprechenden Stellen in Chuangtzus Werk »Der Große Lehrer« sich genauer anzusehen. Die Weisung, der »schöpferischen Kraft der Natur« zu folgen, findet sich an der Stelle, wo berichtet wird, daß Zi Li seinen sterbenden Freund Zi Lai besucht und ihm folgendes mitgibt: »Die schöpferische Kraft der Natur ist mächtig. Sie hat dich in diese Welt kommen lassen und sie ist es auch, die jetzt dich wieder zurücknimmt. Folgt nicht auch ein Kind seinen Eltern aufs Wort? Das Gesetz des Universums (der Weg) ist aber um vieles erhabener als die Eltern. Wenn daher durch den Willen dieser schöpferischen Kraft die Todesstunde für jemanden bestimmt ist, ist es dann nicht ein Zeichen von Eigensinn, sich zu widersetzen? Der Mensch besitzt seine menschliche Gestalt als Gabe dieser schöpferischen Kraft. Das Universum ist wie ein großer Gußofen und die schöpferische Kraft ist wie der Gießmeister, der den Menschen ihre jeweilige Gestalt zumißt und dem wir uns in Ruhe anvertrauen können« (vgl. Fukunaga Kôji, Chuangtzu, Asahi Press).

Chuangtzu gebraucht die Ausdrücke »Schöpfer der Dinge« bzw. »Verwandler der Dinge« und versteht darunter den Willen des Universums (das höchste Gesetz). Diese schöpferische Kraft des Chuangtzu ist daher nicht mit dem persönlichen Schöpfer identisch, wie ihn das Christentum kennt. Alle Dinge des Universums sind diesem Willen des Universums unterworfen, und sich diesem Willen zu widersetzen, bedeutet »gewalttätig handeln«, d.h. wider die eigene Bestimmung und Natur zu handeln.

Hinzu kommt, daß das Verständnis Bashôs vom »Folgen der schöpferischen Kraft der Natur« in feinen Nuancen von dem Chuangtzus abweicht. Beide stimmen darin überein, daß es beim Folgen der schöpferischen Kraft der Natur darauf ankommt, das eigensinnige Herz zu überwinden und die Wertmaßstäbe der gewöhnlichen Menschen zu verwerfen. Die Übereinstimmung erstreckt sich auch noch darauf, daß wir, wenn wir das Haften am Leben aufgeben, zu unserem ursprünglichen Wesen zurückkehren können und »eins werden mit dem Himmel«. Wenn es aber darum geht, die »vier Jahreszeiten auf gleiche Weise zu schätzen« oder »Blumen in allen Dingen zu entdecken«, dann zeigen sich feine Unterschiede. Während es Chuangtzu vornehmlich darum geht, das ursprüngliche Wesen zum Problem zu machen, optiert Bashô eindeutig für eine künstlerische Lebensauffassung. Für Bashô sind die vier Jahreszeiten und der ständige Wandel der Natur die liebsten Freunde und dem, was ihn dabei bewegt, versucht er in seiner Dichtung Ausdruck zu geben.

Im folgenden möchte ich bei der Beschreibung der künstlerischen Eigenart Bashôs zwei Gesichtspunkte besonders herausheben. Der erste findet sich in Bashôs Abhandlung »San Sasshi«, wo er fordert: »Man soll Kinder, wenn sie noch nicht größer als drei Fuß sind, Haiku verfassen lassen.« Ihm geht es darum, daß Kinder aus der Unschuld ihrer Herzen heraus Haiku verfassen. Dieses Wort erinnert an jenen, der der »Weg« ist und der gesagt hat: »Wenn ihr nicht umkehrt und wie Kinder werdet, könnt ihr nicht in das Himmelreich kommen« (Mt 18,3). Zweitens hat Bashô die Lehre Chuangtzus, den Eigensinn zu überwinden, konkret auf folgende Weise verändert, indem er erklärte: »Was eine Fichte betrifft, so lerne von der Fichte. Und was den Bambus angeht, so lerne vom Bambus« (San Sasshi). In diesen Worten findet sich zwar der Geist Chuangtzus, aber eindeutig von Bashô verändert. Von Dôho, einem der Schüler Bashôs, stammt die folgende Interpretation dieser Worte:

»Lernen bedeutet hier, in das Wesen der Dinge eindringen, bis es erkannt ist und daraus dann ein Haiku wird. Mögen auch die Ausdrücke zutreffend sein, wenn sie nicht die Gefühle treffen, die natürlich vom Gegenstand ausgelöst werden, bleibt es bei einem Dualismus: der Gegenstand und du selbst. Du hast die Stimmung nicht erfaßt, sondern nur deinen eigenen Ideen Ausdruck gegeben.«

An einer anderen Stelle im »San Sasshi« erklärt Bashô: »Die

Veränderungen im Himmel und auf der Erde sind der Samen der Dichtung.« Wie wir schon weiter oben festgestellt haben, ist der Weg die Kraft, die alle Dinge im Himmel und auf Erden verändert und im Innern der Dinge alle Veränderung bewirkt. Um mit diesem Weg eins zu werden, ist es nicht notwendig, wie dies die Philosophie Platons lehrt, diese Welt zu verlassen und in eine andere zu gehen. Bashô hat sich vielmehr in einem reinen Herzen ohne Vorbehalte dem in der Natur statthabenden Wandel überlassen, ist mit der darin wirkenden Kraft des Weges eins geworden und hat sich, angespornt von diesem Weg, zu seinen Liedern anregen lassen. In diesem Licht betrachtet sind Bashôs Gedichte Ausflüsse und Manifestationen des Weges. Deshalb besitzen die Haiku von Bashô auch die meisterliche Kraft, die Herzen der Menschen anzurühren, die auf der Suche nach dem Weg sind. Wie wir schon öfters festgestellt haben, ist ein Mensch, bevor er sich auf die Suche nach dem Weg begibt, schon vom Weg belebt und bewegt worden. Wenn wir davon ausgehen, daß im Innern eines Menschen der Weg schon wirksam ist, dann erscheint die Kraft der Gedichte Bashôs, den Weg zu offenbaren, nicht mehr so außergewöhnlich.

Aus all diesen Überlegungen gewinnen wir verschiedene Elemente für eine Theologie des Weges.

1. Der Weg ist eine in unserem Innern wirkende und uns zum Aufbrechen auf die Reise bewegende Kraft. Dabei ist wichtig festzuhalten, daß der »Weg« im christlichen Verständnis sich grundsätzlich gerade an diesem Punkt, Antriebskraft für die Reise zu sein, mit der Kraft berührt, die im Innern von Bashô wirksam war.

2. Bashô hat uns gelehrt und in seiner Person vorgelebt, daß es darauf ankommt, arm zu werden, sich selbst zu verleugnen und wie ein Kind zu werden, um mit dem Weg eins zu werden. Auch jener, von dem wir sagen, daß er der »Weg« ist, hat gelehrt und verwirklicht, daß wir arm werden müssen, daß wir uns verleugnen, unser Kreuz auf uns nehmen und ihm nachfolgen sollen und daß wir wie Kinder werden müssen. Diese Übereinstimmung zwischen den beiden lehrt den, der sich bemüht, eine Theologie des Weges zu entwickeln, daß es darum geht, den Weg

der Armut zu gehen und der Einladung des Weges zu folgen und wie ein Kind zu werden.

3. Auf seinem Weg nannte Bashô alle Geschöpfe in der Natur seine Freunde und sah in jeder Begegnung eine einmalige Chance, ein Band der Gemeinsamkeit zu knüpfen und auf diese Weise eine Welt der interpersönlichen Beziehungen zu schaffen. Auf dieselbe Weise hat auch jener, der der »Weg« ist, gelehrt, die Lilien auf den Feldern und die Vögel des Himmels als wertvolle Geschöpfe des Vaters zu sehen und die ganze Menschheit ihrem letzten Ziel, der persönlichen Beziehung zwischen Gott und dem Menschen zuzuführen. Daraus können wir für den Aufbau einer Theologie des Weges lernen, daß wir uns Bashô überlassen können, der uns mit seinem feinen japanischen Empfinden lehrt, in der Natur in allen Dingen das Wirken des Weges zu entdecken und diese Schönheit in Liedern zu besingen. Auf diese Weise können wir dann noch einen Schritt weitergehen und umfangen von der grenzenlosen, in allen Bereichen der Natur wirkenden Liebe des Vaters und in Gemeinschaft mit ihm, der der »Weg« ist, unsere Reise durch die Wüste unserer modernen Kultur auf das Ziel der persönlichen Gemeinschaft der Menschheit mit Gott hin fortsetzen.

II. Die »Meta-Ethik des Weges« im Denken von Dôgen

1. Suchen und Finden des Weges

Dôgen als Pilger auf der Suche nach dem Weg

Wie Bashô war auch Dôgen ein Pilger. Als Jugendlicher ist er auf den Berg Hiei gestiegen, scheute die weite Reise und die stürmischen Wellen nicht, um nach China zu gelangen, verließ in den besten Mannesjahren Kyôto, wo er über zehn Jahre gelebt hatte, um sich nach Echizen aufzumachen, wo er weitere zehn Jahre inmitten der schneebedeckten Berge von Echizen lebte. Schließlich kehrte er, als er das Ende nahe fühlte, in das heimische Kyôto zurück, wo er starb. Dôgen war Pilger in einem anderen Sinn als dies Bashô war. In dem Verständnis, daß das Leben eine Reise und der Mensch seinem Wesen nach Pilger ist, stimmen Bashô und Dôgen überein. Was die Unterschiede zwischen Bashô und Dôgen in ihrem Verständnis des Weges angeht, so will ich mich hier nicht mit Kleinigkeiten aufhalten, sondern nur die wichtigsten nennen.

Bashô und Dôgen benutzen verschiedene Weisen, um uns zu lehren, was eigentlich »Weg« und »Unterwegssein« bedeuten. Bashô, der mehr in der alltäglichen Welt lebte und auf eine viel gewöhnlichere Weise auf der Suche nach dem Weg war, benützte eher künstlerisches Empfinden als eine intellektuelle Methode, um uns den Weg näherzubringen. Dôgen dagegen stürzte sich furchtlos in das Abenteuer des mönchischen Lebens, mühte sich ab auf dem harten Weg des Klosterlebens und versenkte sich mit Leib und Seele tief in den Weg des Buddha, wobei er sich mit allen seinen Kräften bemühte, zur Erleuchtung zu finden, um die das All antreibende Kraft des Weges zu verstehen, sie nicht nur mit dem Intellekt darzustellen, sondern sie auch auf emotionale Weise uns nahezubringen. Wo uns Bashô gefühlvoll und in einer angenehmen Weise die Philosophie des Weges nahebringt, lehrt uns Dôgen etwas unnahbarer seine tiefsinnige »Meta-Ethik des Weges«. Warum ich mich dafür entschieden habe, Dôgens Nachdenken über den Weg eine »Meta-Ethik des Weges« zu nennen, werde ich später ausführlicher erläutern. Hier soll es genügen, deutlich zu machen, daß im Vergleich mit Bashôs Verständnis des Weges Dôgen auf mehr philosophische Weise vorgeht und im scharfsinnigen Nachdenken und auf umfassendere Weise die Fragen behandelt.

Bevor wir jedoch uns der Behandlung von Dôgens »Meta-Ethik des Weges« zuwenden, müssen wir folgendes beherzigen. Es wird darum gehen, die Eigenart des Denkens von Dôgen klar zu verstehen und in unserer Betrachtungsweise ihr ständig Rechnung zu tragen.

Auf den ersten Blick machen die Werke Dôgens auf den Leser den Eindruck, höchst abstrakt geschrieben und schwer verständlich zu sein. Gewöhnlich werden seine Werke als Niederschlag abstrakten Denkens angesehen, die wie philosophische Werke des Westens auch nur mit großer denkerischer Anstrengung zu verstehen sind. Auf diese Weise werden wir jedoch nicht hoffen dürfen, Dôgens wirkliche Absicht zu verstehen. Wie Etô Sokuo (Shuso toshite no Dôgen Zenshi, Iwanami Shoten) festgestellt hat, findet sich im Werk Dôgens ein Niederschlag seiner ganz persönlichen Erfahrungen, die nur mit dem Verstand verstehen zu wollen, ein hoffnungsloses Unterfangen darstellt. Wie ist es daher möglich, die von Dôgen tatsächlich gemeinte Bedeutung zu erfassen? Wenn wir hier schon das Ergebnis kurz zusammenfassen, wird es beim Studium der Meta-Ethik Dôgens darauf ankommen, die wichtigsten Ereignisse im Leben Dôgens nachzuzeichnen, die jeweiligen besonderen Umstände darzustellen und das Gesamtwerk Dôgens auf diesem Hintergrund zu lesen. Dabei müssen wir natürlich den Wortgebrauch und die Grammatik der Zeit Dôgens berücksichtigen, in der die wichtigsten Lehren des Buddhismus dargestellt sind, um die Hauptgedanken eines jeden Werkes zu verstehen. Unter Voraussetzung dieses objektiven Wissens, wäre es darüber hinaus wichtig und angemessen, wenn wir, wie Dôgen es getan hat, uns mit Leib und Seele auf die Praxis des Zazen verlegen würden. Wenn wir Dôgen wirklich verstehen wollen, dann müßten wir, wie er, uns ganz der Praxis des Zazen widmen – eine Herausforderung, der zu genügen die meisten Leser sich aber wohl überfordert fühlen werden. Zumindest sollten wir aber bereit sein, uns darum zu mühen, weil nur so der nachfolgende Erfahrungsbericht verständlich werden kann. Da Dôgen sein ganzes Leben der Verfolgung des Weges gewidmet hat, sollten auch wir uns entschließen, unser ganzes Leben hindurch ernsthaft nach dem Weg zu suchen. Ohne diese Bereitschaft wird es uns nicht gelingen, die Türen zum Verständnis von Dôgens Denken – »der wahren Lehre des Buddhas, der in allem ist und alles erleuchtet« – zu öffnen.

Um zu einem Verständnis der historischen Umstände der Meta-Ethik Dôgens zu gelangen, müssen wir erst die vier großen Ereignisse nachzeichnen, die sein Leben geprägt haben: 1. Der Tod seiner Mutter; 2. die Zeit des großen Zweifels auf dem Berg Hiei; 3. seine Reise nach China und die Begegnung mit dem alten Mönchkoch; und 4. die Begegnung mit dem Zenmeister Juching. Zunächst soll der Tod seiner Mutter beschrieben werden.

Dôgen wurde während der Kamakura-Periode im Jahre 1200 (Shoji 2) in den Wirren des Bürgerkriegs geboren und starb 1253 (Kencho 5), als Hojo Tokiyori noch immer an der Macht war. Sein Vater, Kuga no Michichika (1149-1202) hatte das Amt des leitenden Ministers inne, und seine Mutter war die Tochter von Matsudono no Motofusa, einem ehemaligen Regenten, Premierminister und Ratgeber des Kaisers. Wenn Dôgen auch aus dem höchsten Adel stammte, verlor er doch mit drei Jahren schon seinen Vater, und seine Mutter starb, als er gerade acht Jahre alt war.

Dôgens Mutter hatte ein trauriges Schicksal. Sie starb jung und wurde gerade vierzig Jahre alt. Das muß für den kleinen Dôgen ein trauriges Ereignis gewesen sein. Er besaß ein empfindsames Herz und hat in diesem traurigen Erlebnis die Härte und Grausamkeit des menschlichen Lebens erfahren. Ihm wurde so die Vergänglichkeit und Unbeständigkeit der menschlichen Existenz schmerzhaft bewußt. In einer Biographie Dôgens aus der Edozeit lesen wir darüber folgendes:»Im Winter des Jahres 1207 (Shogen 1) verlor er seine Mutter, und als er still den Rauch der brennenden Weihrauchstäbchen aufsteigen sah, wurde er sich der Vergänglichkeit der Welt bewußt und gelobte, sich auf die Suche nach dem Weg zu machen« (Eihei Kaizan, Dôgen Zenshi, Kyojo Kenzei-Ki, hg. von Kawamura Kodo, Daishukan Shoten, S. 4).

Dieses Gefühl der Vergänglichkeit wurde der Ausgangspunkt für Dôgens religiöse Erfahrung und Philosophie und die alles bestimmende Antriebskraft. Das Bewußtsein der Vergänglichkeit ist auch der Ausgangspunkt und innere Triebkraft für Dôgens Meta-Ethik des Weges geworden. Das Wissen um die Vergänglichkeit ist daher einer der Fixpunkte im Denken Dôgens.

Wenn man im gewöhnlichen Sprachgebrauch von Vergänglichkeit spricht, dann versteht man darunter eine negative und pessimistische Weltsicht, wie sie sich z.B. im Hôjô-Ki findet. Dôgens Verständnis der Vergänglichkeit war jedoch weder negativ noch pessimistisch. Die Einsicht, daß die Welt vergänglich sei, bewirkte, daß Dôgen das Streben nach Ruhm und Ehre aufgab, sich auf den Weg zum Berg Hiei machte und sich der strengen Übung des klösterlichen Lebens hingab. Das Gefühl der Vergänglichkeit trieb ihn auf dem harten Weg der Suche nach dem Weg an und trug ihn Schritt für Schritt auf dieser Pilgerfahrt weiter. Um das Ergebnis der Meta-Ethik des Weges vorwegzunehmen, wurden Dôgen Antrieb und Kraft des Weiterschreitens auf dieser Pilgerschaft von jenem »Weg« geschenkt, der die ganze Menschheit auf den Weg zur Erlösung führt. Folglich ist die Vergänglichkeit als Triebkraft auf der Suche nach dem Weg getragen vom Wirken dieses einen »Weges«. Dieser »Weg«, der in uns wirkt, läßt uns die Vergänglichkeit der Welt erkennen und spornt uns an, weiter nach dem Weg zu suchen. Wir können sogar sagen, daß die ursprünglich negative und pessimistische Sicht der Vergänglichkeit zu einem positiven Verständnis der Vergänglichkeit gewandelt wird, und wir darin das Wirken des Weges entdecken.

Unter dem Einfluß des Todes seiner Mutter wandte sich Dôgen der Welt der Religion zu und entschied sich im Alter von 13 Jahren, buddhistischer Mönch zu werden. Er besuchte seinen Onkel Ryokan, der am Fuße des Berges Hiei lebte und teilte ihm seinen Entschluß mit, Mönch zu werden. Auf den Rat seines Onkels stieg er auf den Berg Hiei und lebte zunächst im Shuryogon Tempel in Yokogawa, zog aber schon bald um zum Senkobo in Hannya Tal, dort empfing er die Tonsur und begann intensiv die Lehren des Tendai Buddhismus zu studieren. Vom 13. bis zum 18. Lebensjahr wurde er so im klösterlichen Leben geschult und studierte mit Fleiß die buddhistischen heiligen Schriften (Tripitaka), die er während dieser Zeit zweimal vollständig gelesen haben soll.

Allerdings stand es mit der klösterlichen Zucht auf dem Berg Hiei zur damaligen Zeit nicht zum besten. Man hatte die mönchischen Regeln weitgehend vergessen. So lebten die Mönche gegen die Klosterregeln mit Frauen zusammen und suchten weltliche Ehren. Für den kaiserlichen Hof und die hohen Adligen verrichteten sie gegen Entgelt Beschwörungsgebete und Heilungsriten, über die sie die anderen Ordensregeln vergaßen. Hinzu kamen Machtkämpfe zwischen dem Kloster Hiei und dem Mitsui Tempel, bei denen sich Mönchssoldaten in die politischen Geschehnisse einmischten und sich darüber weit vom ursprünglichen buddhistischen Geist entfernten. Es ist kein Wunder, daß ein so hoch motivierter Mensch wie Dôgen unter diesen Gegebenheiten des klösterlichen Lebens auf dem Berg Hiei litt und von Zweifeln geplagt wurde. Wenn es sich nur um Probleme seiner Umgebung gehandelt hätte, wäre er damit wohl noch zu Rande gekommen. Dôgen spürte jedoch in seinem Herzen starke Zweifel an den grundlegenden Lehren der Tendai Sekte, die immer mehr zunahmen und den jungen Dôgen schließlich in die größten Zweifel stürzten.

Folgen wir dem Kenzei-Ki, der Biographie Dôgens, betrafen die Zweifel das grundlegende Dogma der Tendai Sekte, daß »alle Lebewesen von Geburt an die Buddhanatur in sich tragen«. Dôgen fragte sich, wie es kommen konnte, daß wir uns so in Aszese mühen müssen, wenn doch alle Menschen schon der Buddhanatur teilhaftig sind. Warum haben dann der Buddha und die vielen Bodhisattvas freiwillig ein so entsagungsreiches Leben geführt? Es mag zunächst den Anschein haben, als ob Dôgens Zweifel nur einen bestimmten Punkt einer buddhistischen Lehre beträfen. Aber für Dôgen war es mehr als nur eine logische Spitzfindigkeit, die ihn plagte. Für ihn ging es um das grundsätzliche Problem der menschlichen Existenz, das ihm solche tiefgehenden Zweifel verursachte. Bei der Frage nach der Entsagung der Buddha und Bodhisattvas ging es um die Wahrheit des Mahayana Buddhismus, dessen Grundlehren für ihn auf dem Spiel standen. Der Mahayana Buddhismus lebt vom Geist und Gelübde der Bodhisattvas, alle Menschen zu retten. Diese Grundlagen standen für Dôgen auf dem Spiel und verursachten seine Zweifel.

Im Jahre 1217 (Kempo 5) verließ der 18jährige Dôgen den Berg Hiei, ging zu Kôin, dem Abt des Mitsui Tempels, und teilte ihm seine Zweifel mit. Der weise Kôin verstand, daß Dôgens Zweifel nicht rein logischer Natur waren und versuchte daher nicht, direkt auf die Zweifel zu antworten, sondern riet ihm, die Zen-Disziplin zu ergreifen. Angesichts der Art der Zweifel konnten Worte und Spitzfindigkeiten nichts ausrichten. Um aus diesen Zweifeln herauszufinden, gab es in seinen Augen kein anderes Mittel, als mit Leib und Seele sich ganz dem Zazen hinzugeben.

Dôgen zog also in den Kennin Tempel in Kyôto, wo er über einen Zeitraum von sechs Jahren unter der Leitung von Zenmeister Myozen sich im Zazen übte. Während dieser Zeit erhielt er von Myozen die Befähigung, selber Schüler zu leiten. Trotz allem blieben Dôgens Zweifel aber ungelöst. Als er davon erzählen hörte, wie die Zenmönche in China sich mit vielen aszetischen Übungen mühten, möglichst alle Lebewesen zu retten, spürte er in sich immer stärker den Drang, nach China zu gehen, um Zen an seiner Quelle zu studieren. Diese Gelegenheit bot sich ihm 1223 (Teio 2), als er im Alter von 24 Jahren zusammen mit seinem Meister Myozen das ostchinesische Meer überquerte und im Land der Sung sich weiter auf die Suche nach dem Weg machte.

Für den, der sich auf die Suche nach dem Weg macht, gibt es kein Nachlassen im Aufspüren jeden Hinweises nach dem Weg, weil der Weg zum letzten und höchsten Ziel des Suchers geworden ist und dessen ganze Existenz schon bestimmt.

In dem nach seiner Rückkehr aus China geschriebenen Buch »Fukan Zazen Gi« entwickelt Dôgen seine Theorie des »Dô-mo-to-en-tsû«, d.h. der Ansicht, daß der Weg alle Dinge im All durchdringt, ihnen Leben gibt und sie zu sich zieht. Dôgen selber spricht nicht vom »letzten Ziel«, beschreibt aber ohne Zweifel die damit gemeinte Wirklichkeit. Daher ist diese die grundlegenden Lehren Dôgens enthaltende Schrift für eine Theologie des Weges von großer Bedeutung. Der Weg zieht als letztes Ziel alle Menschen an sich, allerdings auf eine Weise, die von Mensch zu Mensch verschieden ist. Darin liegt ein wichtiges Prinzip einer Theologie des Weges. Hier finden wir das Licht, das uns auf der Suche nach dem Weg hilft und uns den roten Faden zeigt, der uns zum letzten Ziel, zum »Weg« selber führt.

Wie wir schon bei den Überlegungen zum Weg in Bashôs Denken gesehen haben, stellt der Weg eine in unserem Innern wirkende Kraft dar. Während der Weg unser letztes Ziel darstellt, ist er zugleich auch die innere Schubkraft. Deshalb zeigt sich der Weg nicht nur als unser letztes Ziel, sondern offenbart sich uns auch als eine in unserem Innern tätige Kraft.

Der Weg ist daher nicht eine uns aus der Ferne zu sich ziehende Kraft, sondern offenbart sich uns als eine in unserem Inneren anwesende und uns auf dem Weg begleitende vertraute Kraft. Diese Vertrautheit ist jedoch nicht von der Art der Objekte unseres alltäglichen Lebens wie Essen, Schlafen, Kleidung und Wohnung, sondern zeigt sich eher als eine in unserem Innern uns ganz durchdringende Antriebskraft. Deshalb kann der Weg nicht Gegenstand unserer intellektuellen Bemühungen sein und erkannt werden. Es ist vielmehr so, daß wir nur dann, wenn wir wirklich fest entschlossen uns auf die Suche nach dem Weg machen, den Weg als eine subjektiv unser Inneres ganz durchdringende Kraft erfahren können. Die Vertrautheit des Weges zeigt sich gerade darin, daß sie sich als persönliche Kraftquelle zeigt, die unser Inneres ganz durchdringt. So ist der Weg, weil er den tiefsten

Kern unseres Wesens durchdringt, uns näher als unser eigenes Innere, wir können ihn nur in unserem Inneren erfahren.

Und doch ist es eine Tatsache, daß wir, weil der Weg uns so nahe ist, nur selten unsere Aufmerksamkeit auf ihn richten. Es ist wie mit der Luft, ohne die wir nicht leben können, die uns aber so vertraut ist, daß wir sie gewöhnlich gar nicht wahrnehmen. Genauso verhält es sich mit dem Weg. Wie es im Zen heißt, ohne Erleuchtung (satori) ist es nicht möglich, den Weg zu erkennen. Für eine Theologie des Weges lassen sich hieraus wichtige Schlußfolgerungen ziehen. Um Christus, den Weg, der die ganze Menschheit bewegt, kennenzulernen, genügt es nicht, nach der Art der traditionellen dogmatischen Theologie die offenbarte Wahrheit allein mit den Mitteln des vom Glauben erleuchteten Verstandes verstehen zu wollen. Wie Dôgen uns lehrt, ist es notwendig, um den Weg zu verstehen, alle Kräfte von Leib und Seele auf die Suche nach dem Weg zu konzentrieren, um so gleichsam mit einem Auge sehen zu lernen. Deshalb müssen wir, wenn wir Christus, den Weg, der das Heil aller Menschen zu seinem größten Verlangen gemacht hat, der »Fleisch geworden und unter uns wohnte«, kennenlernen wollen, wie Christus die Rettung aller Menschen zu unserem größten Verlangen machen und alle unsere Kräfte von Leib und Seele ganz darauf konzentrieren. Deshalb wird das »Auge« einer Theologie des Weges nicht die vom Glauben erleuchtete Vernunft, sondern ein Herz sein, das das große Verlangen Christi, die ganze Menschheit zu retten, sich so zu eigen gemacht hat, daß es das tiefste eigene Wesen ausmacht.

Damit können wir zu unserem eigentlichen Thema zurückkehren und eine wichtige Schlußfolgerung ziehen. Durch das Verlangen unseres Herzens, den Weg kennenzulernen, sind wir in unserem Inneren schon vom Weg erkannt, ist uns der unser Inneres durchdringende und uns antreibende Weg schon vertraut, und können wir auf dieser Grundlage fußend alle Dinge beurteilen. Indem wir den von unserem tiefsten Wesen erkannten Weg zum Maßstab nehmen, können wir beurteilen, was uns unserem letzten Ziel näherbringt und was ein falscher Weg ist. »Mach den Weg zum Maßstab, und triff so deine Entscheidungen!« – dies könnte die Grundregel einer Unterscheidung der Geister in einer Meta-Ethik des Weges sein.

Die Begegnung mit dem alten Mönchkoch auf dem Weg

Stellt die Suche nach dem Weg eine einsame Pilgerreise dar? Es ist sicher so, daß die Suche nach dem Weg oft eine Pilgerreise bedeutet, die der Mensch für sich allein unternehmen muß. Es ist ein aus dem tiefsten Innern hervorbrechender Antrieb, der den einzelnen auf die Suche nach dem Weg treibt und dem er nur allein entsprechen kann. In diesem Sinne handelt es sich bei der Reise auf der Suche nach dem Weg um ein Unternehmen, das ich nur als einzelner auf mich nehmen kann. Aus einer anderen Sicht betrachtet, ist die Reise auf der Suche nach dem Weg aus ihrem Wesen heraus jedoch nicht die Angelegenheit eines Einzelgängers. In buddhistischer Terminologie ist von »Zwei Menschen, die in Übereinstimmung handeln« (dogyo ninin) die Rede. Buddhistische Pilger, die in Shikoku auf Pilgerreise unterwegs sind, haben auf ihren Strohhüten die Inschrift »Dogyo ninin« in großen Buchstaben geschrieben. Für den einfachen Glauben dieser Pilger lebt Kobo Daishi auch heute noch und begleitet sie auf ihrer Pilgerschaft. Etwas Ähnliches läßt sich doch auch vom Christentum sagen. Der auferstandene Christus lebt auch heute noch und begleitet uns auf unserer Pilgerschaft. Darüber werden wir später im Teil III ausführlicher schreiben.

Auch Dôgen war nicht allein auf seiner Pilgerschaft auf der Suche nach dem Weg. Nachdem Dôgen in China an Land gegangen war, wartete auf ihn eine entscheidende Begegnung. Es handelte sich um die Begegnung mit dem alten Mönchkoch und dem Zenmeister Juching. In diesem Sinne handelte es sich bei der Reise Dôgens auf der Suche nach dem Weg um eine Reise von persönlichen Begegnungen. Da es sich um Begegnungen von Menschen handelt, die unterwegs zum Weg waren, können wir sie »Begegnungen auf dem Weg« nennen.

Dôgen erreichte Anfang April 1223 (Teio 2) den Hafen Minzhou, das heutige Ningbo. Er war gerade 24 Jahre alt. Aus irgend einem uns nicht bekannten Grund mußte Dôgen drei Monate an Bord des Schiffes bleiben. Am Abend des 4. Mai kam ein unbekannter Mönch an Bord, um Pilze zu kaufen. Auf die Frage, wer er sei, erklärte er, daß er »Tenzo«, d.h. der verantwortliche Koch des Klosters Kuang Li auf dem Berg Ayu Wang, eines der fünf großen Zen Klöster Chinas sei. Er war auf der Suche nach Pilzen, um sie für die Mönche aus Anlaß des Festes der Kinder am 5. Mai zum Festmahl zu bereiten. Dieser alte Mönch hatte vor 40 Jahren seine Heimat in Xi Shu verlassen und war vor einem Jahr im Alter von 61 Jahren, nachdem er in den verschiedenen berühmten Zenklöstern der Übung gelebt hatte, Küchenmeister im Kloster auf dem Ayu Wang geworden. Dieser alte, von den langen Jahren der Askese geprägte Mönch machte einen tiefen Eindruck auf Dôgen.

Als er auf seine Frage hin erfuhr, daß der Ayu Wang 34 bis 35 Meilen entfernt sei, versuchte Dôgen, den alten Mönch zum Bleiben zu bewegen. Der alte Mönch lehnte aber entschieden ab. Dôgen erschien dies seltsam, da ein so berühmtes Kloster wie der Ayu Wang doch sicher genügend Mönche hatte, die den Koch ersetzen könnten. Aber der alte Mönch erklärte klipp und klar: »Das Amt des Koches stellt für mich das letzte Stück der buddhistischen Schulung (bendô) dar, das ich auch nicht für einen Tag einem anderen überlassen kann.«

Dôgen hat die Begegnung mit dem alten Mönchkoch, die ihn tief bewegte, unter dem Stichwort »Die Belehrung durch den Mönchkoch« schriftlich festgehalten. Zur damaligen Zeit hatte er zunächst nicht verstanden, warum das Amt eines Kochs so wichtig sein könnte. So hatte er den Mönch gefragt: »Du bist doch schon ein alter Mönch, besser wäre es für dich, wenn du statt dich um die zerstreuende Arbeit des Kochens zu kümmern, die Schriften der Alten studiertest und dich auf die Übung des Zen konzentriertest. Was kannst du schon beim Kochen gewinnen?«

Als er dies hörte, lachte der alte Mönch laut auf und sagte zu Dôgen: »Du bist gerade erst aus dem Ausland gekommen. Wie kannst du da verstehen, was mönchische Zucht bedeutet, wo du

nicht einmal die Schrift lesen kannst?« Dôgen hatte ja immerhin
in Japan schon fünf Jahre unter dem Zenmeister Myozen im
Kennin Tempel Zazen geübt und die Kôan studiert. Er war daher
der Meinung, daß er sehr wohl die Bedeutung des Weges und den
Gebrauch von Kôan in der Zenmeditation kannte. Und doch
wurde er von diesem alten Mönch wegen seiner Unwissenheit
ausgelacht. Dieses laute Lachen des Mönches muß Dôgen ohne
Zweifel verletzt haben. Dôgen hat später seine Eindrücke so
zusammengefaßt: »Ich fühlte mich plötzlich beschämt und ver-
unsichert.« Die Worte des Mönches haben ihn wie ein Blitz aus
heiterem Himmel getroffen.

Dôgen hat dann wie folgt weiter gefragt: »Worin besteht denn
diese wahre klösterliche Disziplin und was sind die Buchstaben,
von denen du sprichst?« Darauf gab der Mönch die treffende
Antwort: »Jede Frage muß ernstgenommen und genau bedacht
werden. Ist nicht die Frage identisch mit dem, der sie stellt?« Dies
zeigt, daß die 40 Jahre der Schulung für den alten Mönch nicht
ohne Frucht geblieben waren. Er kannte wohl die wahre mönchische Disziplin und wußte um die Bedeutung der Buchstaben. Um
die wahre mönchische Disziplin zu verstehen, muß der so Fragen-
de erst zu seinem eigenen Selbst zurückkehren, sich selbst erforschen und seine eigene Einstellung zur Suche nach dem Weg neu
überprüfen.

Dôgen konnte damals die Antwort des Mönches nicht verstehen. Dieser hingegen lud ihn ein: »Wenn du es noch nicht ver-
stehst, wie wäre es, wenn du einmal auf den Ayu Wang kämest.
Dort können wir weiter diskutieren und die Bedeutung der Buchstaben erforschen.« Sie versprachen, daß sie einander wiedersehen
würden, und der alte Mann verschwand im abendlichen Dunkel.

Ein die Worte übersteigender Dialog

Das Frage- und Antwortspiel zwischen dem alten Mönchkoch
und Dôgen ist und bleibt eine Form des Dialogs, wie er unter
Anhängern des Zen üblich ist. Es handelt sich um eine Form des
Dialogs, bei der schon Funken zu sprühen scheinen, bevor noch

59

Worte gewechselt sind. Man könnte dies einen »Meta-Dialog ohne Worte« nennen, oder es als eine Art »Körpersprache« bezeichnen. Wenn wir in diesen »Meta-Dialog« zwischen Dôgen und dem alten Mönch eintreten wollen, müssen wir uns zunächst die jugendliche Gestalt Dôgens und dann die Züge des alten Mönchkochs vorstellen.

Dôgen war ein vierundzwanzigjähriger junger Mann, adliger Herkunft, der vor Verlangen nach dem Weg brannte, aber noch ein Anfänger auf dem Weg des Mönchlebens war. Er war gerade in China, dem Land seiner Sehnsucht, angekommen und blickte voller Erwartungen in die Zukunft. Er war bereit, sein Leben dem Studium des Weges Buddhas zu widmen und seine ganze Kraft darauf zu verwenden. Weil er jedoch noch immer an seinen Zweifeln litt, fiel ein Schatten von Schwäche auf dieses Verlangen. Zugleich war er geprägt von der Eigentradition der Eisai-Schule des Zen, die er in Japan gelernt hatte.

Auch die Frage, die Dôgen gestellt hat, ist von der Eigentradition der Eisai-Schule bestimmt: »Warum gibt der alte Mönch nicht das Amt des Kochs auf? Warum widmet er sich nicht ganz dem Zazen und studiert die Schriften der Alten?« Diese Worte Dôgens verraten, daß ihm das Studium der Schriften der Alten als die wichtigste Aufgabe auf dem Weg zur Erleuchtung erscheint. Zugleich beweist es, daß Dôgen im Amt eines Koches nur ein Hindernis auf dem Weg zur Erleuchtung sieht.

Der andere Partner dieses »Meta-Dialogs« dagegen hat eine andere Körpersprache. Der alte Mönch ist sich bewußt, daß die Ausübung des auf den ersten Blick so unattraktiven Kochens ein wichtiger Bestandteil der mönchischen Zucht ist. Da er dies im Grunde seines Herzens glaubt, ihm mit Leib und Seele zustimmt, ist dies eine sein ganzes Wesen durchdringende Erkenntnis. Diese auf Weisheit beruhende Überzeugung hat er sich in vierzig Jahren strenger Zucht erworben, und dies hat sich auch in der äußeren Erscheinung des alten Mönches niedergeschlagen. Sein Antlitz war von einem unbeschreibbaren Licht umstrahlt, und seine Gestalt war von unbeschreiblicher Würde. Sein lautes Lachen klang daher auch nicht arrogant, sondern war hell und klar. Und doch traf es Dôgen zunächst wie ein Schock und löste Verwirrung bei ihm aus. Woher die erstaunliche Kraft im Lachen des alten Mönches kam, wollen wir später bedenken, jetzt wollen wir uns zunächst der Reaktion Dôgens zuwenden.

»Erstaunen« und »Verwirrung« sind Reaktionen auf ein plötzliches Ereignis. Beide Reaktionen lassen erkennen, daß jemand tief in seinem Herzen getroffen wurde. Dôgen war von der gänzlich unerwarteten Antwort des alten Mönches betroffen, die ihn ins Herz traf, als ob er von einem Schwert durchbohrt worden sei und ihn für einen Augenblick vollständig verwirrte und ihn zugleich irgendwie beschämte. Sein ganzes bisheriges Verständnis vom Suchen des Weges war in Frage gestellt, und er spürte die Notwendigkeit, grundlegend umzudenken. Das Wort für »Erstaunen« bezeichnet im Japanischen eigentlich das Zusammenzucken eines erschreckten Pferdes und drückt daher die Tatsache aus, daß Dôgen sich besinnen und die Dinge ganz neu sehen lernen mußte.

Wenn wir Aristoteles folgen, ist das Erstaunen der Anfang der Weisheit. Es ist der Anfang des Wissens und zugleich die Öffnung der Augen für das Geheimnis. Das Erstaunen, das Dôgen in seinem Innersten erfaßte, war daher nicht nur ein intellektuelles Sich-Wundern, sondern ein religiöses Erstaunen, das den ganzen Menschen umfaßte. Deshalb war es auch der Anfang religiöser Weisheit und verbunden mit der Öffnung der Augen für tiefste Geheimnisse. Darum fragte Dôgen auch sofort den Mönchkoch: »Worin besteht die mönchische Zucht?« Das Wort »bendô« bezeichnet die »mönchische Zucht«, es enthält aber meiner Meinung nach auch das Element des Wissens. Denn der erste Teil dieses chinesischen Wortes »ben« besteht aus der Zusammensetzung von zwei Zeichen, von denen das eine »Kraft« und das andere »Unterscheiden« bzw. »Verstehen« bedeutet. Wenn man die Fähigkeit der Unterscheidung hat und seine Kraft einsetzt, dann gelangt man zur Wahrheit oder, wie es die wörtliche Übersetzung des Japanischen ausdrückt, zur »Einsicht des Weges«.

Versteht man »bendô« daher in diesem Sinn, dann fragte Dôgen in Wirklichkeit danach, worin der »Weg« bestehe und was er unternehmen müsse, um den »Weg« zu erkennen. Seine Frage zielte also letztlich danach, herauszufinden, worin eigentlich der

»Weg« besteht. Wenn wir recht haben, daß er mit seiner Frage letztlich den Weg gemeint hat, dann ist es auch richtig anzunehmen, daß das Erstaunen, das seine Frage auslöste, auf dasselbe Ziel gerichtet war. Weil sich aus dem Erstaunen die Frage entwickelte, haben das Erstaunen und die Frage ebenfalls dieselbe Richtung und dasselbe Ziel. Natürlich verstand Dôgen, als er seine Frage an den alten Mönchkoch richtete, noch nicht, daß sein Erstaunen und seine Frage sich letztlich auf den Weg bezogen. Aber als er seine Frage stellte, hatte er doch wohl schon eine gewisse unbestimmte Vorstellung. Wie wir schon früher festgestellt haben, zieht der Weg uns in einer bestimmten entscheidenden Weise an und macht sich uns bekannt. So ist der Weg nicht nur das letzte Ziel für den »Sucher nach dem Weg«, sondern zugleich auch die innerste Antriebskraft, die sich uns auf innige Weise zu erkennen gibt. Aus dem Gesagten ergibt sich, daß Dôgen, als er erstaunt seine Frage stellte, wenigstens anfänglich gewußt hat, daß der Weg das letzte Ziel und zugleich die innere Antriebskraft darstellt.

Betrachten wir das Ganze aus der Perspektive des Weges, dann können wir festhalten, daß der Weg als das letzte Ziel Dôgen an sich zu ziehen begonnen hatte und in seinem Inneren die Antriebskraft darstellte, die ihn befähigte, mit dem Weg als Begleitung auf dieses letzte Ziel unterwegs zu sein. Auf seiner Suche nach dem Weg wurde Dôgen in allen seinen Handlungen von dieser in seinem Inneren wirkenden Kraft des Weges bewegt. Die aszetischen Bemühungen, die Dôgen bis dahin vollbracht hatte und ebenso die Begegnung mit dem Mönchkoch, sein Erstaunen und seine Frage, all dies erweist sich als vom Weg angestoßen und getragen. Die Frage Dôgens war ausgelöst vom Weg und öffnete seine Augen für das Wirken des Weges. Auch wenn es sich zunächst nur um ein undeutliches Ahnen vom Wirken des Weges handelte, genügte es doch, ihn zum Staunen und über das Staunen zum Fragen zu bringen. Es erweist sich also, daß das dialektische Zusammenwirken sowohl des Erstaunens als auch des Fragens seinen letzten Ursprung in der im Inneren wirkenden Kraft des Weges findet. Der Weg löste sowohl das Erstaunen als auch die Frage aus, die dann in Worte gefaßt, mit Hilfe des Weges zu ihrer

Lösung findet. Die über die Stufen von Begegnung zum Erstaunen, vom Erwachen zur Frage und ihrer Beantwortung führende dynamische Entwicklung stellt eine von der Kraft des Weges getragene dialektische Bewegung dar.

Der dynamische Prozeß vom Erstaunen zur Frage ereignet sich nicht allein im Innern eines isolierten Dôgen, sondern findet statt in der Begegnung mit dem Mönchkoch. Deshalb wollen wir noch einmal zum »Meta-Dialog« zwischen Dôgen und dem Mönchkoch zurückkehren, in dessen Verlauf sich der Prozeß vom Erstaunen zur Frage abgespielt hat. Worin bestand eigentlich das Wirken des Weges, als das laute Lachen des Mönchkochs das Erstaunen und die Frage Dôgens auslöste? Zunächst hat der Weg sowohl beim Mönchkoch als auch bei Dôgen das Verlangen nach der Suche des Weges ausgelöst und sie angetrieben, vierzig bzw. zehn Jahre hindurch sich der mönchischen Übung mit Ernst und Hingabe zu widmen. Schließlich hat der Weg die beiden zu diesem »die Worte übersteigenden Dialog« zusammengeführt.

Was hat sich nun in diesem »die Worte übersteigenden Dialog« eigentlich ereignet? Aus dem bisher Gesagten ist deutlich geworden, daß beide ihr tiefstes inneres Wesen ohne Worte mit Hilfe ihres Körpers zum Ausdruck bringen. In Dôgens Erscheinung, seinem bleichen Gesicht eines jungen Intellektuellen, geschult in der Zen-Tradition eines Eisai, zeigte sich brennende Entschlossenheit, auf der Suche nach dem Weg nicht nachzulassen. Auf der anderen Seite leuchteten in der Gestalt des alten Mönchkochs große Würde und Weisheit auf, die er sich in den Jahren harter Mönchszucht erworben hatte. Die Gestalt des alten Mönches drückte »ohne Worte« deutlich aus, worin das Wesen der echten Mönchszucht eigentlich besteht. Dôgen hat die Körpersprache des alten Mönches mit seinem inneren Auge »gehört«. Man müßte genauer sagen, er hat seinen ganzen Leib zum »Auge« gemacht und so »gehört«. Deshalb spricht man im Zen davon, »mit den Augen zu hören und mit den Ohren zu sehen«. Dôgen hat aber nicht nur die Körpersprache des Mönchkochs gehört, er hat auch die in seinem Inneren wirkende Kraft des Weges gespürt. Indem er seinen ganzen Körper gleichsam zum Auge machte, gab er dem Weg die Gelegenheit, ihn sich verspüren zu lassen. Natürlich war sich Dôgen all dieser Gegebenheiten damals intellektuell und gedanklich nicht bewußt. Eher wurde Dôgen durch die im Innern des Mönchkochs wirkende Kraft des Weges induktiv zu dieser Einsicht gebracht, worin der Weg eigentlich besteht. Man könnte vielleicht besser sagen, daß es der im Innern des ausgemergelten alten Mönches wirkende Weg war, der Dôgen zur Erkenntnis des Weges brachte. Der Weg selber war das eigentliche Subjekt dieses »Meta-Dialogs«, das selber aber im Schatten verborgen bleibt. Wenn es auch den Anschein hat, als ob der »Meta-Dialog« allein von dem alten Mönchkoch und Dôgen bestritten würde, so kann man vom Standpunkt einer »Meta-Ethik des Weges« feststellen, daß der Weg der eigentliche Gesprächspartner ist.

Auf der Suche nach einer Definition der »Meta-Ethik des Weges«

Aus dem bisher Gesagten müßte eigentlich deutlich werden, warum wir von einer »Meta-Ethik des Weges« sprechen. Dem äußeren Anschein nach waren der alte Mönchkoch und Dôgen ganz allein an diesem »Meta-Dialog« beteiligt, aber aus dem Blickwinkel der die äußere Wirklichkeit transzendierenden Metaphysik her gesehen, war der Weg selber der eigentliche Gesprächspartner. Wenn man jedoch von einer Metaphysik des Weges spricht, dann muß man sich bewußt sein, daß man den Weg nicht von einer ontologischen Perspektive betrachten darf, da er überhaupt nicht in den Bereich der Metaphysik gehört. Deshalb wäre es falsch, vom metaphysischen Wesen des Weges zu sprechen. Denn alle die auf der Suche nach dem Weg auftretenden Phänomene – Begegnungen, Dialoge, Zweifel, Fragen und Antworten – sie alle gehören nach der traditionellen Philosophie in den Bereich der Ethik. Wenn dem so ist, dann gehören der »Dialog ohne Worte« und die darin verwendete Körpersprache und ganz besonders das »Sprechen« des Weges selber in den Bereich einer »Meta-Ethik«. Eine »Meta-Ethik des Weges« wird daher eine Wissenschaft sein, die alle auf der Suche nach dem Weg auftretenden Phänomene bedenkt, sie aus der Perspektive einer Meta-Ethik des Weges reflektiert und die aus der dynamischen Rolle des Weges heraus den inneren Zusammenhang der verschiedenen Phänomene zu ergründen sucht. In diesem Sinn beinhaltet, wie wir später zeigen werden, das Denken Dôgens eine »Meta-Ethik des Weges«.

Kehren wir noch einmal zum Dialog ohne Worte zwischen dem alten Mönchkoch und Dôgen zurück, dann wird uns die Dynamik des Wirkens des Weges immer deutlicher. Um zu verstehen, warum das laute Lachen des Mönches Dôgen so aufschreckte und zum Erstaunen brachte, müssen wir begreifen, was er eigentlich mit diesem Lachen ausdrücken wollte. Wenn ein in der Übung des Zen Erfahrener sein ganzes Wesen im Lachen ausdrückt, dann handelt es sich um ein volles tiefes Lachen. Beim Lachen des Mönchkochs handelte es sich um ein solches, das ganze Wesen ausdrückende Lachen. Man muß wohl sagen, daß vierzig Jahre mönchischer Disziplin auf der Suche nach dem Weg und die darin erworbene Weisheit sich in diesem explosionsartigen Lachen zeigten. Zugleich war es ohne Zweifel ein freies ungekünsteltes Lachen, das frei von jeder Bosheit war und eine ungekünstelte Freude verriet. Um es mit einem Lieblingswort Dôgens auszudrücken, war es ein das »Selbst vollständig vergessenes« Lachen. Es übersteigt die Grenzen zwischen dem Selbst und dem anderen, es umfängt zugleich den anderen und bringt eine Identifikation mit dem anderen zustande. Ja, es übersteigt sogar auch den Unterschied zwischen dem Selbst und der Welt, umschließt die Welt im eigenen Selbst und führt zu einer Identifikation zwischen Selbst und der Welt.

Worin liegt nun aber der Grund, daß das Lachen des alten Mönchkochs solch eine Wirkung haben konnte? Der alte Mönch war sich selber vollkommen gestorben und lebte ganz aus der großen Kraft des ihn belebenden Weges. Um es mit einem alten bekannten Zen-Wort zu sagen: »Ein großer Tod bringt großes neues Leben hervor.« Aus der Perspektive des Weges betrachtet, können wir sagen: Der Weg hat den alten Mönch einen großen Tod sterben lassen, um ihn so zu einem großen Leben zu führen. In der Sprache eines anderen Wortes von Dôgen können wir sagen, daß der Weg im Lachen des alten Mönchs »seine ganze Kraft geoffenbart« habe, womit er eine Manifestation des ganzen

Ausmaßes dieser Kraft meint. Wenn der Weg im Lachen des Mönches seine ganze Kraft offenbart, dann können wir annehmen, daß dies auch Wirkung gezeigt hat. Diese Wirkung ging von dem alten Mönch auf Dôgen über und bewirkte, daß er eine Konversion durchmachte, in der sein ganzes Leben eine Veränderung erfuhr. Wir wollen dem Wirken des Weges auf Dôgen weiter nachgehen.

Das Lachen des Mönchkochs hatte bewirkt, daß Dôgens bisheriges Verständnis der Mönchszucht grundlegend erschüttert wurde. Der Weg verneint alles, was vom wahren Weg abweicht. Das war das erste Resultat des Wirkens des Weges. Aber es ist nicht die Art des Weges, es nur bei einer negativen Lehre zu belassen. Denn, wenn wir genau hinsehen, können wir die lebenspendende Kraft in der Verneinung schon entdecken, da die Verneinung zugleich den neuen Anfang und inneren Wandel enthält. Die im Zen häufig zu findende negative Bejahung bezeugt die auf das dynamische Wirken des Weges zurückgehende Wahrheit, daß aus einem »großen Tod« zugleich »großes Leben« resultiert.

Unser Studium der Meta-Ethik des Weges hat bisher einige wichtige Elemente für eine Theologie des Weges erbracht.

1. Der »Dialog ohne Worte« kann uns helfen, neues Licht auf die Dialoge zu werfen, die in der Heiligen Schrift zwischen Jesus und den Jüngern berichtet werden. Die traditionelle Theologie, die die Bibel mit dem vom Glauben erleuchteten Intellekt zu verstehen versucht, hat auch die Dialoge zwischen Jesus und den Jüngern verstandesgemäß zu verstehen gesucht. Aber auf diese Weise läßt sich die von Jesus verkündete »Herrschaft Gottes« nicht verstehen, weil das Evangelium das Geheimnis des Gottmenschen offenbart. Denn Jesus hat dieses göttliche Geheimnis nicht so sehr mit Worten, sondern vielmehr mit seinem ganzen Wesen und seinen Werken ausgedrückt. In erster Linie geschah dies sicher durch seinen Tod am Kreuz und seine Auferweckung. Wenn wir annehmen, daß diese Werke die Offenbarung des Gottmenschen sind, dann können wir sie nicht allein mit dem Licht des Intellekts verstehen.

2. Wie wir gesehen haben, sind die dialektischen Prozesse von Begegnung, Erstaunen, Erwachen, Frage und Antwort auf das

Wirken des Weges zurückzuführen. Daher können wir auch verstehen, daß Christus als der »Weg« im Verlauf der gesamten menschlichen Geschichte der Weg ist, der die Menschen zusammenführt, ihre Augen für den »Weg« öffnet, ihre Zweifel löst, sie zu Fragen anstößt und sie auf den schweren Weg der Loslösung führt. Die Perspektive der führenden Rolle des Weges in der Geschichte der Menschheit wird ein wichtiger Gesichtspunkt einer Theologie des Weges sein.

3. Indem wir so die führende Rolle des Weges als zentrale Kraft in allen Phänomenen sehen und die innere Verbundenheit aller Erscheinungen und ihre Stellung in der Schöpfung durch die Tätigkeit des Weges uns vor Augen halten, können wir einen Zugang zu einer Meta-Ethik des Weges finden. Analog können wir in einer Theologie des Weges in Christus den »Weg«, die die Geschichte bestimmende Kraft, sehen, um die als Achse sich alles Geschehen dreht.

4. In einer Meta-Ethik des Weges ist das alle Dinge durchdringende Wirken des Weges bestimmt von einer dialektischen Logik der negativen Bejahung und der Lehre, daß ein großer Tod großes Leben hervorbringt. Wenn auf die gleiche Weise in einer Theologie des Weges der Kreuzestod Christi, des »Weges«, und seine Auferweckung alle Dinge beeinflussen, dann finden wir darin dieselbe negative Bejahung und das Gesetz wirksam, daß ein großer Tod Ursprung großen Lebens ist.

5. Letztlich und sehr wichtig ist folgendes. Wenn Christus als der »Weg« das Heil aller Menschen wollte und auch heute noch will, dann müßte auf der gegenwärtigen Stufe der menschlichen Geschichte zunächst eine Meta-Ethik des Weges entwickelt werden, die es dann analog in eine Theologie des Weges umzuwandeln gälte. Von einer Theologie des Weges her gesehen sollten wir unseren Ausgangspunkt von Christus, dem »Weg«, nehmen und dann das Denken Bashôs über den Weg und die Meta-Ethik des Weges von Dôgen zu einer Theologie des Weges zusammenführen, in der alles sich um die eine Achse des Weges drehen würde.

Hören auf die »stimmlose Stimme« des Weges

Später, als Dôgen im Kloster Tian Tong Shan sich der mönchischen Übung widmete, kam der alte Mönchkoch, der ihn bei seiner Ankunft in China auf so eigenartige Weise begrüßt hatte, um ihn aufzusuchen. Er hatte inzwischen das Amt des Küchenmeisters aufgegeben und war auf der Heimreise. Dôgen beschreibt später seine Gefühle bei diesem Wiedersehen und hielt fest: »Ich tanzte vor Freude.«

Dôgen stellte dann erneut seine Frage, die er erstmals auf dem Schiff an den Mönchkoch gerichtet hatte: »Was ist die Schrift und die Buchstaben?« Der alte Mönch gab ohne Umschweife die folgende Antwort: »Eins, zwei, drei, vier, fünf.« Es kann wohl keine knappere und rätselhaftere Antwort geben. Was wollte der alte Mönchkoch mit dieser Antwort sagen? Um dies zu verstehen, müssen wir herausfinden, was »Schrift« und »Buchstabe« im Zen eigentlich bedeuten. Der grundsätzliche Standpunkt des Zen-Buddhismus ist, daß er eine Überlieferung außerhalb der Schriften darstellt und daher die geschriebene Schrift und der Buchstabe keineswegs die Hauptsache darstellen. Die Gegebenheiten von »Schrift« und »Buchstabe« stehen hier in erster Linie für das »Leben des Buddha« oder das »Wirken des Weges«. Dabei war man der Auffassung, daß sowohl das »Leben des Buddha« als auch der »Weg« keineswegs Dinge einer anderen Welt seien, sondern in allen Dingen unseres alltäglichen Lebens sich offenbaren. Aus diesem Grund bezeichnen im Zen »Schrift« und »Buchstabe« das Gesamt aller Lebewesen, die vom Buddha ihr Leben erhalten. Dôgen hat ein Lied von »Schrift« und »Buchstabe« verfaßt, in dem er das Leben von Buddha so umschreibt:

Haru wa hana	Blumen im Frühling,
Natsu hototogisu	Der Kuckuck im Sommer,
Aki wa tsuki	Der Mond im Herbst,
Fuyu yuki saete	Im Winter glänzt der Schnee
Suzushikari-keri.	In der kalten Luft.

Dôgen sieht im Blühen der Blumen, dem Schrei des Kuckucks, dem Leuchten des Mondes und Fallen des Schnees Manifestationen des Lebens des Buddha in »Schrift« und »Buchstabe«.

Wenn man so denkt, dann kann man die Antwort des Mönchkochs: »Eins, zwei, drei, vier, fünf« etwas eher verstehen. Indem wir heranziehen, was Dôgen später in der »Belehrung durch den Mönchkoch« geschrieben hat, können wir verstehen, daß mit »Schrift« und »Buchstabe« nicht das geschriebene Wort zu verstehen ist. Vielmehr ist alles, was das Auge sieht, »Schrift« und »Buchstabe«. Die »Buchstaben lernen« heißt dann, das wahre Wesen der Dinge ergründen. Deshalb bedeutet für den Mönchkoch Gemüse zubereiten oder Feuerholz machen, die jeweiligen Dinge im vollsten Sinn zum Leben bringen, und in diesem Sinn bedeuten dann diese einfachen Vorgänge zugleich »Buchstaben lernen«.

Wenn wir dies etwas theoretischer ausdrücken, können wir festhalten, daß »Schrift« und »Buchstabe« in der Tat das Gesamt der sich jeweils zeigenden Dinge bedeuten. Jedes Ding im Gesamt der Schöpfung offenbart für sich den Weg. In diesem Sinn ist jedes Ding in sich etwas Absolutes. »Ein kurzes Ding ist auf seine kurze Weise etwas Absolutes«, oder in der Sprache des Zen ausgedrückt: »Wer klein ist, verkörpert in seinem kleinen Körper das Dharma«. Ebenso wird gesagt, »ein langes Ding ist auf seine lange Weise etwas Absolutes«, was in der Zensprache so lautet: »Wer groß ist, verkörpert in seinem großen Körper das Dharma«. Jedes Ding ist in sich etwas Absolutes, d.h. verkörpert »Schrift« und »Buchstabe«. Daher bedeutet »Schreiben lernen«, dieses innere Wesen der Existenz zu durchdringen. Deshalb bedeutet »Schreiben lernen« für den Mönchkoch, daß bei den einzelnen Dingen, die ihm in der Küche begegnen, er sich bewußt ist, daß in jedem von ihnen etwas Absolutes ist und daß er sich bemüht, dem Wert dieses Absoluten in seinen Handlungen gerecht zu werden.

Das Verständnis von »Schrift« und »Buchstabe« im Zen scheint auf den ersten Blick schwer verständlich; wenn wir es genauer bedenken, entdecken wir viel Ähnlichkeit mit dem Verständnis des »Wortes« im Judentum und Christentum. Das alttestamentliche »dabar« bedeutet sowohl das »Wort«, als auch

»Gegenstand« oder »Ereignis«. Wenn Gott das Wort (dabar): »Es werde Licht« gebraucht, dann entspricht dies zugleich dem Geschehen und der Tatsache, daß Licht entsteht. Andersherum gesehen ist beim Akt der Schöpfung die Tatsache, daß Licht entstand, identisch mit dem Wort (dabar), daß Licht werde. Anders als beim Menschen bedeutet Gottes Wort nicht die Bezeichnung eines Gegenstandes, sondern die Funktion des aktuellen Schaffens des Gegenstandes. Weil alle Dinge dieser Welt Gottes Werk (zugleich sein »Wort«) sind, können wir alle Dinge auch als Offenbarung seines Wortes ansehen. Diese Gedanken stehen im Zusammenhang mit dem neutestamentlichen Denken über den Logos. Der Logos im Prolog des Johannesevangeliums bezeichnet auch nicht einfach ein »Wort«, sondern bezieht sich in erster Linie auf das Leben des Vaters und offenbart Gottes Wirken in Schöpfung und Erlösung. Aus diesem Grund enthalten diese Gedanken wichtige Elemente einer Theologie des Weges. Unter dem Einfluß des griechischen Denkens hat die christliche Theologie versucht, das intellektuelle Verständnis des Wortes (die Bedeutung) in den Mittelpunkt zu stellen. Das Ergebnis war, daß die ursprüngliche Bedeutung von »dabar« als »Wort« und »Ereignis« verlorenging, daß nicht Christus als der »Weg« den Mittelpunkt bildete, sondern das Schwergewicht auf die Dogmen gelegt wurde. Im Endeffekt wurde zweitausend Jahre lang der »Weg«,(Jesus Christus), vergessen. Heidegger hat einmal gesagt, daß unter dem Einfluß des Platonismus die mehr als zweitausend Jahre alte westliche Philosophie eine Geschichte der »Seinsvergessenheit« darstelle. Analog könnte man sagen, daß die zweitausend Jahre alte Geschichte der Theologie von einer »Wegvergessenheit« geprägt gewesen sei. Aufgabe der Theologie für die Zukunft sollte es daher sein, auf der Grundlage des ursprünglichen Verständnisses von »dabar« (Wort= Geschehen), das Augenmerk auf Gottes Wirken zu richten und unter den Geschehnissen dieser Welt das Wirken des »Weges« herauszustellen, in dem sich Christus als die schöpferische und erlösende Urkraft offenbart. In diesem Zusammenhang könnte das Verständnis von »Schrift« und »Buchstabe«, das Dôgen vom alten Mönchkoch gelernt hat, helles Licht auf das Unternehmen einer Theologie des Weges werfen.

Kehren wir aber noch einmal zur Begegnung zwischen Dôgen und dem Mönchkoch zurück. Dôgen hatte seine andere Frage nämlich nicht vergessen, in der er den Mönchkoch gefragt hatte, worin denn die wahre mönchische Zucht bestehe. Auch hierauf erhielt er eine knappe und höchst rätselhafte Antwort: »Nirgendwo auf der Welt ist irgend etwas aufbewahrt.« Gemeint ist wörtlich, daß nirgendwo auf der Welt es etwas gibt, das verborgen ist. Im übertragenden Sinn soll damit gesagt sein, daß alle Dinge dieser Welt Manifestationen des »Lebens des Buddha« sind. Daher beinhaltet die mönchische Übung (bendô) die Annahme und das Umsetzen dieser Wirklichkeit, daß der Buddha überall wirkt, in Leben und Tat (vgl. Kawamura Kôdô).

Um es etwas konkreter zu fassen, wenn jemand beim Waschen von Rettich in der Küche oder beim Würzen mit Sojasauce und Kochen am Herdfeuer im Rettich, der Sojasoße und dem Feuer Verwirklichungen des »Lebens des Buddha« erblickt und dem lebendigen Buddha im Rettich Rechnung trägt, dann erfüllt er damit auch die wahrhafte mönchische Übung (bendô). Dem alten Mönchkoch war diese Wahrheit während der vierzig Jahre seines Klosterlebens in Fleisch und Blut übergegangen, und seine Antwort war vom Gewicht dieses lebenslangen intensiven Bemühens getragen. Aus dem Blickwinkel des Weges gesehen, verhält es sich so, daß der Weg zunächst beim Mönchkoch das Verlangen geweckt hat, vierzig Jahre hindurch sich in der Mönchszucht zu üben, ihm zum Verständnis von »Schrift« und »Buchstaben« verholfen und ihn an seinem Leib hatte erfahren lassen, worin die echte mönchische Übung besteht. Es war ebenfalls wieder der Weg, der den alten Mönchkoch mit Dôgen zusammenführte und ihm die Worte in den Mund legte, die er an Dôgen richtete. Es ist der Weg, der aufzeigt, wie in allen Dingen das »Leben des Buddha« enthalten ist, der Herz und Geist des alten Mönchs so erfüllt, daß er zu Dôgen sprechen muß. Der Weg jedoch hat keine feste Form und verfügt über keine Stimme, und das hat zur Folge, daß das Sprechen des Weges eine »stimmlose Stimme« ist. Unter Mithilfe des alten Mönchkochs war es Dôgen gegeben, diese »stimmlose Stimme« des Weges zu hören. Daß Dôgen den Antworten des alten

Mönchkochs zustimmen konnte, beruht wieder darauf, daß er diese »stimmlose Stimme« gehört hatte.

Die Belehrung durch den alten Mönchkoch wurde für Dôgens Reise auf der Suche nach dem Weg von entscheidender Bedeutung. Das zeigt ein Wort, das Dôgen in seinem später verfaßten Werk »Die Belehrung durch den Mönchkoch« festgehalten hat. Nachdem er das Frage- und Antwortspiel zwischen sich und dem Mönchkoch berichtet hat, schreibt er: »Wieviel oder wenig ich von ›Schrift‹ und ›Buchstabe‹ sowie von der mönchischen Zucht verstanden habe, dies alles verdanke ich dem alten Mönchkoch«. Dôgen ist später dem Zenmeister Juching begegnet und hat unter ihm zur großen Erleuchtung gefunden. Es wäre daher zu erwarten gewesen, daß Dôgen den Zenmeister Juching als den nennt, dem er die Kenntnis von »Schrift« und »Buchstaben« sowie der mönchischen Zucht verdankt. Doch Dôgen nennt nicht ihn, sondern den alten Mönchkoch als den, dem er alles verdankt.

Viele Jahre später lernte Dôgen ein Gedicht von Xue Tong kennen, das vollständig mit dem übereinstimmte, was der alte Mönch ihn gelehrt hatte, so daß bei ihm die Überzeugung wuchs, daß der alte Mönch tatsächlich »ein echter Mensch des Weges« gewesen sei. Das Gedicht hat folgenden Inhalt:

Ichiji, nana ji, sanjugo ji
Bansho kiwame kuru ni, ko wo nasazu
Yo fukete tsuki shirô shite sômei ni kudaru
Riju wo sotoku suru ni tako ari.

Ein Buchstabe, sieben Buchstaben, fünfunddreißig Buchstaben.
Die Myriaden Dinge kennen, heißt ihre Unbeständigkeit verstehen.
Die Nacht bricht an, und der weiße Mond bricht sich in der blauen See.
Wir suchen nach der Perle und finden sie immer wieder.

Chinesische Gedichte haben gewöhnlich entweder ein Versmaß von viermal fünf oder viermal sieben Silben. Das hier vorliegende Gedicht entspricht keiner dieser Normen, sondern ist ungleich und holprig geschrieben. Aber gerade diese Unebenheiten und Holprigkeiten entsprechen der Wirklichkeit unseres Lebens. Inmitten der Ungereimtheiten unserer Existenz stellen wir uns die Frage nach der endgültigen Wahrheit. Wenn wir uns die Vielfalt der Dinge anschauen, werden wir gewahr, daß sie alle »unbeständig« sind, d.h. daß wir hier nirgendwo eine letzte Zuflucht haben. Wenn sich jedoch die Nacht lichtet, der Mond am Himmel steht und sich in der See bricht, dann entdecken wir die Perle (das Juwel im Rachen des Schwarzen Drachen) unter den vielen Tausenden sich brechenden Wellen. Der »Mond« wird hier als Symbol für den Weg gebraucht.

Der Zenmeister Xue Tong beschreibt in diesem Gedicht seine eigene religiöse Erfahrung, in der ihm Erleuchtung geschenkt wurde. Es ist die gleiche Welt, zu der auch der alte Mönchkoch durch seine Übung vorgestoßen war, und mit Hilfe des Mönches war es auch Dôgen geschenkt, zur gleichen Erkenntnis zu gelangen. Im folgenden wollen wir zu Dôgens religiösen Erfahrungen zurückkehren und uns gründlicher damit befassen.

»Die Nacht bricht an« –
Überwindung der dunklen Nacht der Seele

Den Grund der religiösen Erfahrung Dôgens bildet das Bewußtsein von der Unbeständigkeit aller Dinge. In dieser Welt gibt es für den Menschen keinen Zufluchtsort. Dôgen hatte diese Erfahrung nicht nur verstandesmäßig gemacht, sondern sie am eigenen Leib erfahren.

Für gewöhnlich hat die Erkenntnis von der Unbeständigkeit aller Dinge die pessimistische Weltsicht, die Welt zu fliehen, zur Folge. Doch bei Dôgen war es anders. Die Einsicht in die Unbeständigkeit setzte bei ihm positive Kräfte frei. Da steht zunächst die Erkenntnis, daß Selbstsucht und Egoismus sowie Ehr- und Ruhmsucht von sich aus verschwinden (vgl. Gakudo Yojin Shu). Wer mit allen Fasern seiner Existenz einmal verstanden hat, daß alle Dinge dieser Welt vergehen und alles eitel ist, und einsieht, wie überflüssig die Selbstsucht und das Verlangen nach Besitz und

Ehre eigentlich sind, der wird erfahren, wie das Verlangen danach von selbst aufhört. Weiter wird ein Mensch, der eingesehen hat, daß alle Dinge dieser Welt einmal vergehen und der versteht, wie kostbar die Zeit bis zum Tode eigentlich ist, keinen einzigen Augenblick mehr nutzlos vergeuden, sondern ganz von selbst sich auf die Suche nach dem Weg machen.

Es ist wichtig, sich dieses »von selbst« noch einmal genauer anzuschauen. Aus der bloßen intellektuellen Einsicht ergibt sich noch nicht automatisch auch ein positives Handeln. Zum Wissen muß der Wille treten, der erst das Wissen in Handeln umsetzen kann. Diese Praxis wird aber nicht imstande sein, dem Egoismus und der Ruhmsucht den Boden zu entziehen. Im Gegensatz dazu wird aber ein Wissen mit Leib und Seele von sich aus die entsprechenden Handlungen hervorbringen und zur Verwirklichung des in diesem Wissen angelegten Handelns führen. Darin besteht der Unterschied zwischen einem Wissen, das um die Unbeständigkeit der Dinge nur verstandesmäßig weiß und einem Wissen mit »Leib und Seele«. Denn wenn man nur mit dem Verstand um die Unbeständigkeit der Dinge weiß, kann das Herz sehr wohl auch weiterhin von Egoismus und Ruhmsucht bewegt werden. Wenn man jedoch mit Leib und Seele die Vergänglichkeit eingesehen hat, dann ist in dieser Einsicht zugleich die Erleuchtung einbegriffen, daß alle Dinge eitel sind. In dieser Erleuchtung ist dann zugleich auch die Kraft enthalten, die verhindert, daß Egoismus und Ruhmsucht sich regen.

Wir können also feststellen, daß in der Einsicht in die Unbeständigkeit aller Dinge eine dynamische Kraft verborgen ist, die, wenn sie mit Leib und Seele ergriffen wird, den Menschen in allen Fibern seines Körpers durchdringt und die Erleuchtung hervorbringt, die den ganzen Menschen die Vergänglichkeit erfahren läßt und ihn zu einem dieser Einsicht entsprechenden Handeln bringt.

Wir stoßen hier auf eine Übereinstimmung, weil der geradlinige Prozeß von der Erfahrung der Vergänglichkeit, über das Verlöschen von Egoismus und Ruhmsucht hin zur Suche nach dem Weg auf dieselbe Weise getragen ist von der dialektischen Bewegung des Weges, wie der schon vorher untersuchte Prozeß, der von der Begegnung über das Erstaunen hin zum Erwachen, von dort zur Frage und so zur Antwort führte. Wie hier im letzten der Weg die Urbewegung darstellt, so wird auch der Prozeß, der von der Erfahrung der Vergänglichkeit seinen Ausgang nimmt, von derselben Kraft des Weges gespeist. Der Beweis liegt darin, daß diese dialektische Bewegung das Suchen nach dem Weg darstellt, dessen letzte Bestimmung eindeutig wieder der Weg selber ist. Daß Dôgen imstande war, die Vergänglichkeit der Dinge einzusehen, verdankte er dem Anstoß durch den Weg. Wenn der Weg einen unendlichen, absoluten Wert darstellt und wir vom Weg bewegt werden, dann wird auch der jeweilig Handelnde durch das Wirken des Weges, mag es auch verschwommen sein, doch mit Leib und Seele »fühlen« und »verstehen« können, daß der Weg ein unendlicher, absoluter Wert ist. Dann wird er einsehen, daß alle Dinge dieser Welt eitel sind, und – verglichen mit dem unendlichen Weg – es auf dieser Erde nur begrenzte und nichtige Dinge und Ereignisse gibt. Gerade, weil im letzten der Weg die Antriebskraft Dôgens war, richtete er seine Aufmerksamkeit aus der Einsicht der Vergänglichkeit auf die Suche nach dem Weg.

Welchen Stellenwert hat aber die Vergänglichkeit dieser Welt in der religiösen Welt, die Xue Tong in seinem Gedicht dargestellt hat? Wir finden dies in den ersten beiden Versen des Gedichts ausgedrückt. »Ein Buchstabe, sieben Buchstaben, fünfunddreißig Buchstaben« – diese Verse bringen die Vielfalt und Buntheit der Welt um uns zum Ausdruck. »Die Myriaden Dinge kennen, heißt ihre Unbeständigkeit verstehen«, das bedeutet, auf der Grundlage des Weges beim Anblick jedes einzelnen Phänomens dieser Welt mit Leib und Seele zu »wissen«, daß alles nichtig ist und daß es nichts gibt, auf das man sich hier verlassen kann. Von selbst verschwinden Egoismus und Ruhmsucht, und uns tut kein Augenblick mehr leid, den wir auf die Suche nach dem Weg verwenden.

Von welcher religiösen Erfahrung spricht dann die nächste Zeile des Gedichtes, wo es heißt: »Die Nacht bricht an und der weiße Mond bricht sich in der blauen See«? Vor allem wollen wir uns fragen, was die Aussage bedeutet: »Die Nacht lichtet sich«? Das Symbol der »Nacht« spielt in vielen religiösen Erfahrungen eine große Rolle. Auch im Christentum werden die »dunkle Nacht der Sinne« oder die »dunkle Nacht der Seele« (Johannes vom Kreuz) als eine unumgängliche Stufe im Prozeß der Einswerdung mit Gott angesehen. Auch in der Zenerfahrung gilt in diesem Punkt etwas Gleiches. Wenn wir uns auf die religiöse Erfahrung Dôgens beziehen, dann war sein Erlebnis des großen Zweifels auf dem Berg Hiei wirklich einer »Nacht« vergleichbar. Darüber hinaus bedeutete seine unter Lebensgefahr auf sich genommene Reise nach China über das ungestüme Meer und die beschwerliche weitere Suche nach dem Weg ohne Zweifel eine vertiefte Erfahrung der »Nacht«.

Wenn »die Nacht anbricht«, so bedeutet dies, daß das Tageslicht verschwindet. Das »Tageslicht« ist zugleich Symbol für die Sinne des Menschen, seine Einsicht und seinen Verstand. In der christlichen Erfahrung muß das Licht der menschlichen Vernunft erlöschen, damit das göttliche Licht leuchten kann. Auf die gleiche Weise gilt für die Zenerfahrung, daß erst wenn durch die Zenübung das menschliche Vermögen der Unterscheidung (Sinne, Einsicht und Vernunft) von selbst still geworden ist, Raum geschaffen ist für das Licht der Erleuchtung (Satori). Als Dôgen noch im Kennin Tempel in Kyôto sich der Zenübung nach der Eisai-Schule hingab und versuchte, im Zazen »das Tageslicht zu löschen«, da wartete er gleichsam auf den »Anbruch der Nacht«. Er mühte sich, die Welt der Unterscheidung abzuwerfen und durchzustoßen zur Erleuchtung (satori). Dôgen gelang es jedoch nicht, zur vollkommenen Zufriedenheit zu finden und den großen Zweifel aufzulösen. Um seine Zweifel zu überwinden, bedurfte er noch zusätzlich der Erfahrung der »dunklen Nacht«.

Diese »dunkle Nacht« war dunkler als alle Nächte, die er bis dahin gekannt hatte. Von Natur aus war Dôgen eher ein intellektueller Mensch. Aus diesem Grund war ihm auch die Schule Eisais, in der die Erleuchtung (satori) so hochgeschätzt wird, besonders sympathisch erschienen. Deshalb fiel es ihm auch so schwer, sich vom Standpunkt Eisais im Hinblick auf die Erleuchtung zu trennen. Da die Erleuchtung so hochgeschätzt wurde, sah die Eisai-Schule in der Zenübung vornehmlich ein Mittel zur

Erlangung der Erleuchtung. Eine Übung, die von der Erleuchtung abgelöst, nur eine strenge Askese bedeutet, konnte nicht zur Ruhe führen, geschweige denn die Erleuchtung vermitteln. Solange Dôgen diese Ansicht teilte, konnte er, ganz gleich wie sehr er sich auch mühte, menschlich gesprochen nicht zur vollen Erleuchtung durchstoßen.

Wie ist es nun Dôgen gelungen, diese Position zu übersteigen? Der Schwachpunkt dieser Position liegt darin, daß sie die Erleuchtung von der Übung zu trennen versucht und die Übung zum Mittel zur Erlangung der Erleuchtung macht. Auf dem Hintergrund dieser Ansicht ist ein differenzierendes Denken am Werk, das in der Übung und der Erleuchtung zwei unterschiedene Gegebenheiten sieht, die es zu vereinen gelte. Auch wenn es gelingen sollte, in der Übung die große Erleuchtung zu erlangen, so bleibt doch auf dem Boden dieser Erleuchtung das unterscheidende Denken lebendig. Solange es aber nicht gelingt, das unterscheidende Denken gänzlich zu durchbrechen, wird es nicht gelingen, eine Position zu erreichen, die die Unterscheidung von Übung und Erleuchtung wirklich überwindet. Auf der Basis des Gegensatzes von Übung und Erleuchtung konnte es Dôgen nicht gelingen, die Einheit von Übung und Erleuchtung zu erreichen, daher blieb er in der »Nacht« gefangen.

Wie kann es nun aber gelingen, Übung und Erleuchtung zur Einheit zu bringen? Um den dualistischen Gegensatz von Übung und Erleuchtung zu überwinden, ist es notwendig, den Weg als den Ursprung beider aufzuzeigen. Denn es ist der Weg, der die Übung mit Leben erfüllt und sie zu einer echten Übung macht. Die Übung ist daher mehr als nur ein Mittel, sie ist zugleich eine Offenbarung des Weges als des höchsten Wertes. Vom Weg her gesehen sind sowohl die Übung wie auch die Erleuchtung Offenbarungen des Weges und sind ohne Unterschied von gleichem Rang. Stellt man sich auf diesen Standpunkt, gelingt es, den Dualismus von Übung und Erleuchtung zu überkommen, und da die Übung dann eine Offenbarung des Weges darstellt, entfällt die zwingende Notwendigkeit, sich um die Erleuchtung krampfhaft zu bemühen. Erst dann konnte auch der tiefe Zweifel Dôgens seine endgültige Lösung finden. Dieser tiefe Zweifel Dôgens bestand ja darin, daß er sich ständig fragte:»Wenn es stimmt, daß alle Wesen die Buddhanatur (Erleuchtung) in sich tragen, warum ist dann die aszetische Übung noch notwendig«? Solange am Gegensatz von Erleuchtung und Übung festgehalten wird, ist es gänzlich unmöglich, zu einer Lösung zu kommen. Erst als Dôgen eingesehen hatte, daß sowohl die Übung als auch die Erleuchtung Offenbarungen des Weges sind, konnte er verstehen, daß es, selbst unter der Voraussetzung, daß alle Dinge die Buddhanatur in sich tragen, weiterhin notwendig bleibt, sich der aszetischen Übung zu befleißigen, da sich im Vollzug der Übung der Weg deutlicher offenbart.

Als es Dôgen gelang, die »dunkle Nacht« zu durchbrechen, sah er gleichsam eine Landschaft vor sich, wo »der weiße Mond sich in der blauen See bricht«, wie es in dem Gedicht von Xue Tong heißt. Das Leuchten des Weges (der Mond) erleuchtet gleichsam die ganze Welt mit seinem Licht. Wie es den Anschein hat, als ob der Mond auf den vielen tausend Wellen der See sich niederläßt, so offenbart sich der Weg in allen Dingen des Alls und erleuchtet sie. Es gibt kein Ding im All, das nicht vom Weg erleuchtet wäre. Dieser Wahrheit hat Xue Tong in seinem Gedicht Ausdruck verliehen.

2. Die Dynamik des Weges

Die historische Begegnung
mit dem Zenmeister Juching (Nyojô)

Zunächst wollen wir uns anschauen, wie die Lebensumstände Dôgens zur damaligen Zeit waren. Durch die Begegnung mit dem alten Mönchkoch waren ihm tatsächlich die Augen geöffnet worden. Aber diese Öffnung der Augen war wohl noch nicht ganz ausgereift. Denn wenn er dadurch auf vollkommene Weise zur Erkenntnis des Weges gekommen wäre, dann hätte er doch wohl seine Zen-Übungen abgebrochen und wäre in sein Heimatland zurückgekehrt. Dôgen hat jedoch weiterhin verschiedene Zenmeister aufgesucht und die Runde durch die verschiedenen Zenklöster gemacht.

An welchen Punkten wies die Öffnung der Augen, die Dôgen geschenkt worden war, noch Mängel auf? Da ist zunächst festzustellen, daß die Öffnung der Augen sich zum damaligen Zeitpunkt in erster Linie auf seinen Geist bezog und noch nicht eine Erkenntnis war, die mit Leib und Seele, d.h. vom Menschen mit all seinen Fähigkeiten, vollzogen war. Dôgens Geist war unter Einwirkung des Weges von der Gestalt des alten Mönchkochs bewegt und von seinem Leben und Wort zur Erkenntnis des Wirkens des Weges erweckt worden. Dôgen hatte aber noch nicht mit Leib und Seele sich daran gemacht, das Leben des alten Mönchkochs selber mit seiner ganzen Existenz zu leben, alle seine Kräfte auf die mönchische Übung zu verwenden und sein ganzes Inneres von der Kraft des Weges ausfüllen zu lassen. Die Vollendung der Suche nach dem Weg besteht ja darin, sich ganz mit Leib und Seele vom Wirken des Weges umfangen und durchdringen zu lassen. Erst wenn dieses Stadium erreicht ist, hört das Hungern und Dürsten auf, findet das Umherirren zur Ruhe.

Ein weiterer Grund für die Unreife des damaligen geistigen Zustands von Dôgen liegt darin, daß es ihm noch nicht gelungen war, mit einem Zenmeister zusammenzutreffen, der in der Lage gewesen wäre, ihm den Weg wahrhaftig zu vermitteln und ihn in die authentische Tradition des Dharma einzuführen. Der alte Mönchkoch war nicht ein solcher Lehrer, er war eben doch nur ein Koch und verfügte nicht über den Rang eines authentischen Meisters. Deshalb war es unbedingt notwendig, daß Dôgen einen authentischen Lehrer traf und von ihm die authentische Tradition des Dharma erhielt. Im Buddhismus ist die Lehre vom Buddha an seine Jünger und von ihnen wieder auf die nächste Generation von Schülern überliefert worden, und nur wer in dieser Kette steht, gehört zu den authentischen Lehrern. Auf diese Weise ist gleichsam von Generation zu Generation im Verlauf der Geschichte das »Leben des Buddha« weitergegeben worden. Es ging also immer darum, ob der Dharma authentisch weitergegeben wurde, ob man einem authentischen Lehrer begegnete und von ihm auf authentische Weise zu lernen imstande war. Was aber macht einen authentischen Lehrer aus? Dôgen hat uns glücklicherweise in seinem Buch »Vorsichtsmaßregeln beim Lernen des Dharma« eine Definition des authentischen Lehrers gegeben. Bei dieser Definition ist es wichtig, den Zusammenhang mit der Öffnung der Augen durch den alten Mönchkoch zu beachten. Die erste Eigenschaft eines authentischen Lehrers besteht demnach darin, daß er ungeachtet seines Alters in der Lage sein muß, die Lehre des Buddha klar auszulegen und weiter das Zeugnis (für das Erreichen der Erleuchtung) von einem authentischen Meister besitzt. Da diese Eigenschaft seit der Zeit des Buddha in der Tradition immer so verstanden wurde, stellt sie natürlich die erste Qualifikation dar, die von einem authentischen Meister erwartet wird.

Eine weitere Erwartung an einen authentischen Meister wird traditionell so ausgedrückt: »Sich nicht auf den Buchstaben stützen oder auf den Verstand sich zu verlassen, aber über große Fähigkeiten verfügen.« In erster Linie soll es nicht darum gehen, den Weg zu studieren und ihn mit dem Verstand erfassen zu wollen, sondern den Weg durch die Praxis mit allen Kräften zu verwirklichen und sich in seinem ganzen Wesen vom Wirken des Weges durchdringen zu lassen. Dôgen hatte dies vom alten Mönchkoch schon gelernt. Für ihn war daher klar, daß er einen Meister von außergewöhnlicher Fähigkeit suchen mußte. Wobei sich »außergewöhnliche Fähigkeit« darauf bezieht, einen Meister zu finden, der sich mit seiner ganzen Person, Körper und Geist, dem Wirken des Weges überlassen hat und davon durchdrungen ist.

Des weiteren wird vom authentischen Lehrer verlangt, daß er »ein Mensch von großer Willenskraft ist, der nicht krampfhaft an seiner eigenen Meinung festhält, der frei ist von Begierden und dessen Handeln mit seinem Denken übereinstimmt«. Gemeint ist ein Mensch, der über außergewöhnliche Fähigkeiten verfügt, die er nicht zu seinem eigenen Interesse einsetzt, der nicht länger von Leidenschaften getrieben ist, sondern frei von der Blindheit und dem Versagen des gewöhnlichen Menschen, sein Handeln und Denken in Einklang gebracht hat. Dabei ist es wichtig festzuhalten, daß zunächst vom Handeln die Rede ist, das mit dem Denken, der Theorie, in Übereinstimmung stehen soll. Hierin zeigt sich wieder der Einfluß des alten Mönchkochs, der ihn dies als wichtigstes Element der mönchischen Übung gelehrt hatte.

Dôgen mußte daher seine Reise auf der Suche nach dem Weg so lange fortsetzen, bis er später in Juching einen »authentischen Lehrer« mit allen geforderten Qualifikationen gefunden hatte.

Es war ein alter Mönch mit Namen Lian, der Dôgen riet, Juching aufzusuchen, den er den herausragenden Zenmeister der damaligen Zeit nannte. Wenn es Dôgen darum ginge, den wahren Weg kennenzulernen, müsse er zu ihm gehen. Dôgen machte sich daher schleunigst auf den Weg zum Kloster auf dem Berg Tian Tong und trat dem Zenmeister Juching unter die Augen. Diese Begegnung mit Juching wurde für Dôgen zu einem sein Leben entscheidend verändernden Ereignis. Diesen unvergeßlichen Augenblick hat Dôgen später in seinem Werk »Menju« (Weitergabe von Angesicht zu Angesicht) knapp wie folgt beschrieben.

Am 1. Mai im ersten Jahr von Baojing in der Sung-Dynastie hat Dôgen zum ersten Mal Weihrauchstäbchen zur Verehrung des Buddha-Patriarchen auf dem Tian Tong verbrannt. Der Patriarch legte das erste Mal seine Augen auf Dôgen und »indem er mit seinen Fingern auf mich wies, teilte er mir den Dharma mit und sagte: Du hast das Tor des Gesetzes durchschritten, und die Weitergabe von Buddha zu Buddha, von Patriarch zu Patriarch hat sich vollendet.«

In diesem knappen Bericht finden sich eine Reihe beachtenswerter Punkte für eine »Meta-Ethik des Weges«, von denen ich zwei herausheben möchte. Da ist zunächst die Aussage von Juching, als er Dôgen das erste Mal sieht, daß »die Weitergabe von Buddha zu Buddha und von Patriarch zu Patriarch sich vollendet« habe. Das bedeutet doch offensichtlich, daß die Weitergabe des »Lebens des Buddha«, wie sie sich über Generationen ereignet hatte, jetzt in der Begegnung zwischen Juching und Dôgen aufs neue Wirklichkeit wurde. Für Dôgen, der gerade erst angekommen war, bedeutete ein so überwältigendes Geheimnis zu empfangen natürlich ein außergewöhnliches Ereignis. Dieses erstaunliche Ereignis hatte noch eine andere Ebene, nämlich die eines »Dialogs ohne Worte« bzw. eines »Meta-Dialogs«. Jemandem, der diesen »Meta-Dialog« versteht, wird es ganz natürlich erscheinen, außergewöhnliche Dinge zu erwarten.

Juching war ein Meister, der in den Herzen von Menschen zu lesen verstand. Deshalb war er imstande, bei der ersten Begegnung mit Dôgen, noch bevor Worte gewechselt waren, gleichsam auf der Ebene des Meta-Dialogs, zu erkennen, daß Dôgens ganzes Wesen vom Wirken des Wegs durchdrungen war. Deshalb konnte er auch irgendwie sehend fühlen, daß Dôgen das Ende seiner Suche nach dem Weg (und damit gleichbedeutend die Qualifikation, selber als Lehrer tätig zu sein) erreicht hatte.

Auf der anderen Seite hatte Dôgen, als er vor Juching stand, Weihrauch verbrannte und ehrerbietig seine Andacht verrichtete, auch schon viel »gesagt«. Dôgen hatte zum damaligen Zeitpunkt in China eine ganze Reihe von Zenklöstern besucht, und viele Zenmeister waren offenbar von der Begegnung mit ihm so beeindruckt, daß sie bereit gewesen sein sollen, ihn als Schüler anzunehmen und ihm den Dharma weiterzugeben. Daraus können wir ersehen, daß Dôgen schon vom Weg durchdrungen war und von seinen körperlichen und geistigen Fähigkeiten eine starke spirituelle Ausstrahlung ausging. Darüber berichtet Dôgen selber in seinem während des Noviziats unter Juching erstellten Tagebuch (Hôkyô-Ki), wenn er die folgende Episode beschreibt.

Als Juching Dôgen geistige Unterweisung erteilte, sagte er zu ihm: »Ich beobachte, wie Du Tag und Nacht in der Zenhalle dich ohne Schlaf in der Meditation übst. Das ist bewundernswert. Sicher wird dich in Zukunft ein wohlriechender Duft umgeben, der auf der ganzen Welt nicht seinesgleichen hat. Das ist ein gutes Omen. Du wirst auch erleben, wie vor dir Tropfen von Öl niederfallen. Auch das ist ein gutes Omen. Darüber hinaus werden sich eine Reihe anderer Vorzeichen ereignen. Dies ist ebenfalls ein gutes Omen. Deshalb lösche schleunigst das Feuer in deinem Kopf aus und übe dich weiter im Zen.«

Diese Episode, die Dôgen später von seiner ersten Begegnung berichtet hat, läßt ahnen, daß Dôgen, weil er die ganzen Jahre seines Lebens hindurch sich mit aller Kraft der Übung des Zens hingegeben hat, schon bei der ersten Begegnung mit Juching vom Wirken des Weges bis in sein Innerstes durchdrungen gewesen sein muß. Als ein Mann mit der Fähigkeit, in die Herzen zu blicken, hat Juching zweifellos erkannt, wie weit Dôgen schon auf dem Weg fortgeschritten war.

Es gibt aber noch ein weiteres Element in der ersten Begegnung zwischen Juching und Dôgen, das nicht übersehen werden sollte. Bei dem sich zwischen den beiden Personen abspielenden Meta-Dialog bzw. Dialog ohne Worte sind es auf den ersten Blick Juching und Dôgen, die in diesem Dialog engagiert sind. Aus dem Blickwinkel einer »Meta-Ethik des Weges« heraus ist es jedoch der Weg, der den Dialog eigentlich führt. Wir haben das gleiche in dem Meta-Dialog bzw.Dialog ohne Worte zwischen dem alten Mönchkoch und Dôgen schon beobachtet. Wenn wir jetzt die Begegnung zwischen Juching und Dôgen bedenken, wird das Wirken des Weges als die Hauptperson des Geschehens noch um einiges deutlicher hervortreten.

Wenn Juching bei der ersten Begegnung mit Dôgen davon spricht, daß »die Weitergabe von Buddha zu Buddha und von Patriarch zu Patriarch sich vollendet« habe, dann bezeichnet Juching mit dem Wort »Weitergabe« letztlich das absolute Ereignis des Wirkens des Weges. Er konnte dies sehen, weil er darin das »lebendige Denken« erblickte, das er von Xue Tong geerbt hatte.

Nach diesem »lebendigen Denken« hatte Shakyamuni den Dharma an Kasyapa vermacht und ihn zum ersten Patriarchen ernannt, als er ihn das erste Mal traf. In dieser Überlieferung heißt es dann wieder, daß auch Xue Tong bei der ersten Begegnung mit Juching auf die gleiche Weise den Dharma weitergegeben habe. Dieses »Denken« mag auf den ersten Blick sehr unrealistisch erscheinen. Der gesunde Menschenverstand würde zweifellos annehmen, daß Shakyamuni erst dann den Dharma an Kasyapa weitergeben hat, als dieser sich unter der Leitung des Shakyamuni in der Lehre geübt und hinreichend bewiesen hatte, daß er die Lehre sich zu eigen gemacht hatte. Aber dabei handelt es sich um die Sichtweise der Wirklichkeit, die von zeitlichen und kausalen Zusammenhängen ausgeht. Indem wir Shakyamuni und Kasyapa auf eine gleiche Zeitschiene stellen, betrachten wir sie gleichsam aus einem horizontalen Blickwinkel. Wenn wir ferner annehmen, daß als Ergebnis der Lehre des Shakyamuni Kasyapa zur hinreichenden Kenntnis des Gesetzes gelangt und daraufhin mit dem Dharma betraut worden ist, dann bleiben wir in einem Denken in den Kategorien von Ursache und Wirkung befangen. Wenn wir aber aus dem Blickwinkel einer die Wirklichkeit übersteigenden »Meta-Ethik des Weges« heraus die Dinge ansehen, dann erscheint die Weitergabe des Dharma im Buddhismus als das absolute Ereignis, das die führende Rolle des Weges erweist. Dann handelt es sich nicht um ein Ereignis, das ursächlich auf das Lehren des Shakyamuni und das Lernen des Kasyapa zurückgeht. Es ist vielmehr der Weg, der Shakyamuni zur Begegnung mit Kasyapa führt und umgekehrt Kasyapa zur Begegnung mit dem Buddha. In dieser Begegnung wird Shakyamuni nach Empfang des höchsten Dharma zum Buddha, und Kasyapa wiederum wird nach Empfang des höchsten Dharma ebenfalls zum Buddha. Es handelt sich um ein absolutes Ereignis, in dem, wie es heißt, »nur der Buddha den Dharma an Buddha überreicht«. Dabei handelt es sich um ein Ereignis, das vollständig außerhalb der Welt von Ursache und Wirkung steht und das gänzlich von der absoluten Kraft des Weges bestimmt wird. Der Weg hat sozusagen vertikal und direkt auf Shakyamuni eingewirkt und ihn zum Buddha gemacht, und es war der gleiche Weg, der vertikal und direkt auf Kasyapa eingewirkt und ihn ebenfalls zum Buddha gemacht hat. Beide wiederum haben als Buddha dann den Dharma erhalten. Im aktuellen vertikalen Wirken ist es müßig, zwischen Shakyamuni und Kasyapa einen Unterschied von Oben und Unten machen zu wollen. Wir müssen vielmehr das horizontale Denken durchbrechen, das Shakyamuni als oben sitzend und Kasyapa unten sieht, wie er die Lehre empfängt.

Daher wird in der Zentradition oft davon gesprochen, daß »der erste Patriarch Kasyapa von Shakyamuni den Dharma empfangen und daß Shakyamuni von Kasyapa den Dharma empfangen habe«. Dies scheint ein ausgesprochen widersprüchlicher Satz zu sein. Schaut man sich den Satz aber aus der Perspektive der führenden Kraft des Weges an, dann wird das normale Denken, nach dem Shakyamuni oben und Kasyapa sich unten befindet, durchbrochen, und es wird deutlich, daß man beide als vollkommen gleichberechtigt nebeneinander sehen muß. Aus dieser Perspektive gibt es dann keinen Widerspruch mehr.

Was wir bis hierhin von der Meta-Ethik des Weges betrachtet haben, gibt uns für den Aufbau einer Theologie des Weges folgende wichtige Gesichtspunkte:

1. Die Einsicht, daß der Weg alle Dinge des Universums entstehen und vergehen läßt, daß er ihnen Leben gibt und sie erleuchtet, kann uns die Augen öffnen für die Wahrheit, daß Christus, der Weg, alle Dinge erschafft, in allen Dingen wirkt und alle Dinge erleuchtet. Bei diesem »Öffnen der Augen« handelt es sich nicht in erster Linie um ein verstandesmäßiges Begreifen, wie es in der herkömmlichen Theologie üblich war, sondern es geht um ein »Öffnen der Augen«, das getragen von einem Einsatz des ganzen Menschen und belebt und unterstützt vom Wirken des Weges, ein den ganzen Menschen erfassendes »Öffnen der Augen« darstellt. Das intellektuelle Wissen um die Vergänglichkeit aller Dinge stellt zwar in gewisser Weise ein intellektuelles »Öffnen der Augen« dar, es wird aber nicht in der Lage sein, weder Egoismus und Ruhmsucht auszureißen noch zu aktivem Handeln zu motivieren. Dagegen wird eine mit allen Kräften und Schichten des Menschen vollzogene Einsicht sowohl aktive Kräfte beinhalten als auch die Nutzlosigkeit von Egoismus und Ruhmsucht zeigen und eine Motivationskraft sein, die den ganzen Menschen zum richtigen Handeln antreibt.

2. Wenn wir um die Bedeutung und die Notwendigkeit der Existenz eines »authentischen Lehrers« bei der Weitergabe des Weges wissen, dann werden wir auch die Bedeutung und die Notwendigkeit von christlichen »authentischen Lehrern« wissen, um Christus, den Weg, kennenzulernen. Im Christentum wird der erste und vornehmste »authentische Lehrer« Christus, der Weg, selber sein. Davon abgeleitet muß derjenige, der den Weg weitergeben möchte, selber mit allen Fasern seines Wesens vom Weg durchdrungen sein, wenn er ein »authentischer Lehrer« sein will.

3. Um ein authentischer Lehrer zu werden und Christus, den Weg, zu erläutern, bietet Dôgens Definition des authentischen Lehrers wichtige und wirkungsvolle Hinweise. Augustinus hat ein

Buch mit dem Titel »Der Lehrer« geschrieben, in dem er die Gestalt Christi, des Lehrers in den Kategorien des griechischen Verständnisses des Pädagogen beschreibt. Das bringt es mit sich, daß er Christus ausschließlich als Lehrer von Wahrheiten beschreibt. Das ist aber zweifellos nicht die Gestalt, die wir in der Heiligen Schrift beschrieben finden. Eine Theologie des Weges, die es unternimmt, Christus, den Weg, zu beschreiben, wird von der Lehre des authentischen Lehrers, wie sie in der Meta-Ethik des Weges entwickelt wurde, viel lernen und ihrerseits die kraftvolle Gestalt Christi, der alle Dinge des Universums bewegt und der die ganze Menschheit dem Vater zuführt, in ihrer Dynamik beschreiben müssen.

4. Eine Meta-Ethik des Weges wird uns von der Notwendigkeit überzeugen, daß wir, um uns ständig das vorrangige Wirken des Weges vor Augen zu halten, von einem in den Kategorien von Ursache und Wirkung operierenden Denken zu einem dies überwindenden vertikalen direkten Denken durchstoßen müssen. In einer Theologie des Weges werden wir daher, um Christus, den Weg, in seinem alle Dinge im Himmel und auf Erden sowie die ganze Menschheit und die Geschichte bestimmenden Wirken sehen zu können, uns von einem Denken in den Kategorien von Ursache und Wirkung befreien und uns ein vertikales direktes Denken zu eigen machen müssen.

Das Aussehen von Juching: »Der Klang des Glöckchens«

Juching war vor allem ein Zenmeister, der dem Zazen höchste Bedeutung zumaß. Dôgen hat später im zweiten Band seines Werkes über die »mönchische Disziplin« festgehalten, was Juching häufig gesagt haben soll: »Seit ich neunzehn Jahre alt geworden war, habe ich keinen Tag und keine Nacht verstreichen lassen, ohne Zazen zu üben. Seit ich ins Kloster eingetreten bin, habe ich keine Zeit mit leerem Gerede mit den Menschen in der Nachbarschaft vertan, sondern keine Minute ungenutzt gelassen, um Zazen zu üben. In welchem Zenkloster ich auch gelebt habe, habe ich niemals die Wohnquartiere der verantwortlichen Mönche aufgesucht, sondern habe mich immer mit ganzer Hingabe nur dem Zazen gewidmet. Manchmal hatte ich Entzündungen an meinem Gesäß, aber auch dann habe ich um so entschiedener weiter Zazen geübt. Jetzt bin ich 65 Jahre alt, zwar ist mein Kopf müde geworden und ich verstehe so gut wie nichts vom Zazen, aber um der von überall her zu mir gekommenen Jünger willen unterrichte ich weiter den Weg«.

Juching war ein überaus strenger Zenmeister, der aber im Grunde bei aller Strenge als ein Mann des Weges ein barmherziges Herz hatte. Davon erzählt Dôgen im zweiten Band des »Zuimon-Ki« eine Episode: Wenn die Mönche in der Zenhalle zur Meditation saßen und jemand zu schlafen begann, dann tadelte Juching ihn streng und schlug ihn mit seinen hölzernen Sandalen. Die Mönche nahmen dies aber alle mit Freuden hin und stimmten dem Meister von Herzen zu. Eines Tages befanden sich die Mönche auf dem Weg zur Zenhalle. Da erklärte Juching: »Ich bin jetzt alt geworden und sollte aufhören, mit der Mönchsgemeinde im Kloster zu leben. Für mich wäre es besser, in einer Grashütte zu leben und mich um meine alten Knochen zu kümmern. In Wirklichkeit jedoch trage ich die schwere Verantwortung, als geistlicher Leiter tätig zu sein und die Zweifel eines jeden lösen und Unterweisungen in Hinblick auf den Weg geben zu müssen. Das tue ich manchmal mit Worten des Tadels oder mit Schlägen mit dem Bambusstab. Dabei handelt es sich um eine Tätigkeit, die mir Angst macht. Aber ich unterrichte euch in Stellvertretung für den Buddha und möchte helfen, daß ihr alle zu Buddhas werdet. Brüder, seid barmherzig und vergebt mir.« Als sie das hörten, waren die Mönche zu Tränen gerührt.

Aus diesem Bericht können wir ersehen, daß Juching ein Zenmeister war, der das Zazen ganz wichtig nahm, der selber aus der Übung des Zen lebte und dessen vorrangiger Charakterzug das Mitleid war. Das tiefste Verlangen seines Herzens ging dahin, allen Lebewesen zur Erlösung zu verhelfen.

Im »Hôkyô-Ki« findet sich ein Gedicht »Des Windglöckchens Ton«, das die Persönlichkeit Juchings noch mehr beleuchtet:

Es hat die Gestalt eines Mundes und hängt frei in der Luft, ihn kümmert es nicht, ob der Wind aus Ost, West, Süd oder Nord kommt. Aber es spricht zu allen von Weisheit (prajna). Ti-ting-tung-liao, ti-ting-tung.

Juching vergleicht seine eigene Person mit einem Windglöckchen. Dieses Windglöckchen gibt, angestoßen vom Wind des Lebens, Buddhas verschiedene wunderliche Töne von sich. Juching ist mit seiner ganzen Person gleichsam zum Mund geworden, der ständig spricht. Gleichsam frei in der Luft hängend ist er erfüllt von der Weisheit, die Himmel und Erde erfüllt. Ihm ist es gleichgültig, ob der Wind aus Ost, West, Süd oder Nord kommt. Er hat alle irdischen Dinge überwunden und spricht ständig zu allen von Weisheit, indem er »kling, kling« (ti-ting-tung-liao...) wunderliche Töne von sich gibt.

Das Gleichnis vom »Ton des Windglöckchens« zeigt, daß Juching während der vierzig langen Jahre seiner mönchischen Übung, erfüllt vom Leben des Buddha, mit all seinen Kräften und seiner ganzen Person von der Weisheit Zeugnis gegeben hat. Weil Juching so Zeugnis gab, konnte er den wahren Dharma an Dôgen weitergeben und ihn in einen Menschen verwandeln, der ganz von der Weisheit erfüllt befähigt wurde, ebenfalls mit all seinen Kräften und der ganzen Person seinerseits das Zeugnis weiterzugeben.

Dôgen hat sich ohne Zweifel bemüht, diese ganzmenschliche Mitteilung Juchings mit allen seinen Fähigkeiten aufzunehmen und für sie ganz Ohr zu sein. Er hat lange Jahre mit seinem Lehrer Juching gelebt und unter ihm mit all seinen Kräften Zazen geübt. Davon hat er später im »Zuimon-Ki« seinen eigenen Schülern berichtet.

»Seit der Zeit, daß ich im Reich der Sung unter der Leitung des Meisters vom Tian Tong (Juching) die Lehre vom »Nur-Zen« (shikantaza) gelernt habe, habe ich mich Tag und Nacht dem Zazen gewidmet. Mochten auch andere Mönche bei Hitze, Kälte oder Erkrankung für einige Zeit die Übung des Zazen aufgeben, so habe ich bei mir gedacht, ganz gleich ob ich krank werde, ja mein Leben verliere, muß ich doch mit der Zen-Übung fortfahren. Was könnte ich davon haben, nicht krank zu werden, dafür aber die Übung des Zazen zu unterbrechen? Wenn ich dabei krank würde und das Leben verlöre, wäre dies ja die Erfüllung meines tiefsten Wunsches. Dagegen wäre es vollkommen wertlos, wenn ich meine Gesundheit bewahrte, dafür aber die Übung unterbräche. Denn auch wenn es mir gelänge, ohne Krankheit gesund zu leben, könnte es mir bestimmt sein, im Meer zu ertrinken oder sonst einem plötzlichen Tod zu begegnen. Welche Gewissensbisse würde ich dann haben! Nachdem ich dies alles bedacht hatte, habe ich mich mit Leib und Seele dem Zazen hingegeben, ohne daß ich krank geworden wäre. Deshalb ermahne ich alle und jeden, ganz entschlossen die Übung des Zazen auf sich zu nehmen. Dann werdet ihr ohne Ausnahme alle die Erleuchtung erlangen.«

In seinen Abendansprachen schloß Dôgen oft mit den Worten: »Auf diese Weise ermahnte der Meister vom Tian Tong seine Schüler.« Diese Schlußworte sind symbolisch, weil sie zeigen, wie Juching seine Lehre in die Tat umgesetzt hat und daß er, wie er Dôgen gelehrt, in der Tat sich mit all seinen Kräften der Übung des Zazen gewidmet hat. Juching hat sein ganzes Leben hindurch »Nur-Zen« (shikantaza) geübt und die Lehre des »Nur-Zen« mehr durch sein Beispiel als durch Worte an Dôgen weitergegeben.

Im »Hôkyô-Ki«, aus dem wir schon öfter zitiert haben, findet sich ein Bericht, wie Dôgen die Zelle von Juching betritt und von ihm den Dharma erhält. Dies ist ein wichtiger Bericht, der viele Einzelheiten des Vorgangs der Weitergabe enthält. Dôgen berichtet zunächst, daß er immer, wenn er von Zweifel geplagt wurde, zu Juching gegangen ist. Darüber hinaus finden sich im »Shôbôgenzô« (etwa: »Auge des echten Gesetzes«, Titel des Hauptwerkes von Dôgen) verschiedene Berichte darüber, wie Dôgen zu anderen Zeiten direkt von Juching Weisung und Lehre erhalten hat. Für Dôgen waren diese Gelegenheiten, »zum Meister zu gehen und von ihm den Dharma zu lernen«, unbeschreiblich kostbare Erfahrungen. Für seine Jünger hat er die Lehre aus diesen Erfahrungen einmal so ausgedrückt: »Wenn ein Schüler den Lehrer aufsucht, um ihn nach dem Dharma zu fragen, dann soll er sorgfältig fragen und solange fragen, bis er zufriedengestellt ist. Wenn er es jedoch unterläßt, nach Dingen zu fragen, die klargestellt werden müssen, dann trägt er den Schaden davon. Der Lehrer muß auf die Fragen des Schülers warten und darf erst dann antworten. Auch wenn einer meint, etwas verstanden zu haben, kann dies erst aufgrund von Frage und Antwort entschieden werden. Der Meister wiederum sollte durch Fragen feststellen, ob der Schüler wirklich alles verstanden hat und es auch wiedergeben kann« (Zuimon-Ki, Bd. 6).

Daraus wird deutlich, daß in den Augen Dôgens eine blinde Praxis des Zazen, auch wenn sie intensiv und entschlossen betrieben wird, kein echtes Aufsichnehmen der Zenübung darstellt. Menschen, die ein falsches Verständnis des Zazen haben, sind oft der Meinung, daß Zazen nichts anderes sei, als ohne Vorstellungen und Gedanken einfach zu hocken. Dôgen sah in dieser Sicht vom Zazen den Keim der Zenkrankheiten. In seiner Abhandlung »Zazen Shin« (shin bedeutet die Nadel, die zur Heilung bei der Akupunktur angewandt wird) beklagt er die Haltung, »den Geist nach außen zu wenden und zu verhindern, daß er sich nach innen wendet«, und die andere Haltung, »den Geist am Wirken zu hindern und zur Ruhe zu zwingen«. Diese Hinweise sind für das Verständnis der Meta-Ethik des Weges wichtig. Sie belegen, daß Dôgen es für äußerst wichtig hielt, daß Zweifel an der Lehre gründlich geklärt und mit dem Lehrer bis zur Lösung durchgesprochen werden sollten. Das Hingehen und Befragen des Lehrers setzt daher voraus, daß man seinen Verstand benutzt, um die Lehre eines »authentischen Lehrers« richtig zu verstehen. Unter der Voraussetzung, daß man »richtig« von seinem Verstand Gebrauch macht, wird deutlich, daß der eigentliche Maßstab für die Richtigkeit und Angemessenheit des Urteils, wie schon früher festgestellt, der Weg ist. Dôgen gebraucht dabei öfter den Ausdruck »Kunstgriff«, im Japanischen »Kufû«, und spricht von einem »Kufû-Zazen«, um die authentische Form der Zenübung zu beschreiben. Für eine auf den Weg sich gründende authentische Form des Zazen ist es notwendig, bestimmte Kunstgriffe (Kufû) einzusetzen. In seinem Buch »Zazen Shin« beklagt Dôgen, daß viele Zenschüler »Mitleid verdienen, weil sie eine Vielzahl von

Zenklöstern durchwandern, um sich der Zenübung zu widmen und dabei ihr ganzes Leben lang es nicht schaffen, die richtige Form des Zen (die richtigen Kunstgriffe) zu lernen«. Daraus können wir ersehen, wie wichtig es Dôgen war, daß jemand, der Zen übte, auch die »richtigen Kunstgriffe« kannte.

Bei den »Kunstgriffen« geht es in erster Linie darum, die Weisheit des lebendigen Buddhas sich auswirken zu lassen und alles Handeln im richtigen Entscheiden und Urteilen auf das Fundament des Weges zu gründen. Hierin zeigt sich, wie wir schon gesehen haben, der große Stellenwert, den eine Unterscheidung der Geister, die sich auf die Meta-Ethik des Weges gründet, für Dôgen hat. Die 95 Bände seines Hauptwerks »Shôbôgenzô« belegen, wie Dôgen selber dieses »Kufû-Zazen« auf der Grundlage des Weges geschätzt hat. Wie der Titel des Buches »Shôbôgenzô« oder »Auge des echten Gesetzes« ausweist, soll es den Jüngern die »Augen« geben, das echte Gesetz zu unterscheiden, damit sie in der Lage sind, die rechten Kunstgriffe zu finden, um den wahren Dharma zu erhalten und ihrerseits wieder weiterzugeben. Das »Shôbôgenzô« ist ein schwieriges Buch, das ein Weisheitsbuch zur Unterscheidung der Geister im Hinblick auf den wahren Dharma genannt werden könnte.

Wie Wasser sich von Gefäß zu Gefäß ergießt

Von Juching hatte Dôgen unter Anstrengung aller seiner physischen und geistigen Kräfte die Überlieferung des Großen Weges des Buddha gelernt. Diese Weitergabe des Dharma kann mit dem Vorgang des sich von Gefäß zu Gefäß ergießenden Wassers verglichen werden, wenn man betrachtet, wie die Überlieferung der Patriarchen durch die Vermittlung von Juching auf Dôgen übergeht.

Wieviel Dôgen von Juching gelernt hat, können wir an der sorgfältigen Auflistung ersehen, die Dôgen später im »Hôkyô-Ki« darüber gemacht hat. Dabei hat er nicht einmal alles aufgeschrieben, sondern nur die wichtigsten Lehren festgehalten. Diese Lehren wollen wir uns etwas genauer ansehen.

Am Anfang steht ein Bericht über die Fragen und Antworten, die Dôgen mit Juching besprach, als er ihn die ersten Male in seiner Zelle aufsuchte. Das erste Mal, daß Dôgen zu Juching ging, um ihn um Rat zu fragen, war am 2. Juli des Jahres 1 der Hôkyô-Ära. Das war zwei Monate, nachdem Dôgen am 1. Mai 1225 von Juching aufgenommen worden war. Bei den Fragen Dôgens handelte es sich daher um tief durchdachte Fragen, die aus der Praxis des Zazen erwachsen waren. Probleme also, die einen längeren Reifungsprozeß hinter sich hatten.

Dôgens erste Frage lautete: »Demütig möchte ich folgende Frage stellen: In vielen Zenklöstern sprechen die Meister von einer Überlieferung außerhalb der Schriften und halten die Überlieferung, die der Patriarch aus dem Westen gebracht hat, für den höchsten Wert. Was halten Sie, Meister, davon?«

Die Frage Dôgens hat folgenden geschichtlichen Hintergrund. Als Dôgen nach China kam, befand sich die Dahui Sekte, die auf Linchi zurückgehende Zenschule, auf dem Höhepunkt. Sie lehrten die »Überlieferung außerhalb der Schriften« und sahen in den buddhistischen Schriften nicht mehr als einen Finger, der auf den Mond deutet. Zugleich betonten sie, daß es wichtige Lehren gäbe, die in den buddhistischen Sutren überhaupt nicht enthalten seien. Diese Behauptung bedeutet zugleich eine Warnung vor den Vertretern eines dogmatischen Buddhismus, der zu großes Gewicht auf die Sutren legt. Die Vertreter der Dahui Sekte warfen ihnen vor, daß sie von den Sutren, die in Wirklichkeit nichts anderes seien als »Finger, die auf den Mond zeigen«, so angetan wären, daß sie darüber den Mond, die eigentliche Erleuchtung, vergessen hätten. Wenn sie nur dies behaupten, haben sie zweifellos etwas Richtiges angesprochen. Zur damaligen Zeit hatten aber die Vertreter der Linchi-Schule des Zen dieses Argument über Gebühr mit der Behauptung strapaziert, daß die Sutren nichts mehr seien als ein »Fetzen Papier, geeignet, Schmutz aufzuwischen«, gänzlich nutzlos und ungeeignet. Dôgen hatte seine Zweifel an dieser Argumentation und suchte zu ergründen, worin die Bedeutung einer Überlieferung außerhalb der Schriften liegen könne. Auf diese Frage gab Juching die folgende Antwort.

»Der Meister gab die Antwort, daß in der Überlieferung des

Großen Weges des Buddhas es keinen Unterschied zwischen Innen und Außen gäbe. Der Ausdruck »außerhalb der Schriften« wird gebraucht, weil zuzüglich zu den Schriften, die Kumarajiva mit sich gebracht hat, Bodhidharma auf seiner Reise aus dem Westen, als er nach China kam, auf seine Weise den Weg gelehrt und übermittelt hat. Es gibt aber nicht zwei verschiedene Dharma auf dieser Welt. Bis zur Ankunft von Bodhidharma gab es in China nur Leute, die Macht ausübten, aber keine Meister. Als der Patriarch nach China kam, war es daher, als wenn das Volk einen König erhalten hätte. Seit dieser Zeit gehören das Land, seine Schätze und das Volk diesem König.«

Der letzte Teil der Antwort Juchings scheint auf den ersten Blick ziemlich rätselhaft. Wie kann er sagen, daß seit der Ankunft des Patriarchen Bodhidharma das Land, seine Schätze und das Volk diesem König gehören? Die Antwort darauf können wir im Rückblick auf den ersten Teil von Juchings Worten finden, wo er sagt, daß es in der Überlieferung des Großen Weges des Buddha keinen Unterschied zwischen Innen und Außen gibt. Dôgens Frage ging dahin zu ergründen, ob es außerhalb des Kanons der Schriften einen anderen wahren Weg geben könne. Diese Frage ging davon aus, daß es so etwas wie ein Innen und Außen gibt, während die Antwort Juchings den Gegensatz von Innen und Außen übersteigt und damit eine breitere Perspektive hat. Juching legt auf das Wort »groß« im Zusammenhang mit dem Weg des Buddha besonderen Wert. Er tut dies, weil er sich bewußt ist, daß der Weg von Shakyamuni an Kasyapa weitergegeben wurde und von Kasyapa wiederum an die Schüler, die ihrerseits die Überlieferung fortsetzten, bis sie auf Juching kam. Juching sieht sich selber inmitten eines gleichsam reißend daherfließenden Stromes der Überlieferung des Großen Weges. Dabei handelt es sich um eine die ganze Geschichte durchdringende und alle Lebewesen belebende Urkraft, die einen Weg darstellt, der zu Recht »groß« genannt wird. Hat man dies verstanden, dann wird auch der zweite Teil der Antwort Juchings deutlich. Denn sobald dieser »Große Weg« überliefert wird, gewinnt er automatisch die Herrschaft über alle Dinge, sei es das »Land, die Schätze oder das Volk«, weil alles, ob oberhalb oder unterhalb der Erde, der Herrschaft des Großen Weges des Buddha unterworfen ist.

Es gibt noch einen anderen wichtigen Gesichtspunkt bei der Antwort von Juching. Als Bodhidharma von Indien nach China kam, lehrte er auf seine ganz persönliche Weise den Weg und seine Übung, so daß dies eine Überlieferung außerhalb der Schriften darstellt. Der Buddhismus ist ursprünglich nicht in erster Linie eine Religion, die das Hauptgewicht auf die Lehre legt. Das Hauptanliegen war ursprünglich, den Weg zu zeigen, auf dem Buddha zur Erleuchtung gefunden hat. In diesem Sinn sollte man eher vom »Weg« als von der »Lehre« des Buddha sprechen. Wenn es sich um eine Lehre handelte, könnte man diese Lehre auch ohne direkte Begegnung von Mensch zu Mensch weitervermitteln. Wenn es aber darum geht, einen Weg weiterzugeben, dann ist dies ohne die Vermittlung eines »authentischen Lehrers« unmöglich und macht die direkte Weitergabe von Person zu Person unabdingbar. Diese direkte Weitergabe von Person zu Person wird im Zen auch »Wasser von einem Gefäß ins andere sich ergießen lassen« genannt. »Wasser« ist dabei ein Symbol für das Leben des Buddha, das in der Überlieferung des Großen Weges des Buddha von Shakyamuni auf seine Schüler und Schülerschüler, von Juching auf Dôgen weitergegeben wird.

Es gibt noch einen letzten wichtigen Gesichtspunkt in der Rede Juchings. Es wird gesagt, daß die Überlieferung des Großen Weges, die über die Patriarchen auf uns gekommen ist, frei ist von der Unterscheidung von Innen und Außen. Was soll dies bedeuten? Alle buddhistischen Schriften sprechen in erster Linie davon, wie der Buddha die Erleuchtung erlangte und wie alle Lebewesen ebenfalls zur Erleuchtung gelangen können. Da aber alle Dinge ihr Leben vom Wirken des Großen Weges des Buddha erhalten, kann man im Wirken des Großen Weges zwei Aspekte unterscheiden. Unter der ersteren Rücksicht wird die Überlieferung über Kumarajiva und andere in der Form der buddhistischen Schriften weitergegeben, im zweiten Fall handelt es sich um die direkte Weitergabe der Lehre von Bodhidharma auf seine Schüler. Die letztere kann man dann die »Überlieferung außerhalb der Schriften« nennen. In Wirklichkeit gibt es aber nur den einen Großen

Weg der Patriarchen, der alle buddhistischen Schriften hervorgebracht und über sie alle als »König« herrscht.

Weil Juching eine solch weite Haltung vertritt, erscheinen seine Ansichten aus dem Verständnis des gewöhnlichen Zen als außergewöhnlich originell. Im Kontext des Großen Weges hingegen stimmen sie aber mit der wahrhaften Überlieferung überein. Das folgende Beispiel aus dem Hôkyô-Ki ist sehr wichtig:

»Die buddhistischen Patriarchen«, sagt Juching, »sind die Grundlage des Großen Weges«. Wir sind vielleicht geneigt, den Großen Weg als eine von der Person des Buddha und der Patriarchen losgelöste platonische Idee anzusehen, die jenseits der Welt unserer Wirklichkeit angesiedelt ist. Wie Juching uns jedoch lehrt, handelt es sich beim Weg des Buddha um eine Wirklichkeit, die den Dualismus von Subjekt und Objekt übersteigt, die nicht von den in der Geschichte lebenden buddhistischen Patriarchen getrennt werden darf, sondern vielmehr eine Wirklichkeit ist, die ihr Fundament in ihnen hat. Der Große Weg hat seine Verwirklichung in den Taten und Worten der Patriarchen, die ihn mit ihrer ganzen Person gelebt haben, gefunden. In diesem Sinn fällt der Weg, weil er nur im Leben des Buddha und der Patriarchen gegenwärtig wird, nicht unter die Kategorien einer aristotelischen Ontologie. Der Grund dafür liegt darin, daß Überlieferung immer das Handeln lebendiger Personen darstellt, es sich dabei um Gegebenheiten handelt, die den Bereich der Ethik übersteigen und daher einer Meta-Ethik zugerechnet werden müssen. Deshalb gehört auch der Große Weg der buddhistischen Patriarchen in den Bereich einer solchen Meta-Ethik.

Dôgen erreicht endlich das Ausfallen von Leib und Geist

Es gibt einen weiteren Abschnitt im Hôkyô-Ki, der uns wertvolle Einsichten über Juchings Zenverständnis vermittelt. Dort heißt es:

»Der Meister des Tempels (Juching) hat folgendes gelehrt: Bhagavat sagt: Derjenige, der nur hört und nachdenkt, ist jemandem vergleichbar, der außerhalb des Tores sitzt. Wer aber wirklich Zazen betreibt, ist nach Hause zurückgekehrt und sitzt im Frieden. Kein Augenblick, der mit Zazen verbracht wird, bleibt ohne unermeßlichen Lohn. Ich habe dreißig Jahre auf die Übung verwandt und mich verschiedener Kunstgriffe bedient, ohne jemals nachzulassen. Jetzt bin ich 65 Jahre alt und mein Ende ist nahe. Auch ihr müßt auf dieselbe Weise Kunstgriffe benutzen und euch der Übung befleißigen. Darin besteht wahrhaftig der goldene Rat der Patriarchen.«

Ich bin der Ansicht, daß unter den vielen Worten, die von Juching im Hôkyôki berichtet werden, dies die wertvollsten sind. Denn sie besagen, daß derjenige, der die Lehren des Buddhismus hört und sie nur bedenkt, jemandem gleicht, der noch außerhalb des Hauses des Buddha, in dem der Buddha wohnt, gleichsam vor der Tür verbleibt. Echtes Zazen dagegen bedeutet, angetrieben sein vom Wirken des Großen Weges der Patriarchen, heimgekehrt zu sein und in Stille in der Meditation sitzen. Zazen beinhaltet die Rückkehr zum ursprünglichen Wesen, es ist »das Tor zum Frieden des Dharma« (Dôgen: Fukan Zazengi).

Als er diese Worte Juchings hörte, fragte Dôgen ihn: »Was bedeutet das Ausfallen von Leib und Geist?« Die Antwort von Juching lautete: »Die Befreiung von Leib und Geist ist gleichbedeutend mit Zazen. Wenn man Nur-Zen (shikantaza) betreibt, dann beseitigt man die fünffache Lust (der fünf Sinne) und befreit sich von den fünf Schleiern (Hindernissen, die dem Buddha-Werden entgegenstehen).«

Wie die Worte Juchings deutlich machen, bedeutet das Ausfallen von Leib und Geist keineswegs den außergewöhnlichen Zustand einer religiösen Ekstase, sondern beinhaltet ganz schlicht und einfach nur die Übung des Zazen. Dabei soll Zazen – in der Form des shikantaza bzw. Nur-Zen – nicht um eines persönlichen Gewinns willen betrieben werden, auch nicht in der Absicht, Buddha zu werden, sondern einzig und allein, um das Gesetz Buddhas zu erfüllen. So wird man eins mit der lebenspendenden Kraft des Großen Weges der Patriarchen. Darin besteht auch der Zustand, daß Leib und Geist ausfallen. Weil der Leib und der Geist dessen, der Zazen übt, ganz von der lebenspendenden Kraft des Großen Weges der Patriarchen erfüllt sind, ist die Befreiung von der fünffachen Lust und die Entfernung der fünf Schleier eine selbstverständliche Folge. Zugleich wird auch die Dunkelheit, die die Wurzel aller Verirrungen ist, wie es an einer anderen Stelle des Hôkyô-Ki heißt, ebenfalls ausgelöscht. Die größte religiöse Erfahrung, die Dôgen persönlich gemacht hat, bestand in diesem Ausfallen von Leib und Geist. In dem Werk Kenzei-Ki beschreibt er diesen Vorgang wie folgt:

»Juching hatte die Gewohnheit, um halb drei morgens zusammen mit den Mönchen Zazen zu uben. Als Juching eines Morgens die Runde unter den Zenmönchen machte und einen von ihnen schlafend vorfand, rief er mit lauter Stimme: Zazen bedeutet das Ausfallen von Leib und Geist. Wie kann man dann so hingegeben schlafen? Dieses laute Schreien, das aus dem Bauch von Zenmeister Juching hervorbrach, hört der in tiefer Betrachtung sitzende Dôgen. Es trifft ihn tief in Leib und Geist und läßt ihn eine tiefe Umwandlung erfahren. Dôgen hört dieses Wort und erfährt plötzlich die Erleuchtung. Sofort begab er sich zum Abt und legte Juching sein Erlebnis zur Prüfung vor mit den Worten:»Ich habe das Ausfallen von Leib und Geist erfahren.« Worauf Juching ihm antwortete:»Das Ausfallen von Leib und Geist! Ausgefallen sind Leib und Geist!« und erkannte damit die große Erleuchtung Dôgens an. Im Kenzei-Ki heißt es dann weiter, daß Dôgen von Juching das Siegel des Meisters erhält und die Bestätigung, daß er den Kurs der Ausbildung beendet habe. Dôgen kehrte direkt danach im Jahr 1227 in seine Heimat zurück. Dabei nahm er das Dharma-Gewand des Altmeisters Fujung Tao Kai, das die Überlieferungslinie symbolisierte, mit und ein Porträt seines Meister Juching.

Die originellen Gedanken Juchings über den Großen Weg der Patriarchen enthalten wichtige Elemente für den Aufbau einer Theologie des Weges.

1. Wie der Große Weg durch die ständig mit ganzer Kraft von Leib und Geist ausgeübte Askese der Patriarchen verwirklicht und weitergegeben wird, so wird auch die Überlieferung des Weges durch die geschichtlichen Taten, die Jesus durch seine ganze Hingabe am Kreuz und in der Auferstehung geleistet hat, verwirklicht.

2. Folglich wird heute der Weg dadurch verwirklicht, daß wir den Taten Jesu mit all unseren physischen und geistigen Kräften nacheifern und, wie Wasser von einem Gefäß auf das andere überfließt, sie weiterwirken lassen.

3. Wie der Weg des Buddha seine Wurzel in den historischen Gestalten der Patriarchen hat, so ist auch der Weg auf die historische Gestalt von Jesus gegründet.

4. Der Große Weg der buddhistischen Patriarchen wird durch den ganzen Einsatz der Patriarchen verwirklicht und begründet eine Meta-Ethik des Weges, die allerdings vom westlichen Denken, das in der Tradition des griechischen Intellektualismus und Voluntarismus befangen war, nicht zur Kenntnis genommen wurde. Ebenso ist auch Christus, der Weg, von der theologischen Reflexion im Westen nicht verstanden, ja nicht einmal zur Kenntnis genommen worden.

5. Der Große Weg der buddhistischen Patriarchen stellt eine Urkraft dar, die den ganzen Verlauf der Geschichte bestimmt und dort, wo sie verkündet wird, als König herrscht. Da in gleicher Weise Christus, der Weg, die Urkraft darstellt, die erlösend und neu schaffend die ganze Geschichte durchdringt, wird in dem Augenblick, wo Jesu Hingabe am Kreuz vollzogen wird, die Königsherrschaft des Weges verkündet und errichtet (Joh 18,37 und 19,19). Die Perspektive der Meta-Ethik des Weges von Juching und Dôgen beinhaltet daher wichtige Gesichtspunkte für eine Theologie des Weges.

6. Die lebenspendende Kraft des Großen Weges der buddhistischen Patriarchen wird durch das Symbol des Wassers ausgedrückt. Auf ähnliche Weise wird auf Christus, den Weg, das Symbol des lebendigen Wassers angewandt, das am Kreuz aus der durchbohrten Seite Jesu floß und das göttliche Leben, den Heiligen Geist, symbolisiert. Um dieses Wasser gleichsam von Gefäß zu Gefäß weiterzuleiten, mußten die buddhistischen Patriarchen ein Leben der Gemeinschaft mit ihren Schülern führen und alle Sorgen und Nöte mit ihnen teilen. Die gleiche Gesetzmäßigkeit zeigt sich auch im Leben Jesu mit seinen Jüngern.

7. Wie die Überlieferung des Großen Weges der buddhistischen Patriarchen nicht nur die praktische Nachfolge beinhaltete, son-

dern auch die Überlieferung der buddhistischen Lehre und ihrer Schriften umfaßte, so gilt auch für eine Theologie des Weges, daß die Lebenskraft des Weges sich vorrangig nicht nur in der Überlieferung des Weges, sondern auch in der Heiligen Schrift zeigt. Erkenntnistheoretisch gesehen können wir die Existenz des Weges durch die Heilige Schrift erkennen. Aus der Sicht einer Theologie des Weges gilt jedoch, daß die Heilige Schrift dem Wirken des Weges untergeordnet ist.

8. Den Buddhismus studieren und seine Lehren untersuchen, heißt außerhalb des Tores des buddhistischen Weges bleiben, während die Übung des Zazen die Rückkehr in das Haus des Buddha und stille Meditation zu Hause bedeuten. In gleicher Weise bedeutet in der neuen Theologie des Weges das Studium der Lehre Christi und der Dogmen außerhalb des Tores des Weges bleiben, während ein Leben in Verbundenheit mit der lebenspendenden Kraft des Weges die Rückkehr in das Haus des Vaters und die stille Meditation bedeuten, durch die unser ganzes Wesen in all seinen Schichten mit Ruhe erfüllt wird.

9. Die Übung des Zazen in der Form des Nur-Zen bedeutet das Ausfallen von Leib und Geist, wo wir uns ganz vom Weg erfüllen lassen und von allen niedrigen Neigungen befreit werden. In einer Theologie des Weges stellt die durch unser Tun bewirkte Einswerdung mit dem lebenspendenden Weg die christliche Form des Ausfallens von Leib und Geist dar. Dabei handelt es sich nicht um das Verlangen nach mystischer Erfahrung, sondern schlicht und einfach um das Bemühen, um Christi, des Weges, willen mit dem Weg eins zu werden. An anderer Stelle haben wir gezeigt, wie diese Art von Handeln unseren Leib von den Folgen der Ursünde befreit.

Die dynamische Struktur der »Meta-Ethik des Weges«

Dôgen hat bis zu seinem Tod im Alter von 54 Jahren 95 Bände seines Hauptwerkes »Shôbôgenzô« vollendet. In ihnen finden wir die schwer verständlichen tiefen Gedanken seines lebendigen Denkens. Im Hinblick auf unser erklärtes Ziel, den Aufbau einer

Theologie des Weges, wollen wir dieses lebendige Denken aus der Perspektive des Weges systematisch darstellen. Dabei wird sich die dynamische Struktur von Dôgens Meta-Ethik des Weges deutlich zeigen.

Um einen Zugang zur Meta-Ethik Dôgens zu finden, ist es notwendig, die allgemeine Bedeutung des Schriftzeichens »Weg«, das im Chinesischen Tao und im Japanischen michi gelesen wird, zu kennen.

Das Wort »Weg« hat eine Fülle von Bedeutungen. Wir wollen hier nur die wichtigsten untersuchen. Als Hauptwort bezeichnet es 1. einen Weg oder eine Straße, 2. einen logischen Grund, 3. die richtige Lebensführung, 4. das Prinzip, das Urgrund und Ursprung aller Phänomene des Alls ist, wie es der Taoismus lehrt, 5. Aktivität, mysteriöser Gebrauch, 6. Mittel, Vorgehensweise, 7. Prinzip, Denkweise und 8. Theorie oder ähnliches. Als Tätigkeitswort steht es für 1. gehen, hindurchgehen, 2. handeln, tun und 3. folgen/nachfolgen. Neben diesen Bedeutungen gibt es noch die wenig bekannte Lesart, die auf japanisch iu gelesen wird und die folgende Bedeutungen hat: 1. sagen und sprechen, 2. beherrschen, 3. sich gründen auf, sich ergeben, entsprechen, 4. durch, von, 5. führen, 6. lehren, 7. helfen, 8. öffnen und 9. vertraut sein mit.

Hieraus wird deutlich, daß das Schriftzeichen »Weg« in der langen Geschichte der chinesischen Kultur einen weiten Bedeutungsbereich gewonnen hat. Jemand, der mit dieser Sprachkultur vertraut ist, wird beim Gebrauch des Wortes zwar eine bestimmte Bedeutung im Sinn haben, sich aber bewußt sein, daß zugleich die Nuancen der anderen Wortbedeutungen ebenfalls irgendwie präsent sind und mitschwingen. Auch wenn Laotzu oder Chuangtzu vom »Weg« (Tao) als dem Urprinzip aller Dinge des Alls sprechen, sind die anderen Wortbedeutungen ebenfalls lebendig. Denn es handelt sich nicht nur um das Grundprinzip aller Dinge des Alls, sondern es ist zugleich die das All durchdringende Vernunft, die wahre Richtschnur für das Handeln des Menschen und die allen Dingen Leben spendende Kraft. Wir werden später zeigen, wie Dôgen diese vielfältigen Bedeutungen mit Geschick benutzt, um seine Philosophie zu entwickeln, in der der »Weg« eine zentrale Rolle spielt.

Dôgen kehrte, 28 Jahre alt, im Herbst 1227 nach Japan zurück. Im selben Jahr verfaßte er auf Chinesisch das Buch »Fukan Zazen Gi« (Zen für alle). Am Anfang entwickelte er das folgende grundlegende Prinzip: »Der Weg ist die Urkraft, die alle Dinge begründet und sie bewegt«. Auf japanisch lautet dieses Prinzip knapp: »Dô-moto-en-tsû«. Als erstes Prinzip bildet es die Grundlage, von der Dôgen alle Regeln der mönchischen Übung und die praktischen Regeln des Handelns ableitet. Das Werk »Fukan Zazen Gi« enthält eine Zusammenfassung all dessen, was Dôgen über den Weg des Buddha in China gelernt hat, und hat eine Frische und Lebendigkeit, wie sie sich bis dahin in keinem anderen Buch über Zazen findet. Wenn wir es z.B. mit dem Buch »Zazen Gi« von Zong Tzu vergleichen, dann sehen wir, daß dieses das Prinzip des »Dô- moto-en-tsû« nicht enthält. Es lehrt vielmehr, daß man Zazen mit der grundsätzlichen Einstellung eines Herzens voller Mitleid und des Wunsches nach Rettung aller Lebewesen betreiben müsse. Dabei handelt es sich sicher um eine richtige Einstellung, die jeder braucht, der sich der Zenübung hingibt. Da es sich aber um eine subjektive Einstellung des Übenden handelt, bleibt sie einem Standpunkt verhaftet, der zwischen Subjekt und Objekt noch unterscheidet. Dagegen geht Dôgen von dem Grundprinzip des Weges aus und hat jede Art von Dualismus, sei es den von Subjekt oder Objekt oder von Erleuchtung oder Irrtum, schon überwunden.

Wenn wir begreifen wollen, was Dôgen unter dem Weg versteht, dann müssen wir das Gesamt seiner Schriften uns vornehmen. In seinem Werk »Hatsu Bodai Shin« (Erleuchtung) erklärt Dôgen, daß er das Wort für Erleuchtung, das im Japanischen »bodai« gelesen wird und ursprünglich das Sanskrit-Wort »bodhi« bezeichnet, mit dem Schriftzeichen für »Weg« übersetze. Mit Bodhi wird die höchste Stufe der Erleuchtung bezeichnet, jene Erleuchtung, die Shakyamuni unter dem Bodhi-Baum bei Buddhagaya geschenkt wurde. Es gibt zwei Gründe, warum Dôgen für Bodhi das Schriftzeichen »Weg« benutzt, obschon es die anderen Übersetzungen ins Chinesische, wie »Einsicht« und »Erwachen« ebenfalls gibt.

1. Dôgen sieht im »Hatsu Bodai Shin« die grundlegende Einstellung von Bodhi als Wunsch, alle Lebewesen zu retten. Weil es sich dabei aber in erster Linie um die Haltung des Mitleids und weniger um die der Weisheit oder Einsicht handelt, möchte Dôgen dafür eher das Wort »Weg« benutzen. Dôgen war offensichtlich der Ansicht, daß das Wort »Weg« eher die Bedeutung des großen Mitleids des Buddha wiedergäbe. Anders als Zong Tzu in seinem »Zazen Gi« sieht Dôgen nicht im Mitleid, sondern im Weg das Grundprinzip, wobei der Weg immer auch das Mitleid enthält. So ist er imstande, auf der einen Seite die Gedanken Zong Tzus in Gänze zu bewahren, sie aber zugleich zu überschreiten. Denn für Dôgen ist der Weg als die Urkraft zugleich auch immer vom Mitleid mit allen Wesen durchdrungen.

2. Sowohl im »Hatsu Bodai Shin« als auch in den verschiedenen Bänden des »Shôbôgenzô« geht es Dôgen immer in ganz besonderer Weise um die Praxis, das tatsächliche Tun und Handeln. Weil der Wortgebrauch von »Weg« auch das Handeln beinhaltet, wird deutlich, warum Dôgen lieber das Wort »Weg« gebraucht als von »Weisheit« oder »Erwachen« zu reden.

In seinem Werk »Vorsichtsregeln für die Suche nach dem Weg« beschreibt Dôgen den Weg mit Rücksicht auf die Haltung, die ein Sucher des Weges einnehmen soll, wie folgt:

»Der Übende soll das Studium des Gesetzes des Buddha nicht für seine eigene Person unternehmen. Auch soll er das Studium nicht angehen, um Ruhm oder materielle Vorteile zu erlangen. Auch sollte er nicht geistige Erfahrungen machen wollen. Es geht einzig und allein darum, das Gesetz des Buddha um seiner selbst willen zu suchen. Darin besteht der Weg. «(Gakudôyôshinshu, Kap. 4)

Dôgen geht es darum, die richtige Einstellung bei der mönchischen Übung aufzuzeigen und davor zu warnen, die Übung aus der Erwartung auf die Erleuchtung heraus auf sich zu nehmen.

Es zeugt von Besitzdenken, wenn außergewöhnliche spirituelle Erfahrungen (Heilung von Krankheiten, Wunder und dgl.), Zuwachs an Ehre und Besitz oder glückbringende Belohnungen erwartet werden, die allesamt bloß begrenzte Werte dieser Welt darstellen. Solange man das Verlangen nach diesen Dingen nicht abstellen kann, wird es unmöglich sein, die absoluten Werte zu erreichen. Das Gesetz des Buddha nur des Gesetzes wegen auf sich nehmen, bedeutet, allein wegen der absoluten Wahrheit sich um die absolute Wahrheit bemühen. Solches Handeln wird nicht länger von den Kategorien von Ursache und Wirkung bestimmt, noch wird es motiviert durch Überlegungen von Verlust und Gewinn. Es wird vielmehr angestoßen von der vertikalen Kraft des Weges, die die Kategorien von Ursache und Wirkung übersteigt.

Wie wir schon gesehen haben, stellt der Weg das letzte Ziel aller Dinge dar, das alles auf der Erde zu sich hinzieht. Als letztes Ziel kann es nicht wie andere relative Ziele als Mittel zum Ziel dienen. Denn alle relativen Ziele existieren wegen dieses absoluten Ziels, sind seinetwegen tätig, während das absolute Ziel wegen seiner selbst existiert und um seiner selbst willen tätig wird. Weil das Gesetz des Buddha in der Tat mit dem Weg identisch ist, bedeutet die Übung des Gesetzes des Buddha um seiner selbst willen zugleich auch die Übung des Weges um seiner selbst willen. Deshalb ist die Übung des Gesetzes des Buddha zugleich die Manifestation des freien und unabhängigen Wirkens des Weges als Ziel seiner selbst.

Diese Überlegungen machen deutlich, daß der Weg die fundamentale Kraft darstellt, die in Freiheit alle Dinge des Universums nach ihrer Gesetzmäßigkeit bewegt und die innere Kraft ist, die den Übenden den Weg um des Weges willen suchen läßt. Damit ist auch deutlich, daß das selbstlose Handeln, das sich in der Übung des Weges um seiner selbst willen ausdrückt, zugleich sich als die fundamentale Kraft erweist, die durchdrungen von tiefem Mitleid die Rettung aller Lebewesen anstrebt.

So verstanden erinnert uns der Weg an die unendliche und unbegrenzte Kraft, die Christus, den Weg, auszeichnet. Denn wie wir in der Theologie des Weges noch deutlicher zeigen werden, stellt Christus als der »Weg« die Kraft dar, die alles im Himmel und auf Erden geschaffen hat, die alle Menschen retten will und die die Kraft in unserem Innern ist, die uns auf unserer Reise begleitet. Zugleich ist er auch die Kraft, die uns dazu bringt, Christus um Christi willen zu suchen. So gesehen verfügt Christus, der Weg, über die gleichen Eigenschaften wie der Weg in Dôgens Denken.

Wir haben schon gelernt, daß der Weg, der Bashô innerlich bestimmte, mit Christus, dem Weg, übereinstimmt. Jetzt können wir sehen, wie der Weg, den Dôgen am Ende seines langen Suchens gefunden hat, mit Christus in seinem Wesen und Wirken identisch ist. Auf dem Weg der Entdeckung (in via inventionis) sind wir zunächst den Weg Bashôs nachgegangen, dabei auf den Weg Dôgens gestoßen und von dort müssen wir zu unserem letzten Ziel, Christus, vordringen.

Das kosmische Wirken des Weges in ungehinderter Freiheit

Wir wollen jetzt zu unserem Ausgangspunkt zurückkehren und das am Anfang von Fukan Zazen Gi entwickelte Prinzip des »Dô-moto-en-tsû«, d.h. die These: Der Weg ist Ursprung und Ziel aller Dinge, genauer untersuchen. Das Verständnis des Weges, das wir in den verschiedenen Werken Dôgens festzustellen versucht haben, kann uns helfen, die Bedeutung dieses Prinzips besser zu verstehen.

Unter dem Bodhi-Baum in Buddhagaya wurde Shakyamuni die Einsicht in das Prinzip des Buddhawerdens geschenkt, er selbst wurde zum Buddha und erhielt die Fähigkeit, allen anderen Menschen und Lebewesen dieses Gesetz weiterzugeben und als vollkommen Erleuchteter – als einer, der ganz vom »Weg« durchdrungen war – ihnen zu helfen, selber ebenfalls Buddha zu werden. Dôgen hat diese den Buddha durchdringende Kraft den »Weg« genannt. Dies ist die Kraft, die der Grund und Ursprung für die Rettung aller Menschen und Lebewesen ist, die allen die Möglichkeit gibt, Buddha zu werden, die als geheimnisvolle Kraft den Weg bezeichnet, den alle Menschen gehen sollen. Sie erfüllt die vielfältigen Bedeutungen des Schriftzeichens für »Weg« und verwirklicht sie, indem sie 1. den Weg, 2. den logischen Grund, 3. die richtige Lebensführung, 4. das Prinzip und den Ursprung aller Phänomene des Alls und 5. die geheimnisvolle Kraft bezeichnet.

104

Historisch gesehen wurde dieser Weg erstmalig durch Shakyamuni erkannt, aber alle Phänomene dieser Welt erhalten von
diesem Weg ihr Leben und ihre ursprüngliche Gestalt. Im Verlauf
der Geschichte wurde der Weg von Shakyamuni an Kasyapa, von
Kasyapa an seine Schüler und dann,»wie Wasser von einem
Gefäß auf das andere weiterströmt«, bis auf Dôgen weiter vermittelt. Der Weg existiert inmitten der Geschichte und verleiht
allen Dingen ihr Leben, übersteigt aber, wenn man sein absolutes
und freies Wesen betrachtet, die Begrenzungen der Geschichte.
Denn der Weg stellt das unbegrenzt fehlerlose und freie Wirken
dar, das die Übung (Askese und Erleuchtung) und anderes Bemühen der Menschen nicht nötig hat.

Um die absolute Freiheit des Weges herauszustellen, hat Dôgen
im Eingangskapitel von Fukan Zazen Gi, wo er das Prinzip des
»Dô-moto-en-tsû« entwickelt, sich die Frage gestellt:»Warum
bedarf es eigentlich der Übung, um zur Erleuchtung zu gelangen«?
Er hat diese Frage weitergeführt und hinzugefügt:»Warum müssen wir uns mühen, wenn der Weg in seiner ungebundenen Freiheit alle Lebewesen zu Buddha machen kann«? Er fährt dann
fort:»Der Weg übersteigt gänzlich die Welt der Irrungen. Deshalb
brauchen wir keine Mittel, um uns von den weltlichen Begierden
zu befreien. Da der Weg immer seinen Ort beibehält, ist es unnötig, mal hierhin oder dorthin zu gehen, um ihn zu finden.«
Wenn wir diese Eigenschaften des Weges in der Terminologie
westlicher Philosophie ausdrücken wollen, dann würden wir davon sprechen können, daß der Weg ein»Apriori« darstellt, da er
unseren Bemühungen vorausliegt. Andererseits gibt es einen
Aspekt, unter dem diese Bezeichnung letztlich doch nicht zutreffend ist. Denn zunächst handelt es sich bei dem Apriori der
westlichen Philosophie, wie Kant es verstanden hat, um eine
Erfahrung der Erkenntnis oder des Willens, während es beim Weg
um eine den ganzen Menschen mit all seinen Fähigkeiten bean-
spruchende Erfahrung der aszetischen Übung geht. Da es sich um
verschiedene Erfahrungen handelt, ist auch das der jeweiligen
Erfahrung vorausliegende Apriori notwendig verschieden.

Ein noch viel größerer Unterschied liegt darin, daß das Apriori
Kants im Bereich der Subjektivität bleibt, während das Apriori

des Weges den Gegensatz von Subjekt und Objekt übersteigt und beide in einer Einheit zusammenfaßt. Während das Apriori des Weges in vollkommener Freiheit von allem Existierenden (die Subjektivität einbegriffen) handelt und durchdrungen von tiefem Mitleid das Heil aller Lebewesen zum Ziel hat, hat das Apriori Kants in keiner Weise einen solchen Bezug. Ein weiterer wichtiger Unterschied liegt darin, daß das Apriori im Westen ausschließlich im Bereich der Philosophie bleibt und nicht als ein Problem des Glaubens im strengen Sinn erscheint, das Prinzip des »Dô-moto-en-tsû« bei Dôgen dagegen die Ansicht beinhaltet, daß der Glaube die Wurzel allen Handelns ist.

Um welche Art der Transzendenz handelt es sich bei der Transzendenz des Weges? Zunächst müssen wir festhalten, daß Dôgen sich nie von der konkreten Praxis der aszetischen Übung entfernt und in der geschichtlichen Wirklichkeit verwurzelt bleibt, in der der Weg im Innern der Menschen wirkt. Deshalb vermeidet es Dôgen, den Weg außerhalb der geschichtlichen Welt in einer davon getrennten Sonderwelt anzusiedeln. Er bleibt immer auf dem Boden der tatsächlichen asketischen Übung stehen, die angefangen von Shakyamuni über die anderen Buddhas und Patriarchen sich in der geschichtlichen Welt offenbart. In diesem Sinn ist der Weg immer in der Geschichte immanent und wirksam. Zugleich ist der Weg aber auch transzendent, weil er jeweils seine vollkommene Freiheit von den in der Geschichte wirkenden Gestalten, einschließlich des Buddha, behält. Die Transzendenz des Weges stellt daher eine in der Immanenz der Geschichte sich verwirklichende Transzendenz dar. Da der Weg aber jede Form eines Dualismus übersteigt, handelt es sich um eine Transzendenz, die den Dualismus von Immanenz und Transzendenz letztlich übersteigt.

Zum Schluß wollen wir den besonderen Charakter der immanenten Transzendenz des Weges betrachten. Bis jetzt haben wir, um die Transzendenz und das vertikale Wirken des Weges herauszustellen, diese besondere Eigenschaft nicht berührt. Denn bisher haben wir gezeigt, wie die authentische Übermittlung des Dharma von Shakyamuni über Kasyapa die Geschichte übersteigt und sich darin das vertikale Wirken des Weges zeigt, aber nicht deutlich gemacht, daß die authentische Vermittlung des Dharma selber ebenfalls ein Wirken des Weges darstellt. Aber gerade darin zeigt sich das Wesen der immanenten Transzendenz des Weges.

Betrachtet man dieses Wesen aus der Perspektive des Prinzips des »Dô-moto-en-tsû«, dann können wir feststellen, wie diese Eigenart des Weges als grundlegendes Prinzip sich sowohl in der geschichtlichen als auch in der vertikalen Dimension ausdrückt. Denn auf der einen Seite zeigt sie sich als die im Lauf der Geschichte sich ereignende authentische Vermittlung von Shakyamuni bis auf Dôgen, das was Juching den großen Weg aller Buddhas und Patriarchen genannt hat. Auf der anderen Seite handelt es sich um das in jedem Augenblick der Geschichte wirksame vertikale Wirken des Weges, das jedes Ereignis der Geschichte belebt – die verschiedenen Formen der Weitergabe: direkte Begegnung – Übergabe des Gesetzes eingeschlossen – , jeden am Leben Buddhas teilhaben läßt und zur Authentizität führt. Diese doppelte Dimension offenbart die zwei Seiten des einen Wirkens des Weges, die obschon sie zwei doch eins sind und obschon sie eins doch als zwei erscheinen. Die Zielgerichtetheit der geschichtlichen Ereignisse hat eine immanente Seite, während die vertikale Richtung eine transzendente Dimension offenbart. Da die beiden Dimensionen im gegenseitigen Austausch stehen und sich gegenseitig beeinflussen, handelt es sich um eine Beziehung, die auf keinen Fall getrennt gesehen werden darf. Der Grund liegt darin, daß der Weg die Gegensätze hervorbringt, sie mit Leben erfüllt und sie zugleich fundamental in einer Einheit erhält. Durch diese einende Tätigkeit des Weges werden in einer Meta-Ethik des Weges die Gegensätze zwischen dem Gesetz Buddhas und dem Buddha, zwischen Erleuchtung und Verblendung, zwischen Subjekt und Objekt überwunden.

3. Das Universum als Dôgens »Spielfeld«

Dôgens grundlegende Prinzipien

Ein in dieser Weise dynamisch verstandener Weg übersteigt die menschliche Vernunft, weil sie in der Abstraktion alles notwendigerweise dualistisch sieht, wohingegen der Weg jeden Dualismus übersteigend eine einzige Wirklichkeit darstellt. Die Vernunft denkt zum Beispiel in den Gegensätzen von Subjekt und Objekt, von Aktivität und Passivität, unterscheidet zwischen Erleuchtung und Täuschung und trennt die aszetische Übung vom Erreichen der Erleuchtung. Im Ergebnis bedeutet dies, daß der Weg zur Welt des Objektiven gerechnet wird, während der Buddha und die Patriarchen als zur Welt der Subjektivität gehörend angesehen werden, der Weg für eine vom Buddha und den Patriarchen unterschiedene Realität gehalten wird und die geschichtliche Welt des Buddha und der Patriarchen als von der Welt der Ideen getrennt verstanden werden. Ein solches Denken versteht den Weg als die aktive Kraft, die vom Buddha und den Patriarchen passiv empfangen wird, und sieht den Weg als eine von ihnen unterschiedene Realität an. Da jedoch auf der Ebene des tatsächlichen Handelns alle Geschehnisse vom Wirken des einen einzigen Weges bestimmt werden und folglich als eins anzusehen sind, müssen in der Perspektive des Weges als dem einenden Prinzip das Subjektive und Objektive sowie Aktivität und Passivität als eine einzige Wirklichkeit gesehen werden. Alles unter dem Blickwinkel des Weges als Einheit anzusehen, bedeutet Weisheit und stellt die Erleuchtung dar. Im Urbuddhismus wurde dies Hannya, bzw. in Sanskrit Prajna genannt.

Da die Vernunft auf die oben beschriebene Weise operiert, ergibt sich, daß im Zazen das Bestreben darauf gerichtet sein muß, die Tätigkeit der Vernunft zum Schweigen zu bringen und das diskursive Denken in Gegensätzen zu beenden. Dôgen gibt dafür die folgende Begründung:

»Der Weg des Buddha liegt jenseits von Denken, Unterscheidung, Wahrsagen, Kontemplation, sinnlicher Wahrnehmung oder intellektueller Einsicht... Wer Schüler des Weges ist, braucht nicht die Werke der Unterscheidung oder ähnliches« (Warnung zur Vorsicht auf der Suche nach dem Weg). Mit den Ausdrücken »Denken« und »Unterscheidung« ist ganz allgemein der Gebrauch der Vernunft gemeint.

Wenn demnach das ungebundene freie Wirken des Weges derart die menschliche Vernunft übersteigt, dann gilt es, durch die Übung des Zazen mit dem Weg eins zu werden und sich in allen Fasern der Existenz vom Weg durchdringen zu lassen. Wie Dôgen erklärt: »Der Weg des Buddha kann nur durch die Übung verstanden werden.«

Dôgen ist der Ansicht, daß es der Weg ist, der den Menschen durch Einsicht in die Vergänglichkeit der Welt zur Übernahme der Übung anregt und jede echte Ausübung der Askese immer schon von der Aktivität des Weges getragen ist. Das Wirken des Weges erstreckt sich auf verschiedene Ebenen. Manchmal bewegt es den Übenden von innen und spornt ihn an, ein anderes Mal bewirkt es die Erleuchtung. Da diese verschiedenen Dimensionen vielfältige Offenbarungen des einen Wirkens sind, ist auch die Ausübung der mönchischen Askese getragen vom Leben und der Weisheit (Erleuchtung) des Buddha und wird so ihrerseits ebenfalls zur Offenbarung der im Innern wirkenden Kraft der Weisheit (Erleuchtung). Deshalb lehrt Dôgen, daß im Innern der Übung die Erleuchtung liegt. Er möchte damit sagen, daß jede asketische Übung immer schon vom Weg angestoßen ist und damit die Erleuchtung schon in sich trägt, die durch die Übung dann auch äußerlich sichtbar gemacht wird.

An dieser Stelle gilt es zu beachten, daß es nach Dôgen sich nicht so verhält, daß die Erleuchtung so in der Übung enthalten wäre, als ob sie zum Teil an der Erleuchtung des Weges partizipiere, sondern es bedeutet, daß die Erleuchtung des Weges in ganzer Fülle in der Übung enthalten ist. Der Weg ist einfach, ungeteilt und eine ganz in sich ruhende alles zusammenführende Wirklichkeit. Deshalb ist auch dieses Wirken nicht vom Wesen des Weges unterschieden. Hinzu kommt, daß der Weg immer schon als Ganzes im Innern des Übenden wirkt. Dôgen bezeichnet dieses Wirken des Weges als »wahre Erleuchtung«. Wie wir es bei der Beschreibung der Aktivität des Weges gesehen haben, bewegt die »wahre Erleuchtung« ebenfalls alles im Universum, verleiht ihm Leben und durchdringt die geschichtliche Welt, in der wir leben. Wie es im Genjô Kôan heißt: Sie ist überall und durchdringt alles.

Auch wenn die wahre Erleuchtung überall auf der Erde präsent ist, wird sie doch nur durch die rechte Übung, die sich am Weg ausrichtet, offenbar. Dôgen nennt diese Offenbarung »Gegenwärtig werden« (genjô) bzw. »Sichtbar werden« (kenshô). Wie außergewöhnlich wichtig Dôgen dies nahm, wird daran ersichtlich, daß er bei der Sammlung seiner Schriften im Shôbôgenzô während seiner letzten Jahre den Band »Genjô Kôan« an den Anfang stellte. Dôgen vertrat immer den Standpunkt von der Wichtigkeit der Übung, weil er der Überzeugung war, daß im Vollzug der Übung sich die wahre Erleuchtung zeige. So erklärte er: »Es stimmt zwar, daß ein jeder von uns überreich damit gesegnet ist, es aber auf die Übung ankommt, ob es sich zeigt oder nicht« (Bendôwa).

Die echte Übung erhält notwendigerweise ihr Leben von der wahren Erleuchtung. Dôgen nennt diese Art der Übung ein »von der Einsicht getragenes Üben«. Da aber die wahre Einsicht, wie wir schon gezeigt haben, die Gesamtheit der Übung auch des Anfängers im Innern durchdringt, ist es unmöglich, außerhalb der Übung zur Erleuchtung zu gelangen. Da im Innern der Übung schon immer verborgen, wenn auch noch unscharf, die wahre Einsicht liegt, wirkt sie auch immer. Der Übende ist immer schon »mitten im Weg« (Warnung zur Vorsicht auf der Suche nach dem Weg). Deshalb entfällt für den Übenden die Notwendigkeit, die Erleuchtung direkt zum Ziel zu machen oder sich ständig darum zu bemühen. Denn auch die Übung des Anfängers ist schon zur Gänze wahre Erleuchtung. Deshalb besteht keine Notwendigkeit, die Erleuchtung außerhalb der Übung zu suchen. Es genügt, wenn er sein Herz daransetzt, auf die Übung zu achten, daß sie dem Weg entspricht.

Der gewöhnliche Mensch wird Zazen mit dem Ziel betreiben, die Erleuchtung zu erlangen, und wenn er sie nicht erreicht, wird ihm das Zazen müßig vorkommen. Solange man so denkt, wird die Übung zum Mittel der Erreichung der Erleuchtung, und der Übende wird folglich Zazen wegen des Nutzens, den er sich von der Erleuchtung verspricht, betreiben. Bewegt von einem Denken in den Kategorien von Kosten und Nutzen, wird er bewußt oder unbewußt der Illusion Nahrung geben und dadurch in die Gefahr geraten, in der Dunkelheit des Irrtums zu versinken.

Dôgen hat den Gedanken an ein Zazen, das nur betrieben wird, um die Erleuchtung zu erlangen, radikal verworfen und an seiner Stelle ein Zazen vertreten, das immer schon von der wahren Erleuchtung belebt ist und eine »von der Einsicht getragene Übung« darstellt. Dôgen hat diese seine Ansicht in die Kurzformeln von der Einheit bzw. Gleichrangigkeit von Übung und Erleuchtung zum Ausdruck gebracht. In den grundlegenden Überlegungen Dôgens sind die Übung und die Erleuchtung letztlich nicht zwei, sondern immer eine Einheit. Denn der Weg übersteigt den Gegensatz von Übung und Erleuchtung, belebt und bewegt als Urkraft letztlich beide. Der Weg offenbart sich als ursprüngliche Erleuchtung, indem er durch sein Wirken im Übenden den Anstoß für die Übung gibt und die Erleuchtung und die Übung als ein Zusammenwirken in Einheit erweist. Wenn man das Wirken des Weges aus der Perspektive dieser Einheit betrachtet, dann hat das Zazen des Buddha und der Patriarchen, in dem sich die wahre Natur des Dharma manifestiert, keine höhere Qualität als das Zazen von uns Anfängern, da es in gleicher Weise die Fülle der Erleuchtung enthält.

Aus dem Gesagten wird deutlich, daß die wahre Einsicht bei Dôgen sich sehr von dem unterscheidet, was der einfache Mensch unter Erleuchtung (satori) versteht. Im gewöhnlichen Verständnis wird unter Erleuchtung eine Art unmittelbarer Schau der Dinge verstanden, die sich auf der Ebene des Bewußtseins ereignet, während bei Dôgen die wahre Einsicht das Bewußtsein übersteigt und eine Offenbarung des Weges darstellt. Das japanische Zeichen, das Dôgen für »Einsicht« gebraucht, hat in der Zusammensetzung mit anderen Zeichen die Bedeutung von »Beweis«, »Bezeugung« und »Zeuge«, steht also für eine Garantie, daß sicher keine Täuschung oder Fehler vorliegen. Dôgen versteht daher unter der »wahren Einsicht«, daß der Weg den Übenden zur

Übung anstößt und garantiert, daß in der Übung keine Täuschung vorkommt. Für den Übenden bedeutet dies, daß er, um jede Art von Gegensätzen zu übersteigen, die Tätigkeit des Verstandes zur Ruhe bringen muß –»Leib und Geist unter Kontrolle bringen und den Weg Buddhas einschlagen« –, um auf diese Weise in seiner Übung mit dem Wirken des Weges ganz eins zu werden. Dann gibt es keinen Gegensatz mehr zwischen Handeln und Erleiden, sondern durch das Wirken des Weges wird sichergestellt, daß die persönliche Übung nicht fehllaufen kann. Da die Garantie des Weges in sich geschlossen ist, gibt es keinen Raum, wo sich Zweifel einschleichen könnte. Als Folge gelingt es dem Übenden, zur absoluten Überzeugung zu gelangen, daß er wirklich eins geworden ist mit dem Weg.

Dôgens Vorstellungen von der Garantie der wahren Einsicht durch das Wirken des Weges und der Gedanke von der Nicht-Zweiheit von Übung und Erleuchtung vermitteln nicht nur hilfreiche Einsichten für eine Theologie des Weges, sondern sie bedeuten einen Wandel im Denken und ermöglichen die Schaffung einer lebendigen Theologie aus einem vollständig neuen Blickwinkel heraus. Eine ausführliche Darstellung möchte ich später im Hauptteil der Theologie des Weges geben, hier genügen einige Hinweise. Christus, der Weg, ist der Schöpfer der Welt, der Erlöser der ganzen Menschheit und die innere Wirkkraft, die das ganze All dem Vater, dem letzten Urgrund, in dem alles in Liebe zur Einheit zusammengefaßt ist, zuführt. In diesem »Weg« sind alle Gegensätze aufgehoben, findet alles zur Einheit zusammen. Wie Paulus sagt:»Es gibt nicht mehr Juden und Griechen, nicht Sklaven und Freie, nicht Mann und Frau; denn ihr alle seid einer in Christus Jesus« (Gal 3,28, vgl. auch Kol 3,11).

»Dô-moto-en-tsû«: Der Weg ist Ursprung und Kraft zum Aufstieg ins Universum

Wir haben gelernt, daß wir, um zur Einsicht in das ungebundene und freie Wirken des Prinzips des »Dô-moto-en-tsû« zu gelangen, den Standpunkt der Vernunft verlassen und uns durch die Übernahme der authentischen Übung auf die Wirkebene der wahren Einsicht begeben müssen. Wie müssen wir es aber konkret anstellen, damit es uns gelingt, die Begrenzungen der gewöhnlichen alltäglichen Welt zu durchbrechen und in das ungebundene weite Universum des »Dô-moto-en-tsû« einzudringen?

Auf den ersten Blick mag dies als ein großes Problem erscheinen, weil wir der Ansicht sind, daß es uns gewöhnlichen Menschen nicht gegeben ist, ein so weites und ungebundenes Universum wie das »Dô moto-en-tsû« zu verstehen. Doch zu unserem Erstaunen erklärt Dôgen, daß dies für alle Menschen leicht sei, weil es nur eine außergewöhnlich leichte Übung erfordere, die jedermann zu leisten imstande sei. Auf die Frage, um was für eine Übung es sich dabei handele, antwortet Dôgen: »Hocken, bloßes Hocken« (Shikantaza Zazen). Darin liegt auch der Grund, warum Dôgen, als er von China nach Japan zurückgekehrt war, als allererstes das Werk »Fukanzazengi« (Zen für alle) geschrieben hat. Wie der Titel des Buches anzeigt, hat Dôgen es geschrieben, um allen Menschen die Übung des Zazen ans Herz zu legen. An den Anfang hat er dabei, wie wir schon gesagt haben, das Prinzip des »Dô-moto-en-tsû« gestellt. Dôgen vertritt damit die Ansicht, daß auf der Grundlage dieses Prinzips es möglich ist, durch »bloßes Hocken« in das weite und ungebundene Universum einzudringen, wo der Weg alles durchdringt und umfängt.

»Bloßes Hocken« ist nun wirklich eine einfache Übung, aber da sie eher zu einfach ist, wird sie andererseits zugleich sehr schwierig. Wenn man es einmal gelernt hat, scheint es nichts Einfacheres zu geben als das »bloße Hocken«. Dôgen hat sich absichtlich viel Mühe gegeben, die einfache Übung des Zazen nicht zu verkomplizieren. »Hocke dich hin und überlasse dich ohne jede Künstlichkeit mit Leib und Geist einfach dem Wirken des Weges«, so hat Dôgen auf eine wirklich höchst einfache Weise das »Nur-Zen« (shikantaza) gelehrt.

Aber das Vertrackte ist, daß es uns einfachen Laien nicht gelingen will, so ganz einfältig zu werden. Denn es fällt uns sündigen Menschen so fürchterlich schwer, »jede Künstlichkeit zu lassen«.

Wenn wir nach dem Grund suchen, warum uns dies so schwerfällt, stoßen wir auf das »Ich«. Vor allem uns modernen Menschen, die wir die Selbständigkeit des Ichs so hochschätzen, erscheint das Aufgeben des »Ichs« als eine höchst schwierige Aufgabe. Aber wir dürfen nicht das »Selbst« mit dem »Ich« verwechseln, weil das »Selbst« verschieden ist vom »Ich«, das so etwas wie ein Klumpen an Selbstverhaftetsein darstellt. Es ist vielmehr so, daß wir gerade durch das Aufgeben des Ichs durchdrungen werden vom Wirken des Weges und erstmals die Geburt unseres wahren Selbst erleben können. Das, was im Zen das »ursprüngliche Selbst« oder auch »das ursprüngliche Antlitz, das man vor der Geburt von Vater und Mutter hatte«, genannt wird, stellt das wahre Selbst dar. Nishida Kitaro hat in einem seiner wichtigsten Werke den philosophischen Nachweis geführt, daß das wahre Selbst im Zen identisch ist mit der Selbstverwirklichung, die der moderne Mensch zu realisieren sucht.

Wenn Dôgen den Rat erteilt, »bloß zu hocken«, dann meint er, wie wir schon erklärt haben, daß der Weg mit dem Verstand nicht begriffen werden kann, und es nur auf dem Weg über die Übung überhaupt möglich wird, in ihrem Vollzug der Wirklichkeit des Weges zu begegnen. Wenn wir diesen Rat in unsere moderne Sprache übersetzen, dann meint Dôgen, daß es darauf ankomme, von der Existenzebene der intellektuellen Einsicht auf die Ebene der Aktion zu wechseln. Um es mit Fachausdrücken der Philosophie von Nishida Kitaro zu sagen, gilt es, den Sprung vom bewußten Selbst zum handelnden Selbst zu vollziehen. Diesen Wandel zu vollziehen, stellt eine der wichtigsten Aufgaben für den modernen Menschen dar.

Dôgen entwickelt eine seiner wichtigsten Lehren im 9. Kapitel seines Werkes »Warnung zur Vorsicht auf der Suche nach dem Weg«, wenn er davon spricht, daß es darauf ankomme, »die Übung in Richtung auf den Weg zu machen«. Er erklärt dem Übenden, daß das grenzenlose Wirken des Weges sich in einer doppelten Richtung vollziehe, einmal in der Vertikalen und dann wieder in der Geschichte. Danach fügt Dôgen hinzu: »Der Weg des Buddha ist immer da, wo jeder einzelne sich gerade befindet. Von Anfang an ist er vom Weg eingesperrt und gelangt so zur Klarheit, von der Erleuchtung eingesperrt, gelangt er zur Vollendung.« Wie wir im voraufgehenden Kapitel festgestellt haben, offenbart sich der Weg da, wo der Übende sich gerade befindet. Mit dem Wort »vom Weg eingesperrt sein« ist gemeint, daß ganz gleich, was der Übende auch unternimmt, um sich vom Weg zu entfernen, es ihm nicht gelingen wird, vom Weg freizukommen. Er bleibt im Wirkbereich des Weges, der ihn führt und ihn schließlich in die Einheit mit sich aufnimmt.« Von der Erleuchtung eingesperrt sein« bedeutet, daß der Übende immer schon von der wahren Erleuchtung durch das Wirken des Weges ergriffen ist und zur Erleuchtung finden wird. Der Übende wird mit Leib und Geist von der Erleuchtung erfüllt werden und zur Vollendung gelangen. Er wird erkennen, daß sein Suchen nach dem Weg identisch ist mit dem Wesen der wahren Erleuchtung. Er erfährt, daß er bei seiner Übung immer schon vom Wirken des Weges ergriffen und daß sein Selbst immer schon eingehüllt ist von der wahren Erleuchtung. Darin besteht die »Anmut des Weges« , die aus der Kenntnis der Endlosigkeit des Weges resultierende edle Haltung.

Das Wort »vom Weg eingesperrt sein« ist von Dôgen geprägt worden und enthält tiefschürfende Gedanken, denen wir nachgehen wollen.

Ein Kommentator des Shôbôgenzô aus der Edozeit, Menzan, hat die eingrenzende Tätigkeit des Weges mit der Liebe der Eltern für ihr Kind verglichen. Diese These ist nicht nur für das Verständnis von Dôgens Meta-Ethik des Weges bedeutsam, sondern enthält auch wichtige Gesichtspunkte für eine Theologie des Weges. Denn hier zeigt sich die Gesinnung der Bodhisattvas, die alle Lebewesen unter Anstrengung aller Kräfte auf den Weg des Heils führen möchten. Deshalb stellt sich der Weg gleichsam allen Menschen als Hindernis in den Weg, um sie richtig zu leiten und zur Einheit mit dem Weg zu führen. Das »Einsperren« oder »Behindern« durch den Weg ist also letztlich Ausdruck eines tiefen Mitleids.

Nachdem Dôgen diese Funktion des Weges erläutert hat, gebraucht er das Gleichnis vom »Armen älteren Sohn« aus dem Hoke-Sutra, das viel Ähnlichkeit mit dem Gleichnis des »Verlorenen Sohnes« im Neuen Testament hat. Ohne um die Liebe seines

Vaters zu wissen, verläßt der Sohn seinen barmherzigen Vater, geht außer Haus, gibt sein ererbtes Vermögen aus und zieht von Land zu Land. Obwohl er ursprünglich der reiche erste Sohn ist, wird er nach einiger Zeit bei fremden Leuten ein armseliger Taglöhner. Auf die gleiche Weise verlassen die Menschen den barmherzigen Weg und stürzen sich ohne weitere Rücksicht auf die leeren Freuden dieser Welt und werden so zu Sklaven ihrer Lüste. Gerade deshalb stellt sich der Weg allen als Hindernis in den Weg, umfängt sie mit seinem tiefen Erbarmen und bemüht sich, sie alle zu »Kindern Buddhas« zu machen. Es ist offensichtlich, wie nahe diese Gedanken Dôgens christlichen Vorstellungen stehen.

Dôgen gebraucht das Gleichnis des »Älteren Sohnes« nicht, um die Masse der Irrenden, die noch nicht einmal entschlossen sind, mit der Übung zu beginnen, oder diejenigen, die gerade die Übung begonnen haben, anzusprechen. Er zielt mit dieser Parabel eher auf solche, die schon ziemlich weit auf dem Weg der Übung vorangekommen sind. Weil sie das grenzenlose Wirken des Weges noch nicht hinreichend kennen, stehen sie in der Gefahr, wenn sie irgendeine außergewöhnliche religiöse Erfahrung machen oder auch nur etwas Einsicht verspüren, gleich zu meinen, sie hätten die Erleuchtung erreicht. Dôgen wußte um die Gefahr, daß es nicht wenige Übende gibt, die, obwohl sie noch weitere Fortschritte auf dem Weg machen müßten, die grenzenlosen Schätze vergessen und sich mit einem kleinen Satori zufrieden geben. Deshalb benutzt er das Gleichnis vom »Älteren Sohn«, um ihnen die folgende Lehre zu erteilen: »Der Schüler des Weges soll danach verlangen, vom Weg eingesperrt zu werden. Dann wird er nicht den Täuschungen zum Opfer fallen.«

Die Bedeutung des Eingesperrtseins durch den Weg ist uns im Zusammenhang mit dem Voraufgegangenen deutlich geworden. Wenn ein Übender sich ganz dem Zazen widmet, wird er zu einer ziemlich hohen Stufe der Einsicht gelangen können. Aber je größer diese Einsicht ist, um so größer ist auch die Gefahr, daß er sich mit dem Erreichten zufrieden gibt und dabei stehenbleibt. Wer daher ein wahrer Schüler des Weges sein will, muß es sich gefallen lassen, vom Weg »eingesperrt« zu werden, daß heißt sich dem negativen Wirken auszusetzen. Genauer gesagt, wird derjenige, der sich vom Weg bewegen läßt, sich freuen, daß er in seiner Bewegungsfreiheit gleichsam negativ vom Weg behindert ist. Denn durch das negative Wirken des Weges wird seine Anhänglichkeit an die Erleuchtung schwinden, und durch die Führung des Weges wird er zur wahren Freiheit finden.

Aufstieg in ein die Dualität von Licht und Dunkel übersteigendes freies Universum

Dôgen war auf seinem Weg mancherlei Versuchungen begegnet, die ihn am Weiterkommen zu hindern versuchten, er hatte die Versuchungen überwunden und war schließlich zur Erleuchtung gelangt. Rückblickend faßt er seine Erfahrungen, die er dabei gemacht hat, knapp zusammen: »Der Weg des Lernens besteht darin, danach verlangen, vom Weg eingesperrt zu sein«. Einige seiner Versuchungen bestanden darin, daß ihm Geister in der Gestalt des Buddha begegneten. Die Erleuchtung besteht originär in der Einsicht, »zum Buddha zu werden«, und wer das wahre Satori erreicht, wird zum Buddha. Wenn er jedoch sich an den Gedanken klammert: Ich habe die Erleuchtung erreicht und bin zum Buddha geworden, dann ist das gleichbedeutend mit einer Versuchung, in der ein Dämon die Gestalt des Buddha annimmt. Dôgen gelang es, diese Versuchung zu überwinden, indem er sich dem negativen Wirken des Weges überließ und aufhörte, nach der Erleuchtung zu verlangen, indem er sich mit Leib und Seele ganz einfach der Übung des Zazen hingab. Dabei machte Dôgen nicht das Licht seiner eigenen Erleuchtung zur Richtschnur, sondern gab das Licht auf, kehrte zur Dunkelheit des Weges zurück und machte das ursprüngliche Zeugnis des Weges zur Richtschnur seines Urteilens und Handelns. Daran können wir sehen, daß Dôgen seine eigene Grundregel: »Mache den Weg zur Richtschnur deines Urteilens und Handelns«, in seiner Meta-Ethik des Weges selber treu befolgte.

Da es sich bei der Erleuchtung (satori) um ein intellektuelles Erhellen handelt, kann man dafür auch den Begriff des »Lichtes«

verwenden. Entsprechend können wir von »Dunkelheit« sprechen, wenn jemand der negativen Aktivität des Weges begegnet und sich am Satori meint festklammern zu müssen. Für den, der am Anfang der Übung steht, liegt die Schwierigkeit darin, von der dunklen Welt des Irrtums in die Welt des Lichts des Satori hinüberzugehen. Dagegen besteht die Aufgabe für den, der schon weit fortgeschritten ist, darin, den Sprung aus der lichten Welt des Satori in die Welt des Dunkels des negativen Wirkens des Weges zu vollziehen. Der Weg bewegt zwar den Übenden vom Licht in die Dunkelheit, es dürfte aber falsch sein, die Versuchung, von der Helligkeit des Satori zur Dunkelheit des Weges überzugehen, schlicht und einfach eine Führung zu nennen. Mit Dôgen sollten wir eher von einem »Einsperren« oder »Begrenzen« sprechen.

Wer sich daher in den ersten Stadien der Übung befindet, sollte diese »eingrenzende« Tätigkeit des Weges nicht vergessen. Wie wir schon gezeigt haben, bedeutet für Dôgen die Welt des Satori das weite unbegrenzte Universum, wo der Weg Anfang und Ende ist, das nur erreicht werden kann, wenn der Standpunkt des Intellekts verlassen wird. Für den gewöhnlichen Menschen besteht die Tätigkeit des Intellekts darin, die unbestimmte Welt der Erfahrung zu erleuchten. Die von der Vernunft erleuchtete Welt wird damit zu einer »hellen Welt«. Wenn man jedoch in dieser hellen Welt verbleibt, bleibt nicht nur das Prinzip des »Dô-moto-en-tsû« – die Einsicht, daß der Weg die Urkraft ist, die alle Dinge begründet und sie bewegt – unsichtbar, sondern auch das Universum ist von Dunkelheit verhüllt. Um denjenigen, der in dieser hellen Welt lebt, die Augen zu öffnen, bereitet der Weg, der das Heil aller Lebewesen will, ihm Hindernisse und stößt ihn in die Dunkelheit zurück. Manchmal hat diese Dunkelheit, wie wir schon gesehen haben, nicht nur existentielle, sondern sogar kosmische Ausmaße, wenn sie sich in den Schmelztiegel des großen Zweifels verwandelt. Diese Art des negativen Wirkens des Weges können wir auch das »einsperrende Wirken« des Weges nennen.

Das negative Wirken des Weges zielt jedoch darauf ab, Leben zu erwecken. Wie wir schon bei dem schallenden Gelächter des alten Mönchkochs gesehen haben, lehnt der Weg alles ab, was in irgendeiner Weise von ihm abweicht. Dieses negative Wirken hat jedoch zugleich auch positive Seiten. Es ist nicht so, daß nach dem negativen Geschehen sich erst das Belebende zeigt, sondern das negative Tun als solches ist positiv. Das »behindernde« Wirken des Weges zielt auf die Einswerdung mit ihm. Aus der Sicht des Übenden bedeutet das durch den Weg »Eingesperrtsein« zugleich, vom Weg belebt zu werden und den Sprung in die Welt des Satori zu tun. Darüber hinaus beinhaltet es das Aufgeben des Verlangens nach Erleuchtung und das Leben in der Freiheit des weiten ungebundenen Universums, wo der Weg Anfang und Ende von allem ist. So können wir verstehen, wie der ganze Prozeß vom Anfänger in der Übung bis zur Erlangung der Erleuchtung vom »eingrenzenden« Wirken des Weges, bzw. seiner negativ-positiven Aktivität, bestimmt wird.

Wir haben schon einige Male den Ausdruck vom »Sprung« in das weite ungebundene Universum, wo der Weg Anfang und Ende von allem ist, gebraucht. Da das Reden vom »Sprung« möglicherweise mißverstanden werden kann, möchte ich weitere Erläuterungen geben. Dieser Sprung bedeutet zunächst nicht, sich von dieser Welt zu lösen und in eine Welt der platonischen Ideen sich zu flüchten. Er bedeutet nichts anderes als daß derjenige, der das Ende der Übung erreicht hat, die Loslösung von der hellen Welt des Satori bewerkstelligen kann, dabei in der vom Helldunkel bestimmten diesseitigen Welt verbleibt und in dieser Welt des Hellen und Dunkels sein Leben weiterführt.

Ein Leben in der Welt des Hellen und Dunkels zu führen, bedeutet, ganz gleich, ob man die Erfahrung der Erleuchtung gemacht hat oder nicht, in Ruhe und Freiheit der fundamentalen Erleuchtung des Weges zu leben. Dabei besteht im Innern die Gewißheit, daß das Helle immer seinen Grund im Dunkel der fundamentalen Erleuchtung des Weges hat. Auch wenn wir umgekehrt ein Dunkel ohne die Erfahrung der Erleuchtung erleben, bleiben wir doch überzeugt, daß dieses Dunkel wiederum seinen Grund in derselben fundamentalen Erleuchtung des Weges hat. Diese innerliche Erkenntnis wird uns ebenfalls vom Weg geschenkt. Auf diese Weise können wir den Sprung in die Welt der Freiheit, die Hell und Dunkel übersteigt, schaffen und in der realen Welt von Hell und Dunkel unser Leben führen.

Dôgen weist die Anfänger auf dem Weg des Buddha auf die Notwendigkeit des Glaubens hin. »Wenn du Glauben hast, dann nehme die Übung auf und lerne den Weg. Hast du keinen Glauben, dann unterbrich für eine Weile« (Buch der Übung). Für einen »Menschen in Richtung auf den Weg« ist der Glaube eines Anfängers jedoch unzureichend, weil er schon in die helle Welt der Erleuchtung eingetreten ist und ein Gefühl der Zufriedenheit verspürt. Den Zustand der Zufriedenheit und der Erleuchtung zu verlassen und sich dem dunklen und unbestimmten Wirken des Weges ganz zu überlassen, ist keine leichte Aufgabe. Denn es bedarf eines festen, unerschütterlichen Glaubens, um in schwierigen Situationen, angefochten von vielen Zweifeln und im Innern von Versuchungen bedrängt, ganz unerschütterlich im Wirkungsbereich des Weges zu beharren. Dôgen kannte aus seiner eigenen Erfahrung dieses Gesetz. Er hat dazu folgendes gesagt:

»Wer sich auf den Weg des Buddha begibt, braucht zuallererst Glauben an den Weg des Buddha. Wer an den Weg des Buddha glaubt, versteht, daß seine eigene Existenz schon immer vom Weg umfangen ist. In diesem Glauben darf er sich nicht irremachen lassen, sich keinem falschen Gedanken hingeben, nicht zittern, noch wanken oder sich täuschen lassen. Auf diese Weise wächst der Glaube, wird der Weg erhellt und der Irrtum vertrieben, darin liegt die Grundlage für das Studium des Weges.«

In diesem Text gibt es wenigstens fünf Punkte, die unsere Aufmerksamkeit verdienen. Da ist zunächst die Überzeugung, daß die Existenz eines jeden schon immer vom Weg umfangen ist. Wenn wir das, was damit gemeint ist, etwas anders ausdrücken, können wir auf das erste Prinzip des »Dô-moto-en-tsû« zurückgreifen, das ja den Glauben ausdrückt, daß wir tatsächlich immer schon mit unserer ganzen Existenz im Wirkungsbereich des Weges leben. Etwas genauer gesagt, bedeutet dieser Glaube, daß wir zwar letztlich auf die Absolutheit der Weisheit des Weges ausgerichtet sind, wir aber unmittelbar erfüllt sind von der absoluten und grundlegenden Macht des Weges, die die Erleuchtung garantiert. Da zweitens das Objekt des Glaubens in der Gewißheit besteht, ganz inmitten des Weges zu existieren, ergibt sich, daß der Glaubende frei von Verwirrung, Dunkelheit und Irrtum ist.

Dies ergibt sich unmittelbar aus dem ersten Prinzip, weil die absolute Kraft des Weges in uns gerade dies bewirkt. Als Drittes gilt es zu beachten, daß für Dôgen der Glaube nicht nur die Annahme des Prinzips des »Dô-moto-en-tsû« bedeutet, sondern zugleich auch seine Manifestation beinhaltet. Für Dôgen ist demnach der Glaube nicht die Tat des glaubenden Subjekts, sondern Ausdruck des Wirkens des Weges. Wenn wir uns für einen Augenblick der Fachausdrücke tariki (mit Hilfe der Kraft eines anderen) und jiriki (aus eigener Kraft) bedienen, dann handelt es sich beim Glauben um tariki. Der Grund liegt darin, daß der Glaube, wenn er die Tat des glaubenden Subjekts wäre, niemals die Qualität erreichen könnte, frei von Verwirrung, Dunkelheit und Irrtum zu sein. Es erübrigt sich eigentlich hinzuzufügen, daß für Dôgen das Wirken des Weges grundsätzlich den Gegensatz von jiriki und tariki übersteigt und man daher beim Glauben eigentlich nicht von eigener Kraft oder Kraft eines anderen sprechen sollte.

Viertens gilt es anzumerken, daß der Glaube zwar unverrückbare absolute Sicherheit darstellt, aber doch ein aktives und schöpferisches Element enthält, weil er den Übenden auf der Suche nach dem Weg antreibt und leitet. Fünftens sollte bedacht werden, daß der dynamische Glaube, immer getragen vom Wirken des Weges, das grundlegende Fundament darstellt, das den ganzen Prozeß der Übung vom ersten Schritt bis zur Vollendung belebt und trägt. Da das Wirken des Weges immer dialektisch ist, wird auch der Prozeß der Übung den Charakter eines dialektischen Geschehens haben, das Gegensätze von Hell und Dunkel, von Übung und Erleuchtung, von Satori und Irrtum beinhaltet und zu einer letzten Einheit bringt.

Diesen Gedanken führt Dôgen in seinem Werk »Bodai Bunpô« weiter aus, wenn er festhält: »Wo immer sich lebendiger Glaube zeigt, da wird auch ein buddhistischer Patriarch geoffenbart.« Da diese Offenbarung eines Patriarchen, unterstützt und getragen vom Wirken des Weges, so etwas wie die Geburt der buddhistischen Patriarchen darstellt, bedeutet sie die Vollendung und den Zielpunkt der Übung. Wie wir schon gezeigt haben, geschieht diese Offenbarung der buddhistischen Patriarchen nur im Umfeld des absoluten Glaubens. Der Glaube ist daher das Fundament, das den ganzen Prozeß der Übung trägt, während der Weg die führende Kraft darstellt, die den Glauben in allen seinen Facetten durchdringt.

Wenn wir Dôgens Erfahrung reflektieren, wird deutlich, daß sein Glaube sich ganz der Begegnung mit dem lebendigen, die ganze Person durchdringenden Glauben von Juching verdankt. Wie wir gesehen haben, wurde »der Große Weg der Buddhas und Patriarchen von der ganzen Persönlichkeit Juchings gleichsam auf die ganze Persönlichkeit Dôgens ausgegossen und so weitergetragen«. Das gleiche kann auch von Dôgens Glauben gesagt werden. Der aus der grundlegenden Kraft des Weges resultierende Glaube nahm in Juchings gesamter Persönlichkeit Gestalt an und wurde so, »wie man Wasser von einem Gefäß ins andere gießt«, Dôgen eingegossen und weitergegeben. Es ist selbstverständlich, daß eine solche Glaubensüberlieferung sich auf der horizontalen Ebene der realen Geschichte ereignet, sie aber andererseits ebenso notwendig im vertikalen Wirken des Weges ihr Fundament hat. Denn aus dem Blickwinkel des vertikalen Wirkens des Weges betrachtet, wird der Glaube einerseits direkt sowohl Juching als auch Dôgen zuteil, während zur selben Zeit durch das horizontale Wirken des Weges der Glaube von der Person Juchings auf die von Dôgen übertragen wird. Diese beiden Aktivitäten stehen in einem Gegensatz zueinander, stellen andererseits aber eine einzige Manifestation des Weges dar, die durch das Wirken des Weges in einer dynamischen Einheit zusammengehalten wird, die nicht statisch, sondern dialektisch verstanden werden muß. Denn in jedem Wirken des Weges zeigt sich diese dialektische Bewegung, die Bewegung in der Ruhe und Ruhe in der Bewegung hervorbringt.

Wenn wir uns wieder daran erinnern, daß der Weg die grundlegende Kraft darstellt, die ganz von dem Verlangen durchdrungen ist, sich aller Lebewesen zu erbarmen und sie zu retten, dann wissen wir, daß es sich beim Glauben von Dôgen nicht um eine kalte intellektuelle Einsicht, sondern um einen von einer warmen Persönlichkeit getragenen Glauben handelt. Denn der Glaube richtet sich letztlich auf den Weg, der ganz von dem Verlangen erfüllt ist, sich aller Lebewesen zu erbarmen und sie zu retten.

Hinzu kommt, wie Juching gelehrt hat, daß der Weg keine Wirklichkeit losgelöst von den geschichtlichen Buddhas und Patriarchen darstellt, sondern »in den Buddhas und Patriarchen ihren Ursprung« hat. Denn jede Manifestation des Weges findet unweigerlich in den Buddhas und Patriarchen, d.h. geschichtlichen Persönlichkeiten, statt. Denn die Buddhas und Patriarchen sind Verkörperungen des Weges. Deshalb ist der Glaube für Dôgen konkret immer auf die Buddhas und Patriarchen als die konkrete Verkörperung des Weges gerichtet. Dôgen sieht daher die Aufgabe, den Glauben immer mehr zu einer persönlichen Sache zu machen.

Wenn wir uns jetzt anschauen, was für Dôgen der oberste Gegenstand der Verehrung darstellt, dann begegnen wir einer Überraschung. Denn für Dôgen ist der oberste Gegenstand der Verehrung nicht der Amida Buddha mit seinem Versprechen, alle, die sich auf sein Gelübde berufen, zu Buddhas zu machen, sondern der geschichtliche Shakyamuni mit den drei Kleinodien: der Hinwendung zum Buddha, Dharma und Sangha. In seinem Verständnis ist Shakyamuni der wahre Ursprung des buddhistischen Weges und das höchste Objekt der Verehrung. Der Glaube richtet sich konkret auf Shakyamuni, der den Weg verkörpert und verwirklicht. So betrachtet ist Dôgens Glaube in einer erstaunlichen Weise der Struktur des christlichen Glaubens ähnlich. Denn der Gegenstand des christlichen Glaubens ist konkret der geschichtliche Jesus, in dem der Weg Fleisch angenommen hat. Es erübrigt sich hinzuzufügen, daß Dôgens Glaube und der christliche Glaube sowohl inhaltlich nicht übereinstimmen als auch sonst verschieden sind.

Die brilliante, dynamische Entfaltung
von Dôgens erstem Prinzip

Aus dem bisher Gesagten ergibt sich, daß Dôgens Meta-Ethik sich auf das grundlegende Prinzip stützt, daß der Weg Ursprung, Antriebskraft und Zielpunkt allen Geschehens ist. Dieses erste Prinzip in Dôgens Verständnis des Weges entfaltet sich in zwei gegensätzlichen Bewegungen, einer vertikalen und einer linear historischen. Das einende Wirken des Weges bringt die beiden in einer dialektischen Einheit zusammen, die uns das Universum als eine wunderbare Einheit zeigt, in der der Weg der Anfang und der Zielpunkt ist. Hinzu kommt, daß die beiden gegensätzlichen Bewegungen zu ihrem gemeinsamen Ursprung wieder zurückkehren. Die vertikale Bewegung gibt dabei den Anstoß für den Einstieg des Übenden in die asketische Praxis, ist ihr Fundament, enthält in sich die Fülle der Erleuchtung und bringt den Übenden in ihrer Manifestation zum ersten Prinzip wieder zurück. In diesem Prozeß der Rückkehr offenbart das erste Prinzip durch die Vermittlung des Buddha und der Patriarchen seine dynamische und vollendete Gestalt. Auch die Entfaltung in der Geschichte offenbart die Wirksamkeit des ersten Prinzips, wie es in der ganzen Weite des Universums von Buddha zu Buddha, von Patriarch zu Patriarch überliefert wird, aber zugleich auch in jedem Augenblick in seiner ganzen Fülle anwesend und wirksam ist. In diesem Hin- und Herfließen zeigt sich uns die gesamte dynamische Struktur des ersten Prinzips, das seine Authentizität durch die Weitergabe von Buddha zu Buddha und von Patriarch zu Patriarch erhält. Die gegenläufige Bewegung wird durch das dialektische Wirken des Weges zu einer Einheit zusammengefaßt, die die wundervolle dynamische Gesamtstruktur dieses ersten Prinzips herausstellt. Diese großartige Dynamik erscheint wie ein Rollbild, das eine kreisläufige Bewegung zeigt, die von dem ersten Prinzip ausgeht und wieder in es zurückkehrt. Beginnend von einem unberührten reinen Punkt noch vor der Entstehung des Alls nimmt es seinen Weg durch die Geschichte und wird in einer direkten Linie der Überlieferung von Buddha zu Buddha weitergetragen. Bisher war es üblich, davon zu sprechen, daß der Buddhismus ein zyklisches Geschichtsverständnis habe, während das christliche Geschichtsbild von einem linearen Verständnis der Heilsgeschichte bestimmt sei. Diese Ansicht ist, was das Geschichtsverständnis Dôgens angeht, ganz sicher nicht länger haltbar.

In seinem Werk »Gyôji« (Übung des Weges) hat Dôgen seine Meinung wie folgt dargelegt: »Weil der große Weg des Buddha und der Patriarchen immer verehrt und begangen wurde, hat sich diese zyklische Bewegung ohne irgendeine Unterbrechung bis auf den heutigen Tag fortgesetzt. Menschen haben sich auf den Weg gemacht, die Übung auf sich genommen, sind zur Erleuchtung gelangt, haben die wahre Weisheit erlangt und sind in das Nirvana eingegangen. Dies geschieht ohne Unterlaß die ganze Zeit. Die wahre Aszese besteht nicht darin, sich selber zu zwingen, auch nicht darin, andere unter Druck zu setzen. Das wahre Verdienst der aszetischen Übung zeigt sich darin, daß sie frei und unbeschmutzt von weltlichem Verlangen uns trägt und uns mit Leben erfüllt. In diesem Sinne erstreckt sich das Verdienst unserer Übung auf das gesamte Universum, auch wenn kein anderer, ja nicht einmal ich selber, dies merkt.«

»Das ist auch der Grund, warum die aszetischen Bemühungen des Buddha und der Patriarchen unsere Aszese erst möglich machten und uns den Weg ins Universum ermöglichten. Anders gesagt, durch unsere aszetischen Bemühungen werden die Taten des Buddha und der Patriarchen offenbar, und es zeigt sich, daß der Weg des Buddha und der Patriarchen alle Bereiche des Universums erreicht.«

Dieser Text zeigt deutlich, daß Dôgen die verschiedenen Stadien: Berufung, Eintritt in die Übung, Erleuchtung, Weisheit und Erlangung des Nivarna als eine horizontale Bewegung versteht. In gleicher Weise versteht er auch die Gegenbewegung: unsere Anstrengungen und die des Buddha und der Patriarchen als eine horizontale Bewegung. Eine solche horizontale Bewegung findet sich aber nicht nur in diesem Text, sondern ebenfalls an vielen Stellen im Shôbôgenzô. In jedem Fall steht außer Zweifel, daß sich in Dôgens Meta-Ethik des Weges das Verständnis einer horizontalen direkten Bewegung findet. Diese lineare Bewegung zielt auf die Rettung aller Lebewesen und hat durchaus den Charakter einer linearen Heilsgeschichte.

Es gibt aber noch etwas anderes bei dem gerade zitierten Text zu beachten. Dôgen spricht von dem Verdienst von Anstrengungen, die »frei und unbeschmutzt von weltlichem Verlangen« sind. Da diese Anstrengungen vertikal aus dem Wirken des Weges resultieren, sind sie getragen von der absoluten, grenzenlosen und alles durchdringenden Kraft des Weges. Wenn also das Verdienst dieser Anstrengungen (ihre alles durchdringende absolute Kraft) mich belebt und mich motiviert, dann ist es auch nur selbstverständlich, wenn meine Anstrengungen durch die Unterstützung des alles durchdringenden Wirkens des Weges auf alle Dinge im Himmel und auf Erden sich auswirken. Durch das vertikale Wirken des Weges werden meine begrenzten Anstrengungen von der absoluten, alles durchdringenden Kraft des Weges durchdrungen und haben dadurch Anteil am horizontalen Wirken des Weges und wirken sich auf alle Dinge im Himmel und auf Erden aus. Meine Anstrengungen werden so zu einer Art Kreuzung, wo sich das vertikale und horizontale Wirken des Weges begegnen.

Auf diesem Hintergrund ist es uns möglich, den nachfolgenden Text von Dôgen zu verstehen:

»Unter den einfachen und wahren Gesetzen des Buddha ist jenes das höchste: Hocke in Meditation, und Leib und Geist werden dir ausfallen. Sollte einer auch nur ein einziges Mal in Meditation hocken, so würde er in seiner dreifachen Leistung mit dem dreifachen Siegel des Buddha markiert, auch die ganze Welt um ihn herum würde ebenfalls mit dem Siegel Buddhas gezeichnet, und die weiten leeren Räume würden an der Erleuchtung teilhaben« (Bendôwa).

Der Text fährt dann fort mit der Feststellung, daß das Verdienst des Zazen darin besteht, den ursprünglichen Ruhm aller Buddhas zu mehren und die Pracht des Weges des Buddha herauszustellen, weil alle Dinge in ihrer Gesamtheit die Erleuchtung erlangen, alle am Leib Buddhas teilhaben, ihr ungezügeltes Verlangen nach Erleuchtung vergessen und zur höchsten Weisheit gelangen werden. Die Hauptaussage dieses Absatzes liegt also darin festzuhalten, daß das Zazen durch das unbegrenzte Wirken des Weges des Buddha zur Befreiung, d.h. zum Ausfall von Leib und Geist, führt. Selbst ein einmaliges Hocken in der Meditation hat noch die Kraft, die gesamte wandelbare Welt (das gesamte Universum) in die Gestalt des Buddha umzuwandeln, nicht nur alle Dinge in der vergänglichen Welt (das unerleuchtete Universum) jedes für sich zum Satori zu bringen, sondern auch alle Buddhas und die Gesamtheit aller Dinge in die prächtige Gestalt des Buddha zu verwandeln.

Die Annahme, daß »die einmalige kurze Übung des Zazen eines einzelnen Menschen« durch das vertikale Wirken des Weges eine gewaltige horizontale Wirkung auf das gesamte Universum, auf alle Buddhas und alle Dinge haben kann, ist eine anschauliche Offenbarung der Dynamik von Dôgens grundlegendem ersten Prinzip und offenbart das herausragende Wirken des Weges, das sich darin zeigt. Daß auch eine nur zeitweilige Übung des Zen eines einzelnen Menschen eine solch gewaltige Wirkung haben kann, die sich auf das gesamte Universum auswirkt, sollte uns wirklich mit Erstaunen erfüllen. Der Weg durchdringt durch sein gewaltiges ungebundenes Wirken das gesamte Universum und verwandelt jeden Winkel darin. Wenn das Zazen mit diesem Wirken des Weges zu einer Einheit verschmilzt, dann kann es, gleichsam seines Ichs entbunden, das gesamte All zur Bühne seines freien und ungezwungenen Spiels machen. Das ist gemeint, wenn Dôgen vom Universum als »Spielfeld« spricht. Zugleich ist es aber auch Ausdruck für das Erbarmen des Buddha, das sich auf alle Lebewesen erstreckt. Für uns Laien, die wir das gewaltige ungebundene Wirken des Weges am eigenen Leibe noch nicht verspürt haben, mag dies schwer zu glauben sein. Wenn wir jedoch die alt-ehrwürdigen religiösen Texte richtig verstehen und interpretieren wollen, dann sollten wir uns das zu eigen machen, was Izutsu Toshihiko in seinem Buch »Über das richtige Lesen des Koran« (Verlag Iwanami) sagt, daß es darauf ankommt, die Bereitschaft zu haben, das, was geschrieben steht, als tatsächliche Gegebenheit anzunehmen. Für uns, die wir uns um die Entwick‐lung einer Theologie des Weges bemühen, ist es wichtig, die dynamische und erhellende Manifestation des ersten Prinzips von Dôgen als Erhellung des gewaltigen Wirkens von Christus, dem Weg, zu verstehen. Im nachfolgenden Hauptteil wollen wir diese Theologie des Weges weiter entwickeln und darstellen.

III. Die Theologie des Weges

Einleitung: Jahwes Wirken voller Barmherzigkeit

Wir haben die Werke von Bashô und Dôgen sorgfältig gelesen, und mit Bashô und Dôgen sind wir gemeinsam unterwegs gewesen in der Suche nach dem Weg. Dabei haben wir vieles gelernt, was uns zum Aufbau einer Theologie des Weges hilfreich sein kann. Indem wir von den Früchten dieser Untersuchung Gebrauch machen, wollen wir das Neue Testament unter Anspannung aller Kräfte lesen und uns immer mehr auf die Reise begeben, um Christus, den Weg, zu finden.

Die Reise zu Christus, dem Weg, wird uns aber notwendig die Durchquerung einer weiten, noch von keinem Menschen betretenen Wüste abverlangen. Denn, wie K. Kopf festgestellt hat, kommt der Begriff des Weges zwar in der Heiligen Schrift häufig vor, ist aber bisher nur unzureichend behandelt worden. Soweit mir bekannt ist, ist noch kein einziges theologisches Buch über »Christus, der Weg« erschienen. Unter diesen schlechten Bedingungen gleicht die Untersuchung des Themas »Christus, der Weg« eher dem Klettern auf einem steilen Bergpfad. Denn durch die gewaltigen Entwicklungen auf dem Gebiet der biblischen Hermeneutik und Exegese ist das richtige Lesen der Bibel nicht mehr so einfach, wie es früher einmal war. Da jeder einzelne Vers der Bibel von verschiedenen Bibelwissenschaftlern unterschiedlich interpretiert wird, geht es darum, die ganze Vielfalt der Deutungen gründlich zu studieren, und sich die am wahrscheinlichsten richtige herauszusuchen. Unter Berücksichtigung des besonderen Charakters des vorliegenden Buches möchte ich bei dieser Problematik folgendermaßen vorgehen. Da das vorliegende Buch ursprünglich kein für nur christliche Leser verfaßtes theologisches Werk ist, sondern auch ein philosophisches Nachdenken für den gewöhnlichen nichtchristlichen Leser darstellt, werde ich hermeneutische und exegetische Untersuchungen nach Möglichkeit vermeiden. Wer sich für diese Fragen interessiert, findet in einer von mir an anderer Stelle (Einleitung in eine Theologie des Weges, in der Monatszeitschrift »Seiki«, Januar 1985 bis September 1988) veröffentlichten Abhandlung entsprechende Hinweise. Für die hier vorliegende Abhandlung möchte ich nur in den notwendigen Fällen mich dieser Problematik zuwenden.

Wechsel von modernen zu hebräischen Existenzvorstellungen

Um die Heilige Schrift richtig verstehen zu können, müssen wir auch die letzten Regeln der modernen Interpretationslehren sorgfältig anwenden. Weil jeder Text eines Autors aus dem Lebenshorizont des Lesers der damaligen Zeit hervorgegangen ist, kann eine richtige Interpretation des Textes nur gelingen, wenn dieser Lebenshorizont mit einbezogen wird. Dieser Horizont wird sich in den meisten Fällen von unserer Lebenswirklichkeit unterscheiden. Dann wird es notwendig sein, daß wir versuchen, den Lebenshorizont des Verfassers kennenzulernen und unseren modernen Lebenshorizont so zu erweitern und zu verändern, damit wir uns den Lebenshorizont der damaligen Zeit wirklich zu eigen machen können. Worin unterscheidet sich denn der Lebenshorizont der Bibel von unserem modernen Standpunkt? Wir können zumindest die zwei folgenden Unterschiede nennen: Da ist erstens der Unterschied zwischen dem Menschen- und Gottesbild. Abraham, Isaak, Jakob, Mose und andere Hauptfiguren des Alten Testaments waren zeit ihres Lebens Wanderer, die Tausende von Kilometern zu Fuß zurücklegten und die einen ganz anderen Lebenshorizont hatten als wir heutigen Reisenden, die die Produkte der modernen Zivilisation wie Schnellzüge und Flugzeuge, aber nicht mehr die eigenen Körperkräfte gebrauchen. Zunächst mußte der Wanderer früherer Zeit sich physisch bewegen, handeln, denken, sprechen und mit anderen Menschen in Kontakt treten. Dabei verstand er den Menschen immer als eine Einheit

von Leib und Geist. Der moderne Reisende gebraucht zunächst
einmal seinen Kopf zur Planung und benutzt seinen Körper möglichst wenig und, da er in erster Linie als Tourist unterwegs ist,
gibt er dem Verstand oder dem Geist den Vorzug, während er
den Gebrauch des eigenen Körpers an die letzte Stelle stellt. So
entsteht eine Dichotomie zwischen Geist und Leib, und selbst
wenn er die beiden als Einheit sieht, gibt er in dieser Einheit doch
dem Geist vor dem Leib den Vorzug. Weil das Christentum, das
sich unter dem Einfluß griechischen Denkens entwickelt hat, das
Wesen des Menschen als Vernunft und Wille definiert und die
Bedeutung des Leibes in der Begegnung mit Gott übersieht, mit
der Begründung, daß Vernunft und Wille allein Gott verstehen
und lieben können, war es nicht in der Lage, das Menschen- und
Gottesbild der Bibel wirklich auszuschöpfen. Seit kurzem hat sich
in der westlichen Theologie und Exegese das Verständnis durchgesetzt, daß Gott ein wirkender Gott ist, und daß der Mensch
diesem wirkenden Gott ähnlich ist. Um es mit den Fachausdrücken aus der Philosophie Nishidas zu sagen: Wie der Gott der
Bibel ein handelndes Subjekt ist, so ist der Mensch in der Bibel
ein handelndes Selbst. Demgegenüber verstand das westliche
Christentum Gott als die höchste Vernunft und sah entsprechend
den ihm ähnlichen Menschen als vernünftiges Subjekt bzw. als
mit Willenskraft ausgestattetes Selbst. Der Unterschied zwischen
den beiden wird deutlich, wenn man sich den Fragen stellt, die
diesen beiden Ansichten zugrunde liegen. Die griechische Vernunft stellt die Frage: »Was ist es?« (Quid est?) und macht das
Wesen zum Gegenstand der Frage. Demgegenüber fragt die Weisheit in der Bibel: »Wer ist es?« (Quis est?) und möchte wissen,
wer das Gegenüber als Subjekt ist. Dabei ist das hebräische Denken nicht der Ansicht, daß das Subjekt zunächst einmal existiert
und dann zu wirken beginnt, es sieht vielmehr im Wirken das
Subjekt sich offenbaren. Ariga Tetsutaro hat dies knapp so for-
muliert: Das Subjekt entspricht dem Handeln, das Handeln entspricht dem Subjekt.

Der zweite Unterschied liegt in der Wortbedeutung und dem
Gewicht, das dem Wort zukommt. Während für den modernen
Menschen ein Wort die Gedanken, die Willensäußerungen und

das Gefühl eines Menschen ausdrückt, war das Wort für den hebräischen Menschen der Antike die Offenbarung des tiefsten Wesens des sprechenden Menschen und Ausdruck seiner ganzen körperlichen und geistigen Energie. Das Wort war im Hebräischen nicht nur Wort, sondern zugleich auch Ereignis und ein die Dinge veränderndes Wirken. Wenn wir die Heilige Schrift verstehen wollen, dann müssen wir die überwältigende Kraft des Wortes Gottes verstehen, die unsere Vorstellungen übersteigt. Das Wort Gottes: Es werde Licht! am Anfang der Genesis ist Ausdruck des Wirkens Gottes, das Licht schafft. Es ist gleichbedeutend mit dem Geschehen, daß das Licht zu existieren beginnt. T. Bowman hat im Hinblick auf die Bedeutung des Wortes in der Heiligen Schrift folgendes gesagt, das für unsere Interpretation der Bibel von jetzt ab von großer Bedeutung sein wird: »Inmitten der Worte (dabar) wird das eigentliche Wesen Jahwes verkündet, und wer Jahwes Wort (dabar) annimmt, wird Jahwe erkennen. Worte sind mehr als Teilfunktionen, sie sind mehr als Emanationen oder Hypostasen Jahwes, sie sind die höchste Form der Offenbarung Gottes. Das Wort ist Gott. Aus diesem Grund ist es dem sterblichen Menschen möglich, Gott zu erkennen.«

Wenn wir Christus, den Weg, der uns im Neuen Testament überliefert wird, richtig verstehen wollen, dann müssen wir eine Erfahrung vom Gott des Alten Testaments haben. Denn ein Verständnis von Christus, dem Weg, im Neuen Testament hat ein Wissen um die Gotteserfahrung im Alten Testament zur Voraussetzung. Wegen des geringen uns hier zur Verfügung stehenden Platzes wollen wir uns aber damit begnügen, nur das für unsere Zwecke absolut Notwendige von der Gotteserfahrung des Alten Testaments zu behandeln. So werden wir folgende Aspekte behandeln: 1. Der Gott des Alten Testaments ist ein wirkender Gott, der die Rettung der Menschheit will; 2. er ist der Gott, der Abraham, Isaak und Jakob ins Land der Verheißung führt; 3. er ist der Gott, der durch Mose mit mächtiger Hand Israel aus der Knechtschaft Ägyptens befreit, am Sinai mit ihm den »Bund der Liebe« schließt und sich auf dem beschwerlichen Weg ins Land der Verheißung immer als »Gott-mit-ihnen« erweist und 4. der treu zu seinem Bund steht, auch wenn Israel den »Bund der Liebe«

seinerseits gebrochen hat. Dabei ist die Mose geschenkte Selbstoffenbarung Gottes ein äußerst wichtiger Schlüssel für unser Verständnis von Christus, dem Weg.

Die Gotteserfahrung von Mose
in der göttlichen Selbstoffenbarung

Um das Jahr 1300 v. Ch. zogen die Israeliten nach Ägypten, wo
sie unter der Herrschaft von Ramses II. als Sklaven Fronarbeit
leisteten. Um diese Zeit erschlug Mose einen Ägypter und floh
vor der Verfolgung in das Land Midian. Am Berg Horeb hatte
er eine Erscheinung Gottes, in der Gott Mose mit einem schwierigen Auftrag betraute. Er sollte das israelitische Volk, das in
Ägypten unter der gewaltigen Macht des Pharao Fronarbeit lei-
stete, befreien und in das Land führen, wo »Milch und Honig
fließt«. Der Pharao war nicht allein König, sondern wurde auch
als Gott angesehen und verfügte über absolute Macht (Theokra-
tie) auf politischem, wirtschaftlichem und militärischem Gebiet.
Ein Herausführen aus Ägypten ging daher schlechthin über
menschliche Kraft hinaus. Gott ließ aber viele Plagen über Ägypten kommen, und der Pharao mußte die Juden wohl oder übel
ziehen lassen. Durch das gewaltige Wirken Gottes war Mose in
der Lage, den Auszug aus Ägypten zu bewerkstelligen. Der Exodus aus Ägypten stellt für das jüdische Volk Gottes gewaltiges
Wirken dar, das von den Eltern an die Kinder, von Geschlecht
zu Geschlecht, weitererzählt wurde und zur unvergeßlichen Geschichte geworden ist. Geschichte ist ja zunächst einmal ein hi-
storisches Geschehen, das von den Menschen von Mund zu Mund
weitererzählt zu einer Geschichte wird, die die Seele eines Volkes
bestimmt und zur Entstehung einer völkischen Gemeinschaft
nicht nur dem Namen nach, sondern auch in Wirklichkeit führt.
Die Geschichte des Exodus wird am Pesachfest erzählt, und jedes
Mal wird sie für das jüdische Volk wieder zur Wirklichkeit (Dt
6,20ff. und Dt 26,6ff.). Sie ruft in Erinnerung, daß der Gott, der
damals sein Volk herausführte, auch heute wirksam ist und Zeichen seines machtvollen Wirkens in die Seelen einschreibt. Dieses

Geschichtsverständnis hat das Christentum später übernommen und zum die ganze Menschheit umfassenden Begriff der Heilsgeschichte erweitert und vertieft.

Zu dieser Geschichte gehören die folgenden vier wichtigen Ereignisse: 1. Die Erscheinung Gottes am Horeb und der Auftrag an Mose, 2. die Befreiung aus der Gewalt des Pharao, 3. die wunderbare Rettung am Schilfmeer und 4. der am Sinai geschlossene »Bund der Liebe«. Von diesen Ereignissen wollen wir hier nur das erste ausführlicher betrachten.

Mose hatte seine Schafherde ins Innere der Wüste zum Berg Gottes, dem Horeb, getrieben, wo er die Erscheinung Gottes hatte. Gott erschien ihm in der seltsamen Erscheinung des »brennenden aber nicht verbrennenden Dornbusches« und richtete das Wort an ihn. Gott teilte Mose seinen Entschluß mit, das jüdische Volk zu retten, und ferner, daß er Mose zur Ausführung dieses Planes senden wolle. Gott offenbarte Mose seinen Plan, das jüdische Volk aus dem Joch des Pharao zu retten und es in ein Land zu führen, in dem »Milch und Honig fließen«. Bei dieser Absicht Gottes handelt es sich nicht um eine ewige Idee, sondern um eine Entscheidung, innerhalb der Geschichte die Widerstände zu überwinden und tätig zu werden und durch dieses Wirken verändernd in die Geschichte einzugreifen. Hierin zeigt sich, daß Gott eine die Geschichte tief verändernde Macht ist. Bei der Weisung an Mose handelte es sich nicht nur um eine feste Willensentscheidung Gottes, sondern es ist auch ein Ausdruck seiner Liebe, wie sich in den Worten von »meinem Volk« zeigt und in der Aussage: »Ich habe das Elend meines Volkes ... gesehen und ihre laute Klage ... gehört« (Ex 3,7). Diese Bezeugung der warmen Liebe Gottes hat sich nicht nur in das Herz von Mose tief eingegraben, es rührte das Herz des jüdischen Volkes und es erweist sich auch heute als eine die Wirklichkeit verändernde Kraft.

Angesichts der Schwere seines Auftrags und der vielen Schwierigkeiten, die sich vor ihm auftürmten, begann Mose vor Angst und Bedrängung zu zittern. Da erging Gottes Wort an ihn: »Ich bin allezeit mit dir«. Dieses »Mitsein« Gottes stellt ein äußerst dynamisches Wirken dar. Gott schließt Mose gleichsam in sein eigenes Wirken mit ein, so daß er mit Leib und Seele von diesem

Wirken erfüllt wird. Dieser Gott des »Mitseins« verkündet Mose seinen eigenen Namen (der sein eigenes Wesen ausdrückt) in den Worten: »ähjäh asär ähjäh« (Ich bin der »Ich bin da«). Das Wort »ähjäh« bezeichnet die erste Person Singular des Kausativ Hiphil des Verbes »hahyah« (sein, existieren). Damit wird angezeigt, daß eine Handlung beschrieben wird, die Gegenwart, Vergangenheit und Zukunft umfaßt. Es gibt daher kein besseres Wort, um die Dynamik von Gottes Wirken, das die ganze Geschichte durchdringt, auszudrücken. Wie es im Buch Jesus Sirach heißt, ist »Der da ist« tiefer als jede Tiefe, so daß niemand ihn ergründen kann, obwohl doch alle Geschöpfe der Erde seine Herrlichkeit verkünden. Von daher ergibt sich, daß das zweimal wiederholte »ähjäh« als Bezeichnung des Namens Gottes letztlich nichts anderes sagen will, als ein das Verständnis des Menschen übersteigendes Geheimnis auszudrücken. Aus diesem Grund handelt es sich beim Namen Gottes keineswegs um eine Definition Gottes, es soll vielmehr zum Ausdruck gebracht werden, daß Gott ein alle Definitionen übersteigendes tiefes Geheimnis darstellt. Doch dieses tiefe Geheimnis hat das Volk Israel geliebt, hat seinen Namen ihnen geoffenbart und gewollt, daß sie ihn mit dem richtigen Namen anrufen. Der Grund dafür liegt darin, daß Gott seine »liebende Zuwendung« als eine von Person zur Person gehende Liebe verstanden wissen wollte. Denn der Gott der jüdisch-christlichen Tradition ist nicht, wie Japaner gewöhnlich annehmen, ein transzendenter absoluter Gott, der aufgrund von Überlegungen der menschlichen Vernunft erkannt wird. Auch wenn er in der ersten Begegnung als tiefes Geheimnis erscheint, so ist er doch eine Person, die in einer ganz persönlichen Begegnung, wie von Mensch zu Mensch unserem Innern ganz nahe und ein Gott ist, der ganz unverfälscht von uns erfahren werden kann. Da es sich hier um ein tiefes Geheimnis handelt, das die menschliche Vernunft übersteigt, handelt es sich um einen transzendenten Gott. Damit ist aber nicht eine Transzendenz im räumlichen Sinne gemeint. Vielmehr handelt es sich um eine Transzendenz, die alle relativen Erscheinungen in dieser Welt absolut übersteigt und Gottes transzendentes absolutes Wesen ausmacht. Da diese Gotteserfahrung eine echte menschliche Erfahrung darstellt, wird sie zu einem Wissen, das nicht in den Grenzen der menschlichen Vernunft gefangen bleibt, sondern keinen Raum für Zweifel oder Fehler läßt. Die wirkliche Natur Gottes, die in diesem Wissen erkannt wird, läßt sich grundsätzlich nicht in Worten der menschlichen Sprache ausdrücken und wird daher wohl am besten, wenn man überhaupt eine Beschreibung versucht, in der Form eines Paradoxes ausgedrückt. Die gewöhnlich in der jüdisch-christlichen Tradition gebrauchten Kategorien, um das Wesen Gottes auszudrücken, wie Transzendenz und Immanenz, die väterlichen bzw. die mütterlichen Aspekte Gottes, sind insgesamt eigentlich nicht zutreffend. Wenn man sie schon gebrauchen will, sollte man dies auf paradoxe Weise tun und von Transzendenz in der Immanenz, von Vaterschaft in der Mütterlichkeit sprechen. Weil Gott absolut transzendent ist, kann er, wie Augustinus gesagt hat, »mir näher sein als ich mir selbst bin«. Da er ein überaus barmherziger Vater ist, kann Gott durch das strenge »Gebot der Liebe« die Menschheit in seinen Schoß führen.

In der jüdisch-christlichen Religion spielt der Gedanke des Bundes zwischen Gott und den Menschen sicher eine sehr wichtige Rolle, auf die wir hier wegen des Mangels an Platz nicht ausführlicher eingehen können. Wir wollen uns daher auf drei Punkte beschränken:

1. Der Begriff des Bundes ist ursprünglich kein theologischer Begriff, sondern drückt die Blutsverwandtschaft aus, die durch den Bund der Liebe zwischen Mann und Frau entsteht. Gott hat einen solchen Bund, der auf seiner »warmen Zuneigung« beruht, durch Mose geoffenbart, und das Volk Israel hat seine Zustimmung gegeben, alle Verpflichtungen, die sich aus diesem »Bund der Liebe« ergeben, zu erfüllen, und so wurde schließlich der Bund geschlossen.

Wie Mann und Frau geloben, den Bund der Liebe ihr Leben lang zu halten und alles ihm Entgegenstehende zu vermeiden, so sind aus dem »Bund der Liebe« die zehn Eidesworte (Zehn Gebote) hervorgegangen, die im Urtext auch die »Zehn Worte« heißen. Bei den Zehn Geboten handelt es sich nicht um eine auf dem Naturgesetz beruhende Ethik oder Moral, sondern es ist zu beachten, daß es sich ursprünglich um Eidesworte handelt, die aus dem Bund der Liebe sich ergeben.

2. Die Zehn Gebote stellen keine von Gott verhängten Verbote dar, sondern sind negative Aussagen in der Form: »Du sollst nicht ... tun«! Das erste Gebot lautet: »Du sollst keine fremden Götter neben mir haben.« Da Menschen, die mit Gott in einem Bund der Liebe verbunden sind und in Gemeinschaft mit Gott stehen, im Innern aus dem Geist heraus leben, werden sie auch ohne die Verkündigung der Zehn Gebote keines der Dinge tun, die dort aufgezählt werden. Das ist der Grund, warum eine negative Aussage ausreicht (Sekine Masao). Das Erste Gebot fordert daher nicht in erster Linie einen Monotheismus unter Ausschluß der Verehrung aller anderen Götter, sondern erscheint vielmehr als Konsequenz aus dem Bund der Liebe, der zur Verehrung dieses einen Gottes drängt (Ex 18,11 und Ri 11,24). Daß sich aus der Verehrung eines Gottes ein absoluter Monotheismus ergeben hat, das finden wir beim Deutero-Jesaja (Jes 46,8-10; 45,5-7). Aber auch Deutero-Jesaja »will damit keine theologisch-philosophische Wahrheit feststellen, sondern ausdrücken, daß Gottes Einzigartigkeit als Herr der Geschichte nur im Bekenntnis derer, die daran glauben, sich manifestiert« (von Rad). In diesem Sinn bedeutete das Bekenntnis zum Monotheismus noch nicht die polemische Verwerfung anderer Religionen.

3. Was hat Mose wohl gefühlt, als er die Begegnung mit diesem so von Liebe erfüllten Gott hatte? Im Buch Exodus heißt es: »Da verhüllte Mose sein Gesicht; denn er fürchtete sich, Gott anzuschauen« (Ex 3,6). Denn an anderer Stelle heißt es: »Kein Mensch kann mich sehen und am Leben bleiben« (Ex 33,20) – ein Gedanke, der das ganze Alte Testament durchzieht. Es ist also durchaus angebracht, das so zu verstehen, daß Mose damals geistig gestorben ist (Sekine Masao). Mit diesem geistigen Tod ist gemeint, daß er nach der Begegnung mit der absoluten Macht Gottes in sich jedes Verlangen nach den geschöpflichen Dingen überwand und im Überstieg über sein kleines Ich den Entschluß faßte, sich ganz und ausschließlich dem Dienste Gottes zu widmen. Mose gelang es, sich von jeder menschlichen Anhänglichkeit zu befreien und durch den einmaligen Tod zu einer persönlichen

Partnerschaft mit Gott zu gelangen. So erreichte er die vollkommene Freiheit von jeder Bindung an eine Nation oder die Welt und wurde zu einem selbständigen Selbst.

Jahwe war der Weg

Gott hatte zu Mose gesagt:»Ich bin der Gott deines Vaters, der Gott Abrahams, der Gott Isaaks und der Gott Jakobs« (Ex 3,6). Diese Worte kommen auch an anderen Stellen des Alten Testaments vor, um das Wesen Gottes auszudrücken. Auch Jesus gebraucht sie im Neuen Testament auf dieselbe Weise. Sie sind daher als Schlüsselworte zu verstehen, die ausdrücken wollen, wer der Gott der Bibel eigentlich ist. Gott hat sich den Patriarchen Abraham, Isaak und Jakob offenbart, hat sie in die Realität seines tiefen Erbarmens hineingezogen und mit dem Geist Gottes erfüllt. Dann hat er sie aus der Bindung an Eltern und Verwandte losgerissen, sie aufgefordert, ihre Heimat zu verlassen und sie in das Land der Verheißung geführt. Auch wenn diese Reise für die gesamte Großfamilie eine lebensgefährliche Krise darstellte, war Gott doch zu jedem Augenblick der Reise unter ihnen gegenwärtig, bewahrte sie und führte sie schließlich ins Land der Verheißung. Durch die Worte der Verheißung und des Segens, die Gott an sie richtete, hat er im Vorgriff auf die Zukunft, unter ihnen im Wirken gegenwärtig, die Verheißungen eine nach der anderen Wirklichkeit werden lassen. Gott war auf ihrer Wanderschaft zugleich die innere Antriebskraft und das Ziel ihrer Reise. Das ist das Bild, das die Bibel von ihnen zeigt, daß sie zugleich Gott als Ausgangs- wie auch als Zielpunkt ihrer Reise erfahren. Auch wenn sie Gott noch nicht »Weg« nennen, war er in Wirklichkeit für sie doch der Weg.

Wie haben Mose und das Volk Israel das Wirken Gottes, des Weges, erfahren? Im Buch Exodus (3,7-10) wird Gottes Handeln wie folgt beschrieben:

»Der Herr sprach: Ich habe das Elend meines Volkes in Ägypten gesehen, und ihre laute Klage über ihre Antreiber gehört. Ich kenne ihr Leid. Ich bin herabgestiegen, um sie der Hand der

Ägypter zu entreißen und aus jenem Land hinaufzuführen in ein schönes, weites Land, in ein Land, in dem Milch und Honig fließen ... Jetzt ist die laute Klage der Israeliten zu mir gedrungen, und ich habe auch gesehen, wie die Ägypter sie unterdrücken. Und jetzt geh! Ich sende dich zum Pharao. Führe mein Volk, die Israeliten, aus Ägypten heraus.«

Das Handeln Gottes bestand in einem persönlichen Handeln darin, daß er erstens das Elend seines Volkes »gesehen, gehört und zur Kenntnis genommen« hatte. Zweitens darin, daß Gott das Volk aus der Hand der Ägypter entreißt und herabsteigt, um sie hinaufzuführen. Wie das Wort vom Herausführen deutlich macht, handelt es sich hier um eine Aktivität, die die Gesellschaft verändert, die das Volk Israel wirklich aus Elend und Sklaverei befreit und in die Geschichte verändernd eingreift. Gott nennt Israel drittens »mein Volk«, weiß um ihr Elend und steigt aus Liebe herab, um rettend einzugreifen. Mose gegenüber, der vor der Übernahme seines schwierigen Auftrags vor Angst zittert, sagt Gott: »Ich bin mit dir« (Ex 3,12). Während der Ausführung seines Auftrags geht der Herr stets mit ihm, gibt ihm Kraft und läßt ihn sein Ziel erreichen. Dies wird symbolhaft deutlich in einem Ereignis auf der Reise nach Kanaan.

»Immer, wenn die Wolke sich von der Wohnstätte erhob, brachen die Israeliten auf, solange ihre Wanderung dauerte. Wenn sich aber die Wolke nicht erhob, brachen sie nicht auf, bis zu dem Tag, an dem sie sich erhob. Bei Tage schwebte über der Wohnstätte die Wolke des Herrn, bei Nacht aber war an ihr Feuer vor den Augen des ganzen Hauses Israel, solange ihre Wanderung dauerte« (Ex 40,36-38).

Die Erinnerung daran, daß Gott im Zelt gewohnt und sein Volk auf der Reise begleitet hat, ist sehr wichtig für das Verständnis der Inkarnation des Wortes im Neuen Testament, denn, wie wir später ausführen werden, heißt es dort: »Das Wort hat unter uns gewohnt« (Joh 1,14), wobei es im Urtext wörtlich heißt, »hat unter uns sein Zelt aufgeschlagen«.

1. »Das Wort als Weg« –
Überblick und Zusammenschau

Einleitung: Zwei Zugänge zum Verständnis von Christus als dem Weg

Unter der Führung von Bashô und Dôgen haben wir die ersten Schritte zum Verständnis des Weges unternommen, dann im Alten Testament das gewaltige Wirken Gottes, der Weg ist, entdeckt und sind jetzt bei der letzten Stufe angelangt, um Christus, den Weg, intensiv zu studieren. Um dies zu tun, ist es wichtig, uns über unseren Zugang zur Beschäftigung mit Christus, dem Weg, klar zu sein. Es wird ein Ansatz ein, der sowohl das einbezieht, was wir von Bashô und Dôgen gelernt haben, als auch das, was uns das Alte Testament gelehrt hat. Aus dem, was wir bisher gelernt haben, ergibt sich dann, daß der erste Gesichtspunkt immer das Wirken des Weges sein wird. Hinzu kommt, daß wir zur selben Zeit uns immer auch fragen müssen, wie das Wirken des Weges uns selber betrifft. Denn, wie wir bei der Untersuchung des Verständnisses des Weges bei Bashô und Dôgen schon gesehen haben, gibt es keine wirkliche Erfahrung vom Wirken des Weges, wenn wir uns nicht unter Einsatz von Leib und Seele in die Situation des Wanderes versetzen.

Wenn wir diesen Ansatz verfolgen, um Christus, den Weg, tiefer zu verstehen, dann gibt es mindestens zwei Zugänge. Erstens können wir anfangend mit den Evangelien über die Apostelgeschichte, von dort über die mündliche Überlieferung den Weg zurück zum Ort des lebendigen Dialogs Jesu mit seinen Jüngern verfolgen. Das würde bedeuten, daß wir den Weg, den die Jünger zusammen mit Jesus gegangen sind, nachgingen, um wie die Jünger zur Erkenntnis von Christus, dem Weg, zu gelangen. Dies könnte man den Weg der Entdeckung (via inventionis) nennen. Der zweite Zugang könnte zunächst darin bestehen, daß wir den Prolog des Johannesevangeliums uns vornehmen, der als Einleitung zum Inhalt der Evangelien insgesamt verstanden werden kann, aus dem wir die verborgene Gestalt (notitia totalis) von

Christus, dem Weg, mit allen unseren Kräften zu entdecken suchen. Um den konkreten Inhalt unserer unter dem Einsatz aller Kräfte gewonnenen Erfahrung werden wir uns, zweitens, bemühen, indem wir uns in die Situation des lebendigen Dialogs Jesu mit seinen Jüngern versetzen, um herauszufinden, worin konkret das Wirken des Weges für uns besteht. Letztlich werden wir, drittens, alles unter dem Aspekt des Wirkens des Weges betrachten. Weil dieses Vorgehen darin besteht, alle so gewonnenen Erkenntnisse im einzelnen zu analysieren und sie gleichzeitig zu konkretisieren, um zum Schluß zu einer Synthese zu kommen, kann es auch der »analytische Weg« (via articulationis notitiae totalis) genannt werden. Als Beispiel für eine Anwendung des ersten, ziemlich langen Weges, der keine Behandlung des Prologs des Johannesevangeliums einschließt, möchte ich auf meinen Artikel »Christus, der Weg« verweisen, der in der Zeitschrift »Seiki« veröffentlicht wurde und auf den ich schon früher verwiesen habe. Dort sind, wo immer dies nötig erschien, alle Probleme der modernen Bibelexegese behandelt worden. Der zweite Zugang unter Benutzung des Prologs des Johannesevangeliums erscheint mir aber der vergleichsweise kürzere zu sein. Ihn wollen wir im folgenden beschreiten.

Die grundlegende Sehweise der Evangelisten

Jesus selber hat weder schriftliche Aufzeichnungen seiner Worte hinterlassen noch hat er besondere Vorkehrungen getroffen, damit seine Worte bewahrt und getreu überliefert würden. Dies ist ein wichtiger Tatbestand, den es als erstes bei der biblischen Exegese zu berücksichtigen gilt. Diese Tatsache macht deutlich, daß Jesus sein ganzes Leben hindurch danach trachtete, seine Lehre nicht durch die schriftliche Überlieferung, sondern in der lebendigen Begegnung mit den Menschen weiterzugeben und sie einzuladen, ihn ein Stück weit auf seinem Weg zu begleiten. Um es mit Worten der Bibel auszudrücken, hat er »Menschen aller Länder zu seinen Jüngern gemacht« (Mt 28,19) und sie eingeladen, zusammen in das »Reich Gottes« (Mk 1,15) einzutreten.

Warum hat Jesus seine Lehre nicht in schriftlicher Form hinterlassen? Vielleicht liegt der entscheidende Grund darin, daß nur im gesprochenen Wort die Kraft enthalten ist, tatsächlich Erziehung (paideia) zu bewirken, wie Platon dies beschrieben hat, während alles Geschriebene nichts anderes als ein mehr oder weniger nützliches Hilfsmittel darstellt, das eher zu den Spielzeugen (paidia) gerechnet werden muß. Weil Jesus in einem hebräischen Existenzhorizont lebte, in dem das gesprochene Wort Kraft bedeutete, war es eigentlich ganz selbstverständlich, daß er bei der Unterrichtung seiner Jünger zur Methode des lebendigen Wortes gegriffen hat.

Auch wenn Jesus nichts Schriftliches hinterlassen hat, so haben seine Jünger doch, als sie das Evangelium Jesu verkündeten, Jesu Worte und Taten zunächst mündlich überliefert, je nach den Anforderungen der Verkündigung das eine oder andere schriftlich festgehalten, verschiedene Schriften erstellt und zusammengefaßt. Auf diese Weise ist eine schriftliche Überlieferung entstanden, aus der schließlich die vier Evangelien hervorgegangen sind.

Das letzte Ziel dieser mündlichen Überlieferung sowie der späteren Aufzeichnungen seiner Taten in den Evangelien war zweifellos identisch mit dem Ziel, das auch Jesus verfolgt hatte, nämlich zu ermöglichen, daß die Menschen Jesus begegneten und ein Stück Weges mit ihm gingen, wie dies auch die Jünger getan hatten (1 Joh 1,1-4). Diese grundlegende Absicht Jesu lässt sich zweifellos das ganze Neue Testament hindurch verfolgen und ist eine Tatsache, die wichtige Folgerungen für eine Interpretation des Neuen Testaments mit sich bringt. Erstens ist eine vergleichende Untersuchung des Textes der Bibel mit Hilfe der literarischen Kritik notwendig, indem wir von den Evangelien ausgehend die Überlieferung der Ereignisse nach rückwärts verfolgen. Wenn wir jedoch bei der bloßen Kritik stehen bleiben, indem wir die grundlegende Absicht der Autoren der Heiligen Schrift verfehlen, und uns nicht in das Ereignis hineinnehmen lassen, wie Jesus dies eigentlich vorgehabt hat, dann besteht die große Gefahr, daß wir zu Leuten werden, die »zwar die Heilige Schrift lesen, die Heilige Schrift aber nicht verstehen«. Wenn wir, zweitens, die Entstehungsschichten der Heiligen Schrift rückwärts verfolgen und vom Text ausgehend über die ersten Textfassungen auf die durch die mündliche Überlieferung gesicherten Spuren stoßen und von dort zu den Orten vordringen, wo Jesus gelebt hat, dann werden wir uns Jesus im Gespräch mit seinen Jüngern leibhaftig vorstellen können. Um es mit einem Fachausdruck der Hermeneutik zu sagen, bedeutet dies die Rückkehr von der schriftlichen Fassung der Bibel (écriture) zur Wirklichkeit des gesprochenen Wortes (parole).

Um eine Schlußfolgerung einer Theologie des Weges hier vorwegzunehmen, dann ist es Jesus bei der Predigt an seine Zuhörer nicht in erster Linie um die Lehre, sondern um den Weg gegangen. Um diesen Weg unter Einsatz seiner ganzen Person zu verkünden, ist Jesus den Weg des Kreuzes und der Auferstehung gegangen. Er hat in seiner ganzen Person diesen Weg verkörpert und seinen Jünger vermittelt, die ihn dann über die Apostel und weitere Generationen von Jüngern bis zu uns, die wir heute leben, weitergegeben haben. Diese Weitergabe des Weges macht das Wesen des Christentums aus, das sich bis heute nicht geändert hat. In diesem Sinne ist es eigentlich nicht richtig, vom Christentum als der »Lehre Christi« zu sprechen, es müßte wohl besser »Weg Christi« heißen. Wenn wir uns auf die Aussage der Apostelgeschichte (Apg 9,2; 19,9-23; 22,4; 24, 14 und 22) beziehen, dann wurde als Bezeichnung des Urchristentums das Wort »Weg« gebraucht. Damit wir uns auch tatsächlich an den Ort des Dialogs mit Jesus begeben können, müssen wir zunächst die grundlegende Sichtweise der Verfasser der Evangelien zu Rate ziehen, um die ursprüngliche Intention Jesu wirklich kennenzulernen. Um die Aussageabsicht der Evangelisten zu verstehen, möchte ich das Kapitel »Prologe« im Buch »Telling about God« von William A. Van Roo SJ (Vol. I, Rom 1986) zugrunde legen, um so geleitet vom Text der Heiligen Schrift einen Zugang zum Ort des Dialogs mit Jesus zu gewinnen.

Van Roo nennt die grundlegende Sicht, aus der heraus die Heilige Schrift gelesen werden sollte, »Prolog«, weil es sich hier um eine für das Verständnis der gesamten Heiligen Schrift notwendige geistige Orientierung handelt. Denn die Frage: Wer ist Jesus? ist eine die ganze Heilige Schrift durchziehende Grundfrage. Jesus selber hat diese Frage während seines ganzen öffentlichen Lebens mal offen, mal versteckt an seine Hörer gerichtet. Um sie ging es auch eigentlich in den verschiedenen Dialogen Jesu. Während die Evangelien den Leser an den tatsächlichen Ort von Jesu Dialogen versetzen, erfüllen sie diese Absicht Jesu mit Leben und bringen den Leser dahin, daß er ebenfalls die Frage: »Wer ist Jesus?« beantworten muß. Die Evangelisten haben jeweils zusammen mit der Gemeinde, zu der sie gehörten, durch die schriftliche Überlieferung Zugang zum Ort des lebendigen Dialogs mit Jesus gefunden und sind durch die Beantwortung der Frage, wer denn Jesus sei, zur Einsicht in die geheimnisvolle Identität Jesu gelangt. Diese in Worte gefaßte Einsicht ist genau das, was wir mit »Prolog« bezeichnen. Weil dieser Prolog den Ausdruck der fundamentalen Einsicht in die Identität Jesu beinhaltet, ist es auch möglich, wenn man in diesem Licht die Heilige Schrift liest, am genauesten und direktesten die tiefste Absicht Jesu zu erkennen, die er mit seinen Dialogen verfolgt.

Van Roo nennt vier solcher Prologe, von denen wir nur einen einzigen, den Prolog des Johannes, uns vornehmen und genauer untersuchen werden. Dabei handelt es sich zwar um einen schwer verständlichen Text, der aber tiefste Erkenntnis über Jesu Geheimnis enthält und in seinem Text verborgen den Keim einer Theologie des Weges in sich trägt.

Die spiralförmige Entfaltung des Wortes als Logos

Der schöne Prolog des Johannesevangeliums (Joh 1,1-18) ist die am besten bekannte Passage des Neuen Testaments. Wenn es aber um die Frage geht, ob dieser Textabschnitt auch wirklich verstanden worden ist, dann muß man wohl sagen, daß es im gesamten Alten und Neuen Testament keine Stelle gibt, die so schwer zu verstehen und so voller Geheimnis ist. Fragt man, warum dies so ist, dann liegt der wichtigste Grund wohl darin, daß dieser Text von Johannes und der mit ihm verbundenen Gemeinde aus der geistigen Erfahrung geschrieben wurde, die aus der Vermittlung zwischen der Erfahrung des Alten und des Neuen Testaments nach langer Auseinandersetzung mit dem Geheimnis Jesu und nach schmerzlichem Ringen schließlich erwachsen ist.

Faßt man das Grundanliegen des Prologs grob zusammen, dann läßt es sich in der folgenden Entwicklungsbewegung des Wirkens des Wortes sehen. Wir können dabei eine siebenphasige, eine geheimnisvolle Spiralbewegung beschreibende Entwicklung beobachten:

1. Das Wirken des Wortes, das sich bei Gott befindet (1-2)
2. Das schöpferische Wirken des Wortes (3-5)
3. Das Wirken Gottes in der Sendung Johannes des Täufers (6-9)
4. Das Wirken des Wortes auf der Erde (10-13)
5. Das Wirken des fleischgewordenen Wortes (14)
6. Das Zeugnis des Täufers für das Wort (15)
7. Das Wirken des fleischgewordenen Wortes an uns (16-18).

Auf den erstem Blick erscheint das eine chaotische und widersprüchliche Bewegung zu sein. Für die natürliche Vernunft, aber auch für die vom Glauben erleuchtete Vernunft, bleibt diese Bewegung ein Rätsel. Wenn wir nämlich versuchen, diesen Text mit der Vernunft zu verstehen, dann betrachten wir das Wort objektiv von außen und sind so nicht imstande, eine lebendige Erfahrung des Wirkens des Wortes zu machen. Wenn wir jedoch den Text mit unserer ganzen Person lesen und wir uns, wie wir später noch genauer sehen werden, tatsächlich mit Jesus auf die Wanderschaft machen und so mit dem Wort eins werden – dann entfaltet sich diese Bewegung, indem sie Spiralen beschreibt, auf die Inkarnation als den Höhepunkt des Wirkens des Wortes hin. Schließlich werden auch wir, die wir an der überfließenden Fülle der Inkarnation teilhaben, in dieses Wirken mit einbezogen.

Es versteht sich von selbst, daß wir den Prolog nur richtig verstehen könnnen, wenn wir uns in die Situation von Johannes und der Gemeinde, die mit ihm lebte, versetzen können. Ihre Lebensumstände sind einmal von den gesellschaftlichen Verhältnissen der damaligen Zeit bestimmt, haben aber auch eine religiöse Seite. Das Johannesevangelium ist wahrscheinlich in den 90er Jahren der christlichen Zeitrechnung geschrieben worden. Das die damalige Zeit bestimmende wichtigste Ereignis war die Auseinandersetzung mit dem Judentum, das von der Partei der

Pharisäer bestimmt wurde, und ferner das Problem der Beziehung zwischen Jesus und Johannes dem Täufer.

Bei dieser Frage handelt es sich rein äußerlich gesehen um eine Auseinandersetzung in einem wichtigen Streitpunkt mit dem Judentum, von der inneren Sicht der Kirche her betrachtet, geht es aber um ein zentrales Problem des Glaubens. Der strittige Punkt der Auseinandersetzung mit dem Judentum lag darin, daß die Gemeinschaft der Urchristen die Gottheit Jesu bekannte und damit gegen das Glaubensbekenntnis der Juden an die Einzigkeit Gottes verstieß. Solange dieses Problem nicht geklärt war, mußte der Glaube an Jesus notwendig schwankend bleiben. Denn, da fast alle Personen, die Jesus noch direkt gekannt hatten, in der Zwischenzeit gestorben waren, war es für die Bewahrung des Glaubens in der Auseinandersetzung mit dem Judentum wichtig, daß Johannes und die Gemeinde um ihn herum auf der Grundlage einer tiefen Glaubenserfahrung zu einer eindeutigen Antwort auf die Frage gelangte, wer denn dieser Jesus eigentlich sei. Um diese Einsicht zu gewinnen, konnten sie sich auf das geistige Fundament in ihrem Innern stützen, das aus der Tradition der lebendigen Gotteserfahrung des Alten Testaments und der Begegnung mit Jesus erwachsen war. Es lassen sich für uns hier drei Phasen unterscheiden: 1. Gilt es, die Glaubenserfahrung des Alten Testaments ins Gedächts zurückzurufen; dann 2. die Grundlinien der Erfahrung der Apostel mit Jesus zu bedenken, um so 3. zur Jesus-Erfahrung der Urkirche zu gelangen.

Was den ersten Punkt angeht, so haben wir schon in der Einleitung zu diesem Kapitel gesehen, daß die Gotteserfahrung des Alten Testaments darin besteht, daß die Juden durch die Erfahrung des barmherzigen Wirkens Gottes, des Weges, in ihrem eigenen Leben, mit Hilfe des Heiligen Geistes erkennen konnten, wer Gott ist. Dieser Gott war zwar unter ihnen anwesend, aber geheimnisvoll wie mit einem Schleier verdeckt, und indem er in seiner unendlichen Güte den Schleier etwas lüftete, zeigte er ihnen sein unendliches Angesicht, das auf unbegreifliche Weise voller Liebe ist. Das war der Gott Abrahams, Isaaks und Jakobs, der durch Mose einen Bund der Liebe mit Israel schloß, sein Volk ins verheißene Land führte und auf dem Weg als innere Antriebskraft und Zielpunkt immer mit ihnen, aber auch zugleich jenseits von ihnen war. Daß die ersten Christen in der Tradition der Gotteserfahrung des Alten Testaments standen, bezeugen alle vier Evangelien in vollkommener Übereinstimmung. Da Johannes einer dieser Zeugen ist, besteht kein Zweifel, daß er ebenfalls alle geschichtlichen Ereignisse aus dem Blickwinkel dieses Wirkens Gottes, der Weg ist, sieht.

2. Welche Erfahrung haben die Apostel mit Jesus gemacht? Die Apostel waren Jesus begegnet, hatten ihn auf seinen Missionsreisen begleitet und waren dadurch Schritt für Schritt zur Erkenntnis der wahren Identität dieses Jesus gelangt. Diese Einsicht besteht in einer Art der Gotteserfahrung, die sich als Ganzheitserfahrung zunächst nicht weiter aufschlüsseln und analysieren läßt. Dies ist erst in einem zweiten Schritt möglich, wenn diese Erfahrung in Worte gefaßt wird, wobei wir allerdings nie vergessen dürfen, daß es sich ursprünglich um eine Ganzheitserfahrung handelt, die sich nicht adäquat in Worten ausdrücken läßt. Denn wenn wir sie als gewöhnliches Menschenwort verstehen und mit unserer Vernunft zu erfassen versuchen, dann verwechseln wir Gottes Gedanken mit menschlichem Denken. Wenn wir dieses Mißverständnis vermeiden, können wir die Einsicht der Apostel etwa so zusammenfassen: a) Der Gott Abrahams, Isaaks und Jakobs, der durch Mose den Bund der Liebe mit dem Volk Israel geschlossen hat, hat auch Jesus als den Retter gesandt. b) Als Gott und Vater war er immer in Jesus gegenwärtig, als er durch seine Worte und Werke das Reich Gottes auf Erden begründen half. c) Daher war Jesus nicht nur der Messias des jüdischen Volkes, sondern erwies sich als Retter der gesamten Menschheit. d) Durch seine Hingabe mit Leib und Seele in den Tod am Kreuz und durch seine Auferweckung hat Jesus sich als der tatsächliche Retter der Menschheit erwiesen. e) Durch die Begegnung mit dem auferstandenen Jesus haben seine Jünger erkannt, daß er wirklich Gott dem Vater gleich ist und daher im echten Sinn Gott, der Herr, genannt werden kann. f) Auf ihren schwierigen Missionsreisen haben sie die Erfahrung machen können, daß Jesus immer mit ihnen ist. In ganz besonderer Weise machten die Jünger diese Erfahrung, wenn sie die liturgische Feier begingen, in der sie die Ereignisse seines Lebens wieder lebendig werden ließen und

darin erkannten, daß der auferstandene Jesus auch heute noch unter ihnen gegenwärtig ist. Sie erkannten, daß Jesus für sie der Weg ist.

3. Die Menschen, die auf die Predigt der Apostel hin sich zur Nachfolge des Weges entschlossen hatten, haben dies nicht in einer blinden Übernahme der Jesus-Erfahrung der Apostel getan. Sie waren vielmehr ihrerseits bereit, Jesus bis zum Äußersten zu folgen und in der existentiellen Erfahrung, mit ihm zusammen unterwegs zu sein, Zweifel und Unglauben zu überwinden, um schließlich eine Antwort auf die Frage zu finden, wer dieser Jesus eigentlich sei. So war es ihnen schließlich möglich, mit den Aposteln zur gleichen Jesus-Erfahrung zu gelangen und eine Gemeinschaft des Glaubens zu formen.

Weil wir annehmen, daß zur Zeit, als Johannes sein Evangelium schrieb, die paulinischen Briefe und die synoptischen Evangelien von Markus, Matthäus und Lukas in der jungen Christenheit schon allgemein bekannt waren, standen Johannes und seiner Gemeinde die reiche Überlieferung der Jesuserfahrung der jungen Kirche zur Verfügung. Wenn sie daher diese Jesus-Erfahrung (Einsicht) der jungen Kirche auch teilten, so fühlten sie sich doch unter dem Einfluß ihrer besonderen gesellschaftlichen Situation gedrängt, sich ihrerseits erneut mit der Frage auseinanderzusetzen, wer dieser Jesus eigentlich sei. Dabei ist es ihnen gelungen, Einsicht in die »geheimnisvolle Identität Jesu« zu gewinnen. Weil der Prolog den in Worte gefaßten Ausdruck dieser Einsicht darstellt, darf das erste Prinzip einer richtigen Deutung dieses Textes nie vergessen werden, daß es sich nämlich hier um die Analyse eines Textes handelt, der sich der rationalen Analyse entzieht und eigentlich nur ganzheitlich und ungeteilt verstanden werden kann. Unter Berücksichtigung dieser Regel wollen wir im folgenden den Prolog sorgfältig lesen und seinen Aufbau genauer untersuchen.

Die spirituelle Struktur des Johannesevangeliums

In der ersten Phase seiner Jesuserfahrung hat Johannes ein ganzheitliches Wissen von dem Geheimnis Jesu erlangt, das nicht aufschlüsselbar und teilbar ist. Erst in einer zweiten Phase hat Johannes angefangen, diese ganzheitliche Jesus-Erfahrung aufzugliedern und den Anfang seines Prologs mit den Worten zu beginnen:»Im Anfang war das Wort, und das Wort war bei Gott, und das Wort war Gott. Im Anfang war es bei Gott« (Joh 1,1-2). Es ist wichtig, daß wir gleich darauf achten, daß Johannes hier nicht einen aristotelischen Syllogismus gebraucht, sondern mit der für seinen Stil typischen spiralförmigen Logik zu schreiben anfängt. So beginnt er zunächst mit dem zentralen Thema:»Im Anfang war das Wort«, um dann im nächsten Schritt davon zu sprechen, daß»das Wort bei Gott« ist, womit er klar die Gottheit des Wortes ausdrückt. Darauf kehrt er wieder an den Anfang zurück und betont noch einmal, daß das Wort von Anfang an bei Gott ist, um auf diese Weise erneut die Aussage zu bekräftigen. Diese Art von spiralförmiger Logik unterstreicht, daß es sich hier um die Aufschlüsselung einer ganzheitlichen religiösen Erfahrung handelt. Eine ähnliche Struktur der Logik lässt sich auch in Schriften von Dôgen beobachten, und ein Vergleich mit den johanneischen Schriften ist sicher von großem Interesse. Ich werde darauf später noch einmal zurückkommen.

Die moderne Bibelexegese hat sich inzwischen ebenfalls der Ansicht angeschlossen, daß der erste Satz des Prologs das ganze Geheimnis von Jesus Christus enthält. Im griechischen Urtext wird für»Wort« der Ausdruck»logos« gebraucht. Das hat dazu geführt, daß man lange Zeit die mit dem Begriff»Logos« im griechischen Denken verbundenen Bedeutungen: Wort, Denken, Gedanken, Grund, intellektuelle Tätigkeit und Inhalt usw. untersucht hat. Seit kurzem hat sich unter den Exegeten die Einsicht durchgesetzt, daß zwar ein indirekter Einfluß des Hellenismus, vermittelt durch die alttestamentliche Weisheitsliteratur, berücksichtigt werden muß, der Logosbegriff aber im wesentlichen auf dem Hintergrund des Alten Testaments zu interpretieren sei. Wie wir schon gesehen haben, ist im Alten Testament das Wort Ausdruck der ganzen Person und ihrer Aktivität. Vor allem das Wort Gottes stellt eine Tätigkeit dar, die die Wirklichkeit verändert und neue Wirklichkeit hervorbringt. Gottes Wirken geschieht im Wort, und das Wort ist wiederum Ausdruck von Gottes Wirken.

Von seinem Wesen her ist Gott ein »verborgener Gott«, ein Geheimnis, das hinter einem dichten Schleier des Nicht-erkannt-werden-Könnens verborgen ist. Aber dieser Gott hat zu Mose gesprochen, hat seinen Namen mitgeteilt und durch das Wort geoffenbart, wer er ist. Gerade dieses Wort war am besten geeignet, Gottes Wesen zu offenbaren und stellt die höchste Selbstoffenbarung Gottes dar.

Wenn wir auf dem Hintergrund des hebräischen Lebenshorizonts den Anfangsvers des ersten Kapitels intensiv lesen, dann wird uns klar, daß der Logos aus dem Schoß des göttlichen, wortlosen Raums als geheimnisvolles Wort hervorging. Da jedoch Gott der Ursprungsquell der Schöpfung und Erlösung der gesamten Welt, der ganzen Menschheit und der ganzen Geschichte ist, gilt dies in gleicher Weise auch für das Wort, das in so vollendeter Weise Gottes Selbstoffenbarung verkörpert. Aber damit ist noch nicht alles gesagt. Denn dieses Wort Gottes ist zugleich das Wort, das Gott an die gesamte Menschheit richtet, d.h. es ist die vollendete Selbstoffenbarung Gottes an die Menschheit. Darüber hinaus ist das Wort zugleich eine die Wirklichkeit veränderndes Wirken. Folglich kann man sagen, daß dieser eine Satz am Anfang des Prologs implizit alle Ereignisse aus dem Leben und Wirken Jesu enthält, die in den vier Evangelien und der Apostelgeschichte berichtet sind.

So ist in diesem einen Satz in Gänze das unaussprechliche Geheimnis, das Jesus in sich birgt, in komprimierter Form enthalten. Die Fülle des Geheimnisses Jesu beinhaltet: 1. Jesus ist nicht nur als das Wort zu verstehen, das bei Gott dem Vater ist, sondern wir müssen 2. ihn auch als Schöpfer und Erlöser sehen, der 3. Fleisch angenommen hat, 4. mit den Jüngern zusammen unterwegs war und sie zum Reich Gottes geführt hat, der 5. durch Kreuz und Auferstehung hindurchging und 6. bei den Aposteln, den Jüngern, der Urkirche, bei Johannes und seiner Gemeinschaft, ja auch unter uns, »bis zum Ende der Welt« bleibt. Auch wenn dies alles nicht wörtlich in dem einen Vers ausgedrückt wird, so ist es implizit doch darin enthalten.

Wenn daher die nachfolgenden Verse des Prologs, die Verse Joh 1,2-4, die einzelnen Aspekte der Gesamtsicht in Einzelheiten darstellen, so dürfen wir nicht vergessen, daß jeder einzelne Vers implizit das ganze Geheimnis Jesu schon enthält. Wenn dies eine befremdende Interpretation zu sein scheint, so findet sie sich in gleicher Weise auch in der ausgezeichneten Studie des Johannesevangeliums »Jesus, das Licht der Welt« (vgl. Ônuki Takashi, 170-172, Kôdansha Publishing Firm). Es verhält sich nach Ônuki Takashi so wie bei einer bestimmten Sorte Bonbons: ganz gleich, wo man sie durchschneidet, immer erscheint dasselbe Muster. Auch beim Johannesevangelium gilt, daß ganz gleich, wo man es öffnet, überall das Gesicht von Jesus, dem Menschensohn erscheint. »Menschensohn« bezeichnet hier den Titel, mit dem Jesus die Fülle seiner Person im ganzen Verlauf seines Lebensweges offenbart. Der Vergleich mit dem Bonbon soll auf diesen Tatbestand der sich ständig gleichbleibenden Offenbarung aufmerksam machen. Ich möchte jedoch eine kleine Korrektur an diesem Vergleich anbringen. Der Vergleich betont, daß, ganz gleich, wo man das Johannesevangelium auch öffnet, immer der ganze Jesus zum Vorschein komme, gibt aber dafür keine richtige Begründung. Wir dagegen finden diesen inneren Grund im Gesamt der religiösen Erfahrung. Denn Johannes hat das Geheimnis von Jesus schon in seiner Gesamtschau erkannt und aus dem vertikalen Blickwinkel dieser Erfahrung heraus es analysiert, es in Worte gefaßt und dann sein Evangelium geschrieben. Daher ist es auch ganz natürlich, daß sowohl im Prolog als auch an jeder anderen Stelle, wo man das Evangelium auch aufschlägt, immer der ganze Jesus zum Vorschein kommt.

Das Wort ist der »Weg«

Auch wenn es im Prolog nicht ausdrücklich gesagt wird, ist das Wort tatsächlich identisch mit dem »Weg«. Es gibt dafür drei Belege: Erstens entspricht der Ausspruch Jesu: »Ich bin der Weg« (Joh 14,6) der ersten Phase der Analyse von Jesu Geheimnis. Deshalb beinhaltet die konzentrierte Aussage der ersten beiden Verse des Prologs schon in sich die Wahrheit, daß Jesus der Weg ist. Zweitens bezeichnet der Name Gottes, der Mose geoffenbart wurde, daß Gott für das Volk Israel der »Weg« ist. Daher ergibt sich von selber, daß die vollkommene Offenbarung Gottes, die im Wort geschieht, mit noch größerer Berechtigung »Weg« genannt werden muß. Wie wir drittens schon festgestellt haben, besteht die Mitte des Wirkens des in der religiösen Erfahrung im Alten Bund erkannten Gottes darin, daß er das Volk Israel auf seiner Pilgerschaft begleitet und bei allen Schwierigkeiten sich in seiner Barmherzigkeit als »Gott, der Weg ist« ihnen zeigt. In gleicher Weise schien die Mitte von Jesu Wirken in der Erfahrung der jungen Kirche darin zu liegen, daß Jesus die Gemeinschaft der Apostel und der jungen Kirche auf ihren Weg liebevoll begleitete. Auch wenn die Jünger die Erfahrung des sie auf dem Weg begleitenden Jesus zunächst nicht eindeutig in die Begrifflichkeit des Weges faßten, so wird doch deutlich zum Ausdruck gebracht, daß Jesus für die Jünger der Weg war. In der Auseinandersetzung mit den spitzen Fragen der Juden wurde Johannes eine neue Jesuserfahrung geschenkt, die ihm dazu verhalf, eine breitere Einsicht in das Geheimnis Jesu zu gewinnen, als dies der Urkirche möglich gewesen war, und so zu einer klareren Erkenntnis zu gelangen. Denn, wenn die Juden an das Wirken eines Gottes glauben konnten, der Weg ist, dann müßte es ihnen auf dieser Basis eigentlich möglich sein, daran zu glauben, daß Jesus als das »fleischgewordene Wort Gottes« in noch viel konkreterer Weise als der Gott des Alten Bundes für alle, die in gleicher Weise auf dem Weg unterwegs sind, zum »Weg« geworden ist. Wenn wir daher den Text des Prologs mit den Augen des Geistes intensiv in uns aufnehmen, dann müßte uns eigentlich deutlich werden, daß auf dem Grund des Textes die Aussage vom Wort, das Weg ist, verborgen liegt. Es sollte uns daher möglich sein, zum Text des Prologs zurückzukehren und zu zeigen, wie in jedem Vers das ganze Geheimnis von Jesus enthalten ist – eine Aufgabe, für die uns hier leider der Platz fehlt. So wollen wir uns an dieser Stelle damit begnügen, mit Hilfe der Bibelwissenschaftler zu untersuchen, wo das Wort, das Weg ist, sich anfangs befunden hat, von wo es herabgekommen und wohin es schließlich hinaufgestiegen ist, d.h. wir wollen die Reisestrecke des Wortes nachvollziehen.

Der Prolog beginnt mit den Worten: »Im Anfang war das

Wort«. Wie das Wort »ähjäh«, das in Exodus 3,14 zur Bezeichnung des Namens Gottes verwendet wird, grammatikalisch eine unvollendete Form ist, die eine Handlung anzeigt, die auf die Gegenwart, die Vergangenheit und die Zukunft sich erstreckt, so bezeichnet »war« hier ebenfalls Gottes ununterbrochenes Sein und Wirken. Das »im Anfang« drückt einen noch viel fundamentaleren Anfang aus, als er in den ersten Versen der Genesis (Gen 1,1) angesprochen ist, wo vom Beginn der Schöpfung von Himmel und Erde die Rede ist. Denn, wie es in dem nachfolgenden Vers (Joh 1,3) heißt, sind alle Dinge durch das Wirken des Wortes erst später geschaffen worden. Diese Person, die »am Anfang war«, ist daher identisch mit dem ewigen, unendlichen Sein und Wirken Gottes. Bei diesem Sein handelt es sich jedoch nicht um eine statische Idee im Sinne Platons, sondern um eine transzendente Koexistenz mit dem Vater, die, wie es in den Versen 3-18 des Prologs ausgesagt wird, sich in der Weise einer alles erfüllenden Liebe »bei Gott« (Joh 1,2) befindet. Sein Wirken ergießt sich gleichsam aus dem Bereich der göttlichen Existenz in die Schöpfung (Joh 1,3) und über die Zwischenstufen von »Leben« und »Licht« (Joh 1,4-13) hin zum Höhepunkt der Fleischwerdung, durch die die gesamte Menschheit zur Fülle der himmmlischen Liebe geführt wird (Joh 1,16). Man kann die Bewegung dieses Wirkens wie einen großen Fluß verstehen und dann eine aus dem himmlischen, göttlichen Bereich auf die Erde gerichtete »Abstiegsbewegung« und eine aus dem irdischen Bereich sich auf den himmlischen Bezirk erstreckende »Aufstiegsbewegung« unterscheiden.

Da sich das Wirken des Wortes aber an jeder Stelle dieser Auf- und Abbewegung offenbart, handelt es sich hier niemals nur um ein punktuelles Stadium, sondern immer um eine volle Offenbarung des Wortes, ganz erfüllt von seiner Göttlichkeit.

Die in diesem großen Fluß ebenfalls sich zeigende Finsternis ist nicht nur nicht in der Lage, das Wirken des Wortes zu behindern, sondern, da sie nicht gegen das Licht die Überhand gewinnen kann (Joh 1,5), bringt sie vielmehr das Wirken des Lichtes um so strahlender zum Ausdruck. Weiter heißt es, »die Seinen nahmen ihn nicht auf« (Joh 1,11), andererseits nahmen ihn die, die »aus

Gott geboren sind« (Joh 1,13) auf, wurden mit der Fülle des Lichtes und des Lebens erfüllt (Joh 1,16) und in die Gemeinschaft der transzendenten Liebe Gottes, des Vaters, geführt. Wenn wir daher das Wirken des Wortes betrachten, dann erscheint es als eine Bewegung, die aus der Fülle der Allmacht und der Liebe des Vaters hervorströmt, das Verlangen der gesamten Menschheit nach Erlösung erfüllt, in der Auseinandersetzung mit dem Widerstand und der Gegnerschaft der Finsternis und der »Seinen« sich siegreich durchsetzt und schließlich die ganze Menschheit zur Fülle der Liebe Gottes, des Vaters, führt, die wie ein mächtiger Strom ist, der von niemanden aufzuhalten ist. Das ordnende Wirken des Vaters zeigt sich darin, daß dieser mächtige Strom von ihm ausgeht und zu ihm zurückkehrt. Das Hinabsteigen des Wortes, ebenso wie sein Hinaufsteigen, gewinnen ihre Kraft aus diesem ordnenden Handeln des Vaters. So ist die Hauptperson dieser Ab- und Aufstiegsbewegung auf der Bühne der vier Evangelien zwar Jesus, das Wort, die »Hauptperson hinter den Kulissen« ist jedoch Gott, der Vater. Wir dürfen daher, wenn wir Jesus als die Hauptperson in den Evangelien am Werk sehen, nie die Person »hinter den Kulissen« vergessen, die zwar selber nicht auftritt, deren mächtiges Wirken wir aber am eigenen Leib verspüren sollten.

Das mächtige Wirken des Wortes ähnelt dem Wirken Gottes, wie es im Buch Exodus mit den Ausdrücken vom »Hinabsteigen« und »Hinausführen« beschrieben wird. Andererseits dürfen wir nicht übersehen, daß es sich um ein dieses Wirken übersteigendes Geschehen handelt. Gott ist »hinabgestiegen«, um ständig »mit seinem Volk zu sein«, aber es war dies eine Gegenwart, bei der man das »fleischgewordene Wort« nicht mit den Augen sehen und mit den Händen betasten (1 Joh 1,1) konnte. Dagegen besteht der Höhepunkt des Hinabsteigens des Wortes in seiner »Fleischwerdung«, ein Ereignis, das Johannes in seinem Prolog (Joh 1,14) so unübertrefflich knapp ausgedrückt hat: »Und das Wort ist Fleisch geworden und hat unter uns gewohnt«. Das Wort »Fleisch« bezeichnet im jüdischen Denken den Menschen in seiner Gesamtheit, wie er in seiner physischen Anwesenheit sich zeigt. Im Johannesevangelium bedeutet es die »irdischen Dinge« (Joh

3,6) und die »vergänglichen Gegebenheiten« (Joh 6,63). »Fleisch« wird dabei dem »Geist« entgegengestellt, der zum ewigen Reich Gottes gehört, während das Fleisch unter die »irdischen« und »vergänglichen Dinge« fällt.

»Das Wort ist Fleisch geworden«: Widerspruch und Wahrheit

Es ist äußerst wichtig, darauf zu achten, daß der Prolog nicht davon spricht, daß »das Wort ins Fleisch eingetreten« sei, auch nicht davon, daß es »im Fleisch Wohnung genommen«, oder »sich in das Gewand des Fleisches gekleidet« habe. Es stellt vielmehr fest: »Das Wort ist Fleisch geworden«. Damit ist gesagt, daß das ewige geistige Wort die Weise seiner Existenz verändert hat und zum irdischen vergänglichen »Fleisch« geworden ist. Das bedeutet, daß der »Geist Fleisch geworden« und daß »Gott Mensch geworden« ist. Wenn man die Aussage: »Das Wort ist Fleisch geworden« bedenkt, dann muß man sagen, daß es sich um eine unerhört widersprüchliche Aussage handelt. Für die menschliche Vernunft ist der Geist eine mit dem Fleisch unvereinbare Gegebenheit, sind die himmlischen Dinge das genaue Gegenteil der irdischen. Daher ist ihre gegenseitige Verschmelzung ein mit der Vernunft nicht vereinbarer Widerspruch. Aber Gottes Gedanken übersteigen die menschlichen Vorstellungen, und was für menschliches Denken einen Widerspruch darstellt, ist Wahrheit in Gottes Denken. Der Widerspruch, daß »Geist Fleisch und Gott Mensch geworden« ist, findet in Gottes Denken eine Umkehrung und wird zur Wahrheit. Gottes Gedanken zielen auf die Rettung der ganzen Menschheit, und weil das Wort dies auf die vollkommenste Weise zum Ausdruck bringt, ist das Wirken des Wortes ganz von diesem Willen zur Erlösung durchdrungen. In diesem Verlangen nach der Erlösung der ganzen Menschheit ereignet sich ja gerade diese Umkehrung des Widerspruchs in Wahrheit.

Neben dem Gegensatz von »Fleisch und Geist« finden wir im Johannesevangelium noch häufiger andere für die Struktur der Heilsgeschichte bedeutsame Schlüsselworte, die in Zweierreihen daherkommen, wie »Licht und Finsternis«, »Wahrheit und Irrtum«, »Leben und Tod« und »Freiheit und Knechtschaft«. Diese Gegensätze werden in den Kontext des dynamischen Wirkens des Wortes gestellt und genauso überwunden wie der Dualismus von Geist und Fleisch. Denn letzten Endes werden Finsternis, Irrtum, Tod und Knechtschaft durch das Licht, die Wahrheit, das Leben und die Freiheit des Wortes geschlagen und besiegt. Denn diese Dualismen unterscheiden sich wesentlich von den in der damaligen Gnosis, im Manichäismus und in den Mysterienkulten anzutreffenden Dualismen, die alle von zwei gleichrangigen Prinzipien ausgingen. Denn durch das heilschaffende Wirken des Wortes werden die Dualismen überwunden, die in ihrer Entstehung nicht auf gleichrangige Ursachen zurückgehen. Denn Finsternis, Irrtum, Tod und Knechtschaft sind nicht Wirkkräfte, die auf der gleichen Stufe mit Gott stehen.

Das Ereignis der Fleischwerdung des Wortes enthält noch ein weiteres nicht zu übersehendes Element, das darin besteht, daß das Wort Fleisch eine entscheidende Rolle für die Erlösung der gesamten Menschheit spielt. Denn nach Johannes geschieht die Menschwerdung des Wortes um der Erlösung der ganzen Menschheit willen, weil beim höchsten Akt der Erlösung, beim Kreuz und der Auferstehung, das Fleisch die Hauptrolle spielt. Wie wir schon festgestellt haben, ist das Wort das an die Menschheit gerichtete Wort Gottes. Wenn dieses Wort Fleisch geworden ist, dann deswegen, weil dies die wirkungsvollste Selbstoffenbarung Gottes überhaupt darstellt. Deshalb spielt das Fleisch nicht nur die Hauptrolle im Erlösungsgeschehen, sondern ebenfalls im Prozeß der Offenbarung. Darin liegt dann auch der wesentliche Unterschied im Verständnis der Offenbarung im Neuen Testament zu dem des Alten. Sie sind darin identisch, daß beide Offenbarung Gottes sind, in dem Punkt aber, daß die Offenbarung des Neuen Testaments die Verkündigung des Wortes ist, das Fleisch wurde, übersteigt sie weit die des Alten Testaments. Da aber die westliche christliche Theologie die Offenbarung überwiegend im Rahmen des griechischen Denkens interpretiert hat, ist diese »Körpersprache« fast vollständig übersehen worden, weil man es nicht verstand, weder die Körpersprache des »Fleisch gewordenen Wortes« noch die »durch wortlose Taten mitgeteilten Aussagen« zu hören. Die Folge war, daß der Offenbarungsbegriff verkümmerte und man unfähig war, die Fülle des Fleisch gewordenen Wortes (den Heilsaspekt der Offenbarung) richtig zur Geltung zu bringen.

Wir haben aber glücklicherweise schon in Dôgens Meta-Ethik des Weges das Denken in der nonverbalen Körpersprache gelernt. Im Lichte dieses Denkens wollen wir jetzt auf die schwer verständliche »Sprache des Fleisches«, des fleischgewordenen Wortes hören, um Christus, den Weg, besser verstehen zu können. Dieses fleischgewordene Wort »hat unter uns gewohnt« (Joh 1,14). Im griechischen Urtext wird die Aussage »hat unter uns gewohnt«, wörtlich mit »hat unter uns sein Zelt aufgeschlagen« wiedergegeben. Johannes möchte mit diesem Bild dem Leser Begebenheiten des Alten Testaments in Erinnerung rufen und dadurch die Augen des Lesers auf das Geheimnis richten, daß das Wort uns auf unserem Weg begleitet. Gott hatte sein Zelt als Wohnstatt unter den Israeliten aufgeschlagen und die beschwerliche Reise zum Gelobten Land mit ihnen zusammen unternommen. Auf die gleiche Weise hat auch das fleischgewordene Wort »sein Zelt unter uns aufgeschlagen und unter uns gewohnt«, uns aus der Versklavung in Dunkelheit und Irrtum befreit und führt uns in das Reich Gottes. Mit dem »uns« im Vers 14 ist, wie Brown gezeigt hat, die ganze Menschheit gemeint, was sich aus der Analogie zur Geheimen Offenbarung (Offb 21,3) ergibt. Wenn man dies so sieht, dann darf die Tatsache, daß »das Wort Fleisch geworden ist und unter uns gewohnt hat« , nicht nur, wie dies in der gewöhnlichen Auslegung geschieht, als die Aussage des Ereignisses der Inkarnation verstanden werden, sondern es wird deutlich, daß damit verschlüsselt, aber doch eindeutig ausgesagt ist, daß das fleischgewordene Wort die Menschheit auf ihrem Weg begleitet. Wenn das Wort das Wirken des Weges, wie wir schon gesehen haben, zur Vollendung bringt, dann ist die Tatsache, daß es uns auf dem Weg begleitet, eigentlich selbstverständlich. Genau dies ist auch im Prolog verschlüsselt schon ausgesagt. Wie dieses Wirken des Weges konkret aussieht, wird dann in den Evangelien beim Bericht der Worte und Taten Jesu verdeutlicht und schließlich von Jesus mit den Worten: »Ich bin der Weg« (Joh 14,6) ganz deutlich ausgesagt. Mit diesen klaren Worten wird der Schleier vom Geheimnis des Weges gelüftet und deutlich ausgesprochen, daß das Wort der Weg ist, worin auch die Grundlage für unseren Glauben liegt.

Wenn man die Schriftstelle Joh 14,6 interpretieren will, muß man zunächst darauf achten, daß dieses Wort im Zusammenhang mit den Aussagen steht, daß »Jesus wußte, daß seine Stunde gekommen war, um aus dieser Welt zum Vater hinüberzugehen« (Joh 13,1), daß er zum Haus seines Vaters geht, um einen Platz für sie zu bereiten und dann wiederkommen wird, um sie zu sich zu holen (Joh 14,3). Hier ist vom Ab- und Aufstieg des Wortes die Rede, wird auf das alttestamentliche »Herabsteigen« und »Führen« angespielt und findet sich eine Analogie zum Vers Joh 1,14 »Das Wort hat unter uns sein Zelt aufgeschlagen«. Von daher ergibt sich, daß das Wort »Ich bin der Weg« in Joh 14,6 als Weiterführung der Vorstellung, daß Jahwe selber der Weg ist, interpretiert werden muß, weil gezeigt werden kann, daß es die Konkretisierung des Wirkens des Wortes darstellt.

Der volle Wortlaut von Joh 14,6 lautet: »Ich bin der Weg und die Wahrheit und das Leben« , wobei aber das Hauptthema des Satzes der Weg ist, während Wahrheit und Leben eher zur Erläuterung des Wortes dienen und das Fundament für die Aussage aufzeigen, daß das Wort der Weg ist (Brown). Das kann auf folgende Weise gezeigt werden. Zunächst darf »Wahrheit« hier nicht im griechischen intellektuellen Verständnis von aletheia (unverhüllte, nicht verborgene Wirklichkeit) verstanden werden, sondern muß in der hebräischen ethischen Bedeutung von emeth (würdig an Vertrauen, glaubwürdiges Versprechen) (de la Poterie, Brown) gelesen werden. Weil im Hebräischen Wahrheit eng mit Gottes verborgenem Heilsplan verknüpft ist, wird vom Wort in dieser Bedeutung ausgesagt, daß es Wahrheit sei, weil das Wort ja in besonderer Weise vom Vater, der das Heil der ganzen Menschheit sehnlichst wünscht, gesandt wurde und den Vater offenbarte, indem es den Weg zum Vater zeigte. Gerade, weil Jesus im hebräischen Sinn die Wahrheit ist, ist er ein zuverlässiger Weg zum Vater, ein Weg, der ganz sicher auch zum Vater führt.

Ganz etwas Ähnliches ließe sich auch vom Leben sagen. Im Vers 4 des Prologs heißt es ja:»In ihm war das Leben und das Leben war das Licht der Menschen« (Joh 1,4). Dieses Leben wurde ursprünglich vom Vater Jesus, dem einzigen Sohn, gegeben (Joh 5,26), und Jesus war auf diese Welt gekommen, um es den Menschen zu geben (Joh 10,10). Weil Jesus der Weg ist, wird das Leben, das vom Vater ausgeht, durch Jesus den Menschen gegeben, und so können die Menschen in der Kraft dieses Lebens den Weg zum Vater zurückfinden. Damit wird klar, daß Jesus die innere Antriebskraft auf dem Weg zurück zum Vater darstellt. Das letzte Ziel dieser Reise liegt in der Ehre des Vaters und unserer Teilnahme am »Gastmahl der Liebe«.

Theologie des Weges: Erste Schritte und ganzheitliches Denken

Aus dem bisher Gesagten ergibt sich folgendes Programm für unsere weitere Untersuchung einer Theologie des Weges:
1. Zunächst werden wir aus der gesamten Überlieferung der Evangelien die Texte sammeln, die uns die Predigt Jesu lebendig vermitteln. Wir werden sie mit großer Sorgfalt uns zu eigen machen und auf diese Weise an den Dialogen, die Jesus mit seinen Jüngern, der Menge und den Schriftgelehrten führt, im Geiste teilnehmen. Dann werden wir versuchen, ähnlich wie die Jünger auf ihren Wegen Jesus lebendig erfahren haben, auch unsererseits Jesus zu begleiten, um so »Christus, den Weg« lebendig zu erfahren. Die vier Evangelien berichten uns von vielen Dialogen Jesu, die wir natürlich hier nicht alle behandeln können. So werden wir sieben Beispiele auswählen, um sie uns möglichst umfassend zu eigen zu machen.
2. Wir werden a) die unausschöpflichen Worte Jesu beim Letzten Abendmahl, in denen er seine ganze Person offenbarte, so zu lesen versuchen, daß wir mit unserer ganzen Person gleichsam Ohr werden. Dann werden wir auf die gleiche Weise b) den Tod am Kreuz betrachten und c) dann zu verstehen versuchen, was er durch die Körpersprache seiner Auferstehung uns mitzuteilen hat.
Bevor wir an die Verwirklichung dieses Programms gehen,

möchte ich noch einen für diese Untersuchung sehr wichtigen Punkt besonders herausstellen. Es ist die Eigenart des biblischen Denkens, daß es immer eine ganzheitliche Sicht hat und durchhält. Als Beispiel möchte ich die Stelle von der Taufe Jesu durch Johannes den Täufer anführen, wo es heißt:»Er sah, daß der Geist wie eine Taube auf ihn herabkam« (Mk 1,10). Im hebräischen Denken hat der Heilige Geist eine höchst geheimnisvolle Bedeutung. Im Hebräischen wird »Geist« mit dem Wort »ruach« bezeichnet, das die Bedeutung von »Wehen des Windes« und »Ein- und Ausatmen« hat. Die Hebräer begriffen die Dinge aber nicht wie wir moderne Menschen analytisch, sondern bewahrten sich einen ganzheitlichen Blick und verstanden die Einzeldinge immer im Bezug zum Ganzen. Wenn sie den Wind oder den Atem spürten, dann sahen sie keine unbeweglichen Dinge vor sich, wie wir dies tun, für sie war Wind und Atem etwas, das zusammen mit der die Dinge bewegenden Kraft existierte, auch wenn es ihnen ein Rätsel blieb, woher diese Kraft kam und wohin sie wieder verschwand. Diese geheimnisvolle Kraft war für sie ohne jeden Zweifel Gottes lebenspendende und schöpferische Kraft. Im hebräischen Denken wurden Wind und Atem als Dinge gesehen, die in den Bereich von Gottes schöpferischem Wirken gehören. Hier zeigt sich das ganzheitliche Denken. Nehmen wir als Beispiel das Atmen des Menschen. Auf der einen Seite ist Atmen der Vorgang des physischen Ein- und Ausatmens, zugleich wird darin aber auch die Lebenskraft des Menschen sichtbar. Denn es bezeichnet eben auch den Atem, den Gott bei der Schöpfung als »Hauch des Lebens« den Menschen eingehaucht hat, d.h. seine schöpferische Kraft. Folglich drückt der Atem des Menschen den Vorgang des Atmens, die Lebenskraft und das schöpferische Wirken Gottes in einer synthetischen Weise aus, die durch Gottes Wirken zusammengehalten und zu einer dynamischen ganzheitlichen Einheit zusammenwachsen. Diese Art des Denkens ist dem Alten und Neuen Testament gemeinsam, und nur wenn wir darauf Rücksicht nehmen, können wir den wahren Sinn der Heiligen Schrift verstehen. Mit einem Fachausdruck von H.W. Wolf können wir es »das stereometrisch-synthetische Ganzheitsdenken« nennen (vgl. H.W. Wolf, Anthropologie des Alten Testaments, München 1973, S. 22f.).

Des weiteren gilt zu beachten, daß der Geist einmal zur Welt der Natur, dann zur Welt des Menschen, aber auch zur Welt Gottes gehört, ohne jedoch in einer ausschließlichen Weise nur in einem dieser Bereiche zu fallen. Deshalb kann in einem bestimmten Fall der Bedeutungsschwerpunkt auf einen dieser drei Bereiche liegen, ohne daß die Beziehung zu den anderen dabei unterbrochen wird. Wenn z.b. die Bibel vom Wirken des Geistes Gottes berichtet, dann ist seine Beziehung sowohl zur Natur als auch zu den Menschen immer mit gemeint. Denn für die Bibel ist eine von Gott getrennte Existenz von Welt und Menschen unvorstellbar. Im Osten wird unter »Atem« (»ki« auf japanisch, »chi« auf chinesisch) eine Kraft verstanden, die Geist und Körper zusammenhält. Es herrscht die Vorstellung, daß das All vom »Atem« (ki) erfüllt ist, durch den alle Dinge verbunden und zu einer Einheit zusammengefaßt werden. In gleicher Weise ist auch der »Geist« eine Gott, die Menschen und die Welt verbindende Kraft, die alles zu einer Einheit zusammenschließt. Es ist daher der Geist, der die Beziehung zwischen Gott, den Menschen und der Welt eröffnet. Gott hauchte dem Menschen den Geist ein und gab ihm Körper und Seele, d.h. die Fähigkeit, Gott, den Mitmenschen und der Welt gegenüber offen zu sein. Gerade weil der Geist diese öffnende Qualität besitzt, hat Gott, als er dem Menschen den Geist mitteilte, in gleicher Weise wie bei der Schöpfung von Himmel und Erde, den Menschen zu einem lebenden Wesen gemacht und ihn in den Stand gesetzt, mit den Mitmenschen, der Umwelt in eine vom Geist eröffnete Beziehung einzutreten. In gleicher Weise wird ein Prophet, wenn Gott ihm seinen Geist mitteilt, nicht nur zu einer mit besonderer Kraft erfüllten Person, sondern geht eine Einheit mit dem Geist Gottes ein, wird zum Verkünder einer göttlichen Botschaft und fähig, eine Mittlerfunktion zwischen dem Volk und Gott zu erfüllen. In allen diesen Fällen sind der den Menschen mitgeteilte Geist und der Geist Gottes nicht zwei verschiedene Wirklichkeiten, sondern ein und dasselbe belebende Prinzip. Ohne den belebenden Geist ist der Mensch kraftlos. Durch den Geist ist er mit Gott verbunden und weiß um seine Abhängigkeit von Gott. (Für die Aussagen über den Geist habe ich folgende Werke benutzt: H.D. Wolf, Anthropologie des Alten Testaments, München 1973, 21- 24, 55-67; Josef Blank, Artikel: »Geist, Hl.«, »Pneumatologie«, in: Neues Handbuch theologischer Grundbegriffe, München 1984, Bd. II, 33-44).

Wenn daher »Geist« eine solch tiefe Bedeutung hat, dann müssen wir uns fragen, welches Geheimnis uns das Ereignis vermitteln kann, das in dem kurzen Satz »Der Heilige Geist kam auf Jesus herab« enthalten ist. Zumindest können wir festhalten, daß der Heilige Geist den ganzen Körper von Jesus erfüllte, eine vollkommene Einheit zwischen Gott und Jesus herbeiführte, so daß er mit Gott eines Geistes wurde und mit einer Botschaft Gottes an die Menschen betraut, in der Kraft des Geistes den Auftrag erhielt, die Menschen zu Gott zurückzuführen und sie im Geist zu einer Gemeinschaft zusammenzubringen. Da der Geist Gottes die Fähigkeit besitzt, die Beziehung zwischen Gott, den Menschen und der Welt zu eröffnen, gelingt es ihm, sie miteinander zum Austausch zu bringen, sie zu versöhnen, ihnen Übereinstimmung im Denken und Fühlen zu vermitteln, so daß sie die gleichen Wünsche haben und eines Geistes werden. Dieses großartige Geschehen hat sich zum Zeitpunkt der Taufe am Jordan an der Person Jesu ereignet. Da es aber in der Natur des Geistes Gottes liegt, zwischen allen Dingen und Personen Beziehungen herzustellen, hat sich dieses gewaltige Ereignis nicht allein als ein geheimnisvolles Geschehen im Innern von Jesus ereignet, sondern stellt ein Ereignis dar, das alle Menschen in tiefer Weise angeht. Wenn wir dieses Ereignis aus der Perspektive des unbegrenzten vertikalen Wirkens Gottes betrachten, dann beinhaltet das Ausgießen des Geistes Gottes auf Jesus in gleicher Weise ein unbegrenztes Wirken, das sich auf die Vergangenheit, Gegenwart und Zukunft erstreckt. So können wir auch sagen, daß darin schon die Versöhnung zwischen Gott und der Menschheit vorweggenommen ist, die erst in Zukunft durch die Verkündigung Jesu herbeigeführt werden wird. Der Grund, daß im hebräischen stereometrisch-synthetischem Ganzheitsdenken Vergangenheit, Gegenwart und Zukunft als eine Einheit gesehen werden können, liegt darin, daß der Geist das unbegrenzte Wirken Gottes zu einer Einheit zusammenführt. Aus dieser Sicht betrachtet wird daher die Herabkunft des Heiligen Geistes auf Jesus zu einem Ereignis, bedeutsam für die ganze Menschheit, das das gewaltige Ereignis der Verbindung von Gott und den Menschen im Heiligen Geist schon vorwegnimmt.

Bei der weiteren Entwicklung unserer Theologie des Weges wollen wir dieses stereometrisch-synthetische Ganzheitsdenken der Heiligen Schrift im Hinterkopf behalten. So werden wir den Prolog des Johannes nicht allein als Prolog zum Johannesevangelium ansehen, sondern ihn zugleich als Prolog zum gesamten Evangelium verstehen, da er von Johannes aus diesem Ganzheitsdenken heraus geschrieben wurde. Wie wir schon gesehen haben, geht der Prolog davon aus, daß das Wort, das in transzendenter Einheit mit dem Vater war, von Anfang an weiß, daß es gesandt ist, das Werk der Erlösung zu vollenden. In dem stereometrisch-synthetischen Ganzheitsdenken wird diese Gesamtschau dann in einzelne Ereignisse aufgespalten und mit konkretem Leben erfüllt, um schließlich wieder in eine Synthese zusammengeführt zu werden. Für unser Unternehmen der Entwicklung einer Theologie des Weges stellt daher dieses Ganzheitsdenken die grundlegende Sehweise dar.

2. »Das Wort als Weg«: Der konkrete Inhalt seines Wirkens

a. Jünger zu gewinnen als erste Aufgabe des Wortes

Die Anziehungskraft der gedrängten Erzählkunst der Evangelien

Wenn wir dem Bericht von Markus folgen, bestand die erste Handlung Jesu zu Beginn seines öffentlichen Auftretens darin, vier Fischer zu seinen Jüngern zu machen. Dieses »Zu-Jüngern-Machen« war offensichtlich die wichtigste Handlung des fleischgewordenen Wortes, wie der Auftrag an die Jünger: »Geht zu allen Völkern und macht alle Menschen zu meinen Jüngern« (Mt 28,19) deutlich macht. Jünger zu gewinnen, bleibt von der Zeit der Apostel angefangen die ganze Kirchengeschichte hindurch bis zum Ende der Welt die vorrangige Tätigkeit des Wortes. Wir sollten daher sorgfältig lesen, was Markus über das Ereignis der Jüngergewinnung berichtet, weil es uns hautnah das Wirken des Wortes erfahren läßt. Von jetzt ab werden wir abgekürzt nur vom »Wort« sprechen, wenn wir das »fleischgewordene Wort« meinen. Mit Hilfe der modernen Bibelwissenschaft werden wir 1. uns an den Ort des jeweiligen Geschehens versetzen, um so 2. diese Erfahrung aus dem Blickwinkel des vertikalen Wirkens des Wortes betrachten zu können.

»Als Jesus am See von Galiläa entlangging, sah er Simon und Andreas, den Bruder des Simon, die auf dem See ihr Netz auswarfen; sie waren nämlich Fischer. Da sagte er zu ihnen: Kommt her, folgt mir nach! Ich werde euch zu Menschenfischern machen. Sogleich ließen sie ihre Netze liegen und folgten ihm. Als er ein Stück weiterging, sah er Jakobus, den Sohn des Zebedäus, und seinen Bruder Johannes; sie waren im Boot und richteten ihre Netze her. Sofort rief er sie, und sie ließen ihren Vater Zebedäus mit seinen Tagelöhnern im Boot zurück und folgten Jesus nach« (Mk 1,16-20).

Wenn wir diesen Text mit der Parallelstelle bei Lukas (Lk 5,1-11) vergleichen, dann werden wir eine bemerkenswerte Besonderheit feststellen. Denn bevor Lukas das Geschehen der Berufung beschreibt, berichtet er relativ ausführlich von Jesu Verkündigungswirken in Galiläa und dem Wunder der Heilung der Schwiegermutter des Simon Petrus von ihrer Fiebererkrankung. Direkt vor dem Bericht der Berufung beschreibt er zunächst noch den wunderbaren Fischfang. Auf diese Weise zeigt Lukas, wie die Berufung von Petrus durch Jesus psychologisch hinreichend vorbereitet wird. Im Gegensatz dazu erwähnt Markus solche Vorbereitung mit keinem Wort, beschreibt weder den Ort des Geschehens noch den Zeitpunkt ausführlicher, sondern berichtet nur das entscheidende Geschehen. Wie E. Schweitzer gesagt hat: »Je weniger Einzelheiten nämlich erzählt werden, je stärker sich alles einer idealen Szene annähert, desto leichter kann der Leser sich selbst in denen finden, von denen hier berichtet wird.« (E. Schweitzer, Das Evangelium nach Markus, NTD 1, Göttingen 1968, 25).

Da Markus die nebensächlichen Ereignisse nicht ausführlich berichtet, sondern nur das Hauptereignis direkt schildert, gelingt es ihm, den Leser auf den »Schauplatz der Rede Jesu« zu führen.

Wir leben heute in einer Mediengesellschaft, können uns die verschiedensten Nachrichten aus aller Welt besorgen und mit Hilfe der Fernsehbilder Ereignisse von überall auf dieser Welt direkt empfangen. Je mehr Einzelheiten wir erfahren, um so mehr sind wir überzeugt, daß wir an den verschiedenen Orten der Geschehnisse überall auf der Welt selber anwesend sind. Doch stimmt dies wirklich? Denn je mehr Informationen wir erhalten und je größer die Flut der Einzelheiten wird, um so mehr nimmt unsere Aufnahmefähigkeit ab, und es fällt uns immer schwerer, die Nachrichten wirklich im Zusammenhang zu begreifen. Hinzu kommt, daß die Nachrichten der Zeitung, der Zeitschriften und des Fernsehens von einem bestimmten journalistischen Standpunkt aus berichtet werden und daher die Ereignisse nicht in einen Gesamtzusammenhang stellen. Wir können die Wahrheit und die historische Bedeutung der Ereignisse daher nicht einfach nur durch die Vielfalt der Berichterstattung erfassen. Denn das Erkennen der Wahrheit und der historischen Bedeutung hängt immer vom Scharfsinn des jeweiligen Beobachters ab. Um eine Einsicht gewinnen zu können, sind wir natürlich bis zu einem gewissen Grad von Informationen abhängig, wobei aber schon wenige Informationen ausreichen können, um die Wahrheit mitzuteilen, wir also nicht auf eine Fülle von Informationen angewiesen sind. Der Bericht von Markus ist von dieser Kürze und Prägnanz, zugleich aber ausreichend, die wahre Bedeutung des Geschehens der Berufung uns zu vermitteln.

Das gleiche läßt sich auch von den Berichten und Schriften des Zen-Buddhismus sagen. Das wird z.b. deutlich, wenn wir uns den Kôan vom »Mu« ansehen, der als Geschichte von »Joshus Hund« im Mumonkan (Kapitel 1) berichtet wird. »Ein Mönch fragte Meister Joshu: Hat ein Hund die Buddha-Natur? Joshu sagte: Mu! (d.h. Nein, Nicht-Sein, kein-Ding)«.

Ein Kôan ist ein Problem, das sich durch Nachdenken allein nicht lösen läßt. Um einen Kôan zu verstehen, muß der Mensch den Standpunkt seines begrenzten Verstandes verlassen, sich im Zazen auf seinen Geist und Körper konzentrieren, sich ganz lassen und »Leib und Seele vergessend, beim Buddha Zuflucht suchen«, um so zur Erkenntnis zu gelangen, die das menschliche Wissen übersteigt. Bei diesem Prozeß wird ein Übermaß an Einzelwissen eher zu einem Hindernis, um zur eigentlichen Erkenntnis durchzustoßen. Vielmehr reichen einige wenige das eigentliche Ereignis betreffende Hinweise aus, daß wir als Leser an den Schauplatz der Ereignisse versetzt werden, wo Joshu mit dem Mönch spricht und wir in die Lage versetzt werden, die tatsächliche Bedeutung der Antwort Joshus zu verstehen.

Bei dem kurzen Text von Markus verhält es sich genauso. Wenn wir diesen Text beim Lesen verstehen wollen, dann müssen wir allen menschlichen Dünkel lassen und einfach still werden. Dann wird uns die kurze Beschreibung des Evangeliums auf wundersame Weise anrühren, uns zum Schauplatz des Dialogs Jesu mit seinen Jüngern führen und uns das Wirken des Wortes an unserem ganzen Leib erfahren lassen.

Jesus drückt durch seine Taten seine ganze Persönlichkeit aus

Zunächst wollen wir unsere Aufmerksamkeit auf das jeweilige Subjekt in den Sätzen des Textes der Jüngerberufung (Mk 1,16-20) richten. Der Text selber besteht aus sieben Sätzen, von denen die wichtigsten vier jeweils Jesus als Subjekt haben, während in den nachfolgenden drei untergeordneten Sätzen jeweils die Jünger das Subjekt sind. Dieser grammatikalische Aufbau macht schon deutlich, daß in diesem Text die Initiative jeweils von Jesus ausgeht: »Jesus ... ging entlang, ... er sah ... er ging ein Stück weiter ... er sah ... er rief sie.« Was können wir lernen, wenn wir uns die verschiedenen aufeinanderfolgenden Handlungen im Zusammenhang ansehen?

In der herkömmlichen Theologie hat man das Schwergewicht immer auf die Worte, die gesprochen werden, gelegt. In einer

Theologie des Weges wird es aber darauf ankommen, in erster Linie die »nonverbale Sprache der Handlungen« zu untersuchen. Denn in einer Theologie des Weges wird der Mensch nicht wie im griechischen Denken als »animal rationale« (wort- und vernunftbegabtes Wesen) definiert, sondern als Wanderer verstanden. Wanderer sind Menschen, die ihr ganzes Leben unterwegs sind, die in allen ihren Taten in der weiten Welt der Natur im gegenseitigem Austausch stehen und gemeinsam auf Reisen sind. Ein Wanderer offenbart seine gesamte Person durch die Summe seines Handelns. Mit dieser Körpersprache drückt der Mensch alles aus, was in ihm ist. Hier liegt der Ursprung der Sprache, und hier ist schon alles indirekt enthalten, was später in Worten ausgedrückt werden kann.

Das griechische Menschenbild, das den Menschen in erster Linie als sprechendes und denkendes Wesen versteht, erscheint aus dem Blickwinkel eines Menschenbildes, das den Menschen als Wanderer sieht, als ein eindimensionales Menschenbild, das die ganzheitliche Sicht des Menschen als Wanderer vergessen hat, die nonverbale Sprache der ganzen Person übersieht und einseitig das Schwergewicht auf das rationale Denken legt.

In einer Theologie des Weges werden wir daher nicht in erster Linie bedenken, was Jesus gesagt hat, sondern vielmehr gründlich zu verstehen versuchen, wie er gehandelt hat und wie er durch die Kette der verschiedenen Handlungen seine ganze Persönlichkeit uns mitteilen will. Was will Jesus uns im vorliegenden Text durch sein Handeln von seiner Person mitteilen? Um diese nonverbale Sprache verstehen zu können, ist Schweigen notwendig, und wir müssen erst einmal lernen, stille zu werden. Damit ist nicht einfach ein Schweigen gemeint, das darin besteht, daß wir nicht sprechen, sondern es geht darum, daß wir alle Ablenkung von uns fernhalten. Wenn wir uns mit Leib und Seele vom Wirken des Wortes erfassen lassen wollen, dann müssen wir alle menschlichen Machenschaften lassen. Nach Meister Eckhart besteht das wahre Schweigen darin, die Tätigkeit der menschlichen Vernunft und des Willens zum Stillstand zu bringen, zum Grund der eigenen Existenz hinabzusteigen und mit dem lebenspendenden Wirken Gottes eins zu werden. Durch dieses Schweigen, so lehrt er, werden wir lernen, daß »der Grund der Seele der Grund Gottes ist«. Wenn es uns gelingt, die menschlichen Leistungen der durchdringendsten Vernunft und des stärksten Willens zu übersteigen und bis zum Grund unserer Existenz vorzustoßen, dann werden wir durch das lebenspendende Wirken Gottes erfahren, daß unsere eigene Existenz von der Dynamik der Existenz Gottes belebt wird und mit ihr eins ist. Was ich hier unter Schweigen verstehen möchte, entspricht im wesentlichen dem, was auch Eckhart mit Schweigen meint.

Für uns, die wir Dôgens Meta-Ethik des Weges gelernt haben, gibt es aber noch einen anderen Zugang zum Schweigen, indem wir als Wanderer mit Leib und Seele das Schweigen üben. Es geht darum, »Leib und Seele in Zucht halten«, d.h. mit der den Wanderer von innen her antreibenden Kraft des Weges Leib und Seele in Zucht zu nehmen, um so ganz mit dem Wirken des Weges eins zu werden. Schweigende Betrachtung schließt ein, die menschlichen Fähigkeiten des Verstandes und Willens zur Ruhe zu bringen, ganz Ohr zu werden und auf das »Wirken« zu »hören«. »Hören« bedeutet hier nicht, das »Wirken« als Objekt zu verstehen und es als Gegenstand wahrzunehmen, sondern vielmehr sich ganz dem »Wirken« zu überlassen, mit ihm eins zu werden und in seiner Nachfolge die Reise fortzusetzen. Um ein konkretes Beispiel zu geben, möchte ich auf die Gestalten der Jünger in unserem Text verweisen, die »alles verließen und ihm nachfolgten«.

Durch die beiden Berichte der Berufung von Simon und Andreas sowie der von Jakobus und Johannes, können wir Gemeinsamkeiten entdecken und das wahre Wesen der Berufung besser verstehen. Die Gemeinsamkeiten bestehen in den folgenden drei Handlungen, daß 1. Jesus sie beim Fischfang sieht, 2. sie beruft und 3. die Jünger alles lassen und ihm sofort nachfolgen. Diesen Handlungen wollen wir etwas nachgehen.

Bei Markus finden wir öfter Hinweise darauf, daß Jesus, wenn er Menschen beruft, sie »anschaut« (Mk 1,16,19; 2,14; 10,21). Besonders eindrucksvoll ist der Blick, den Jesus auf den reichen Jüngling wirft: »Da sah ihn Jesus an, und weil er ihn liebte, sagte er: Eines fehlt dir noch: Geh, verkaufe, was du hast, gib das Geld den Armen, und du wirst einen bleibenden Schatz im Himmel haben, dann komm und folge mir nach« (Mk 10,21). Im Text, den wir hier betrachten, findet sich zwar keine ausführliche Beschreibung des Blickes von Jesus. Wenn wir jedoch alles menschliche Verlangen lassen und wirklich still werden, ganz in das Wirken des Wortes uns hineinbegeben, Menschen werden, die den wahren Inhalt des Geschehens sich vorstellen, dann sagt uns auch ein einfacher Blick sehr viel. Was sagt uns also der Blick, den Jesus auf Simon wirft, als er »ihn sah«? Das wird sehr von der geistigen Vorstellungskraft des Lesers abhängen. Hier möchten wir zunächst nur einen Gesichtspunkt der biblischen Sehweise anführen. Wie wir bei der Darstellung des hebräischen Ganzheitsdenkens gesehen haben, geht es zunächst darum, das Ganze zu begreifen und die einzelnen Teile immer im Verbund mit dem Ganzen zu sehen. Die Menschen des Alten Testaments trennten daher das »Ohr« nicht vom »Hören« und verstanden das »Hören« als Tätigkeit des ganzen Menschen. Folglich bedeutet das Hören auf das Wort Gottes ebenfalls, daß der ganze Mensch Gott nachfolgt. In dieser Sichtweise wird daher in vielen Fällen mit »Ohr« der ganze Mensch bezeichnet. Da im Alten Testament die Offenbarung Gottes in Worten erfolgt, wird das »Hören des Wortes Gottes« sehr ernstgenommen, und das Wesen des Menschen in der Fähigkeit zu hören gesehen. Seitdem sich aber Offenbarung in der Gestalt des fleischgewordenen Wortes ereignet hat, wird im Neuen Testament neben dem Hören auch großes Gewicht auf das Sehen gelegt. Wie beim Hören, wird auch das Sehen als Tätigkeit des ganzen Menschen verstanden, in dem sich das ganze Wesen des Menschen offenbart. Wenn daher Jesus seinen Blick auf Simon und Andreas richtet, dann handelt es sich hier um eine Tätigkeit des ganzen fleischgewordenen Wortes. Das Wort ist in seinem Inneren ganz von der Liebe des Vaters und der Fülle des Heiligen Geistes durchdrungen. Wenn wir das Wesen Jesu dynamisch betrachten, dann entdecken wir, daß im Blick Jesu sich das Geheimnis der grenzenlosen Liebe des Vaters und die Fülle des Heiligen Geistes befinden und aus ihm hervorstrahlen. Wir sollten aber Jesus mit den natürlichen Augen sehen und nicht, wie dies die westlichen Theologen tun, ihn mit den Augen des Geistes betrachten. Denn da das Wort Fleisch geworden ist, gilt es, ganz Auge zu werden und es mit unserer ganzen Person zu betrachten.

Das zweite Charakteristikum der Berufung besteht darin, daß »Jesus sie berufen hat«. Wenn wir Jesu Wort: Kommt und folgt mir nach! auf seine Wirkung hin betrachten, dann entdecken wir, daß es die Kraft hat, Menschen ohne Widerrede zur Nachfolge zu bewegen. Für den hebräischen Menschen, der mit dem Alten Testament vertraut ist, wird beim Lesen dieses Textes sich die Erinnerung an das Wort Gottes bei der Schöpfung aufdrängen, als Gott sagte: Es werde Licht! und es sogleich Wirklichkeit wurde (Gen 1,3). Wenn wir ferner vom Standpunkt der vertikalen Wirkungsweise des Wortes her blicken, dann werden wir beim Lesen dieser Worte erfahren, daß in den Worten Jesu sich die allmächtige Macht Gottes zeigt.

Das dritte Merkmal der Berufung liegt in der in die Augen fallenden überwältigenden Macht der Worte Jesu, die bewirkt, daß »sie alles liegen lassen und ihm sofort nachfolgen«. Wenn wir darüber nachdenken, was dieses »alles« impliziert, dann wird uns die gewaltige Kraft erst richtig deutlich. Denn alle seine Habe, seinen Beruf und seine gesellschaftliche Stellung, die Bindungen der Liebe an die Eltern und Geschwister, die Familie und das ruhige Leben, dies alles mit einem Schlag aufzugeben, ist dem Menschen normalerweise unmöglich. Denn wir Menschen sind doch alle eine Verkörperung von Lust und Begierde.

Die lebendige Funktion des Wortes

In der Unmittelbarkeit der Nachfolge, »sie folgten ihm sofort«, zeigt sich das besondere Wirken des Geistes, der aus dem Wort hervorgeht. Denn dieses »Sofort« besagt nicht nur die zeitliche Unmittelbarkeit, sondern beinhaltet auch, daß es ohne menschliche Vermittlung geschieht und bedeutet zugleich, daß es ohne nennenswerte Hindernisse vor sich geht. In diesem sofortigen Nachfolgen zeigt sich das Handeln des Wortes von oben ohne irgendeine menschliche Vermittlung. Diese Verpflichtung, »Jesus nachzufolgen«, ist von den Aposteln an die Jünger weitergegeben worden und wurde zur grundlegenden Spiritualität der Christen aller Generationen. Wie Martin Buber es passend ausgedrückt hat, wurde es zum »Feuerkern«, der das Christentum die Geschichte hindurch angetrieben hat (vgl. Zwei Glaubensweisen, Zürich 1950, S. 97). Die Nachfolge Jesu, dieser »Feuerkern«, wird daher auch zum zentralen Begriff einer Theologie des Weges. Worin besteht aber nun das »Jesus nachfolgen«?

Jesus nachfolgen bedeutet in der Heiligen Schrift, wie dies Thomas a Kempis in seiner Imitatio Christi ausgedrückt hat, nicht, das Leben Jesu nachzuahmen. Auch bedeutet es nicht, die ethischen Lehren Jesu zu befolgen. Es handelt sich hier vielmehr um einen Begriff, der auf die alttestamentlichen Propheten zurückgeht. In der prophetischen Tradition war es wichtig, Schüler mit einem prophetischen Geist heranzubilden, damit der Geist weitergegeben werden konnte. Jesus nachfolgen bedeutet, daß sich die Jünger vom Geist bewegen lassen, der von Jesus, dem Wort, ausgeht, und mit ihm zusammen zu leben beginnen. Konkret heißt das, daß die Jünger in das innere Leben des Wortes in der transzendenten Gemeinschaft mit dem Vater und dem Heiligen Geist, jene Ko-existenz der Liebe (Reich Gottes) hineingenommen werden, daß sie von dem darin brennenden Feuer des Heiligen Geistes durchglüht, zu Geistverwandelten werden und anfangen, zusammen mit dem Wort das Reich Gottes zu verkünden und die Menschen zu Jüngern zu machen. In diesem Zusammenhang wird die tiefe Bedeutung von Jesu Wort: »Ich werde euch zu Menschenfischern machen« (Mk 1,17) offenbar. Denn dieses Wort drückt das tiefe Verlangen nach der Rettung der gesamten Menschheit aus, die einen wichtigen Teil der Sendung des Wortes ausmacht. Es handelt sich nicht nur um das Wort eines Menschen, sondern ist mehr als nur ein Versprechen, da es die Wirklichkeit der Zukunft schon vorwegnimmt.

Nachdem wir die Tätigkeit Jesu beim Machen der Jünger betrachtet haben, können wir, wenn uns die tiefe Einsicht geschenkt wird, sehen, wie Jesus selbst vom Vater hervorgeht und zusammen mit den Jüngern als Pilger sich auf die Wanderschaft zurück zum Vater begibt. Der Ursprung und die innere Antriebskraft zu dieser Wanderschaft liegen in der grenzenlosen Liebe des Vaters und des Heiligen Geistes und im tiefen Verlangen nach der Rettung der ganzen Menschheit. Wenn dieses Verlangen verwirklicht sein wird, dann wird das letzte Ziel darin bestehen, daß das Wort, zur größeren Ehre des Vaters, in die Gemeinschaft der transzendenten Liebe und Koexistenz mit dem Vater aufgenommen wird. Deshalb sind die Jünger als Pilger unterwegs in der Gemeinschaft mit Jesus, dem Wort, den Weg hin zum Vater zu gehen. Der Ursprung und die innere Antriebskraft für diese Pilgerschaft kommen zwar dirckt von Jesus, dem Wort, indirekt gehen sie aber durch die Vermittlung Jesu vom Vater und Heiligen Geist aus. Ihre letzte Bestimmung ist mit der von Jesus identisch. Das bedeutet, daß der Weg der Pilgerschaft der Jünger direkt Jesus, das Wort, ist indirekt aber der Vater und der Heilige Geist.

b. Der Dialog zwischen Jesus und der Menge
Der Kampf zwischen Licht und Finsternis

Die scharfe Unterscheidung der Geister bei Jesus

Markus berichtet wiederholt von einer Kraft, die aus dem Körper Jesu hervorgeht. Der Satz: »Er lehrte wie einer, der Macht hat« (Mk 1,22), zeigt uns etwas von der göttlichen Würde, die sein Gesicht ausstrahlte. Knapp nach dieser Stelle ist im selben Kapitel (Mk 1,23-28) von der Vollmacht die Rede, mit der Jesus die unreinen Geister austrieb. Diesen letzteren Text wollen wir uns genauer ansehen, aber bevor wir dies tun, wird es gut sein, knapp etwas von der Vorstellung der Bibel über die unreinen Geister zu sagen.

Auf seiner langen Reise durch das Leben begegnet der Mensch Schwierigkeiten und Unglück, wird er Prüfungen und Versuchungen ausgesetzt und macht die Erfahrung von einem unsichtbaren, aber ihn erdrückenden Gegenüber. Die alten Griechen sahen in diesem unsichtbaren Gegenüber, wie die Tragödie des Königs Ödipus ausweist, die unwiderstehliche Macht des Schicksals, die das ganze Leben des Menschen bestimmt. Die Menschen des Orients sahen darin jedoch böse Geister, gegen deren überwältigende Macht sie sich durch Wahrsagerei oder Beschwörungen zu schützen suchten. Vor Menschen oder Plätzen, die von bösen Geistern besessen waren, hatten sie große Angst und suchten die bösen Geister auszutreiben. Krankheiten führten sie ebenfalls auf das Wirken von bösen Geistern zurück und versuchten durch magische Praktiken die Krankheiten zu heilen.

Das Alte Testament lehrt, daß diese unsichtbare erdrückende Macht von Beginn an auf den Verlauf der Geschichte der Menschheit einen großen Einfluß ausgeübt hat. Im Buch Genesis wird berichtet, wie sie im Symbol der Schlange Adam und Eva verführt, sie anstiftet, gegen Gottes Gebot der Liebe sich zu stellen, damit sie »wie Gott werden« (Gen 3,5). Das hat zur Folge, daß der Mensch sich gegen Gott wendet, sich von Gottes grenzenloser Liebe abwendet und aus dem Paradies verstoßen wird. Die Sünde Adams zerstört die Harmonie zwischen Mann und Frau, hat Mord und Gewalt zur Folge und führt zu der Welt, in der der Schwache zur Beute des Starken wird (Gen 4,8; 4,24). In die biblische Überlieferung haben Elemente der volkstümlichen Glaubensvorstellungen der alten orientalischen Völker Aufnahme gefunden. So ist davon die Rede, daß böse Geister die Gestalt von wilden Tieren annehmen (Jes 13,21) oder daß böse Geister der Nacht in Ruinen oder in der Wüste (Jes 34,14) sich aufhalten. Über das eigentliche Wesen der bösen Geister gab es aber lange Zeit hindurch nur sehr verschwommene Vorstellungen. Im Fortschreiten der Offenbarung Gottes gelangten die Menschen zu einer tieferen Einsicht in die wahre Natur der bösen Geister. Im Buch der Weisheit (Weish 2,24) wird der Versucher zur Sünde »Teufel« genannt. In der hebräischen Vorstellung bedeutet, einen Namen geben, auch das innere Wesen kennen und über jemanden Macht auszuüben. In der griechischen Übersetzung des Alten Testaments, in der Septuaginta, werden der Götzendienst das Werk der bösen Geister genannt und die bösen Geister den Götzen gleichgesetzt (Spr 96,5; Bar 4,7). Das Wesen der bösen Geister besteht darin, daß sie geistige Mächte sind, die sich gegen den alleinigen Gott, gegen Jahwe, stellen. In der Spätzeit der jüdischen Religion werden die bösen Geister gefallene Engel genannt, die zur selben Art gehören wie Satan, der Gottes Plan der Liebe seinem Volk Israel gegenüber zu durchkreuzen trachtet. Durch die Offenbarung des Reiches Gottes hat Jesus das Wesen des Widersachers, Satan, noch deutlicher gemacht. Bis dahin hatte das Judentum in vielen Fällen die bösen Geister als unter sich zerstritten angesehen, Jesus hat die Gesamtheit der auf böse Geister beruhenden Phänomene auf ihren obersten Führer, den Satan, zurückgeführt. Jesus hatte erkannt, daß alle bösen Geister wie Soldaten sind, die Befehle des Satan ausführen, die von der gewaltigen Kraft des sie befehligenden Satan kommmandiert sind (Lk 10.18) und ein einziges Königreich bilden (Mt 12,26; Lk 11,18). Hinter den Manipulationen der bösen Geister in der Welt hatte Jesus die gewaltige Macht Satans entdeckt, der sie antreibt. Diese Einsicht, daß die Welt fundamental von dem in ihr sich befindenden Bösen beherrscht wird, hat er an die Menschen weitergegeben. Es war jedoch keine leichte Aufgabe, den Menschen diese Einsicht zu vermitteln. Denn, wenn schon die Botschaft vom Reiche Gottes, die Jesus verkündete, ein für das Wissen des Menschen unzugängliches Geheimnis darstellt, dann bedeutet sein absoluter Gegenpol, das Reich des Satan, das die späteren Theologen das »Geheimnis des Bösen« (mysterium iniquitatis) genannt haben, einen Abgrund, der von der menschlichen Vernunft nicht erhellt werden kann.

Das »Geheimnis des Bösen« als Herausforderung der modernen Welt: Die Erfahrungen von Auschwitz und Hiroshima

An dieser Stelle wollen wir versuchen, uns dem Geheimnis des Bösen etwas zu nähern und uns in das Böse, das die moderne Welt in so gewaltigem Ausmaß umhüllt, vertiefen. Durch das Unheil des Zweiten Weltkrieges haben wir das Grauen der dunklen Mächte am eigenen Leib verspüren können. Wenn wir an Auschwitz denken, diese wahre Hölle, die die Nazis bereitet haben, oder die Tragödie der Atombombenabwürfe auf Hiroshima und Nagasaki, diese lebendigen Höllen, uns ins Gedächtnis rufen, dann müssen wir uns eingestehen, daß unsere Welt von gewaltigen dunklen Mächten gesteuert wird. Als ich in Deutschland studierte, hatte ich Gelegenheit, das Konzentrationslager von Dachau, das in der Nähe von München liegt, zu besuchen. Die Tatsache, daß hier einige hunderttausende Juden in den Gaskammern ermordet wurden, daß man den Leichnamen die Goldzähne ausbrach, ihnen Armreife und Ringe und andere Wertsachen abnahm, aus dem aus den Knochen gewonnenen Öl Seife machte, die abgeschnittenen Haare als Dichtungsmaterial für militärische Zwecke verwandte, und das, was von den Körpern dann überblieb, verbrannte, hat mich in einem Maß schockiert, daß ich es mein ganzes Leben nicht mehr vergessen kann. Mehr noch als das Unmenschentum der Nazis hat mich dabei die Einsicht bis in die Tiefe meiner Seele aufgewühlt, wie weit die Blindheit der Menschen gehen kann. In meinem Herzen regte sich der Gedanke, ob ich, wenn es mein Schicksal gewesen wäre, einer der Nazis zu sein, nicht auch etwas Gleiches getan hätte – und dieser Gedanke stürzte mich in eine bodenlose Finsternis. In dieser dunklen Stimmung kehrte ich in die theologische Hochschule zurück, in der ich damals wohnte. Am Abendtisch teilte ich meine Eindrücke, über das, was ich an diesem Tag gesehen und gehört hatte, meinen Freunden mit, und erlebte einen weiteren Schock. Denn der junge Benediktinerpater, der sich meine Schilderung angehört hatte, sagte wie zur Rechtfertigung: »Wir normalen Bürger haben doch von den Konzentrationslagern der Nazis nichts gewußt!« Dabei hatte ich doch überhaupt nicht vorgehabt, den Deutschen ganz allgemein einen Vorwurf zu machen. Ich hatte doch nur die allgemeine Blindheit der Menschheit und die sich dahinter zeigende dunkle Macht des Bösen aufzeigen wollen, bloß um hier auf noch mehr Blindheit zu treffen.

Während eines zweimonatigen Aufenthalts in Israel hatte ich kürzlich die Gelegenheit, die Grausamkeit der Nazis noch tiefer zu verstehen. Durch die teuflischen Machenschaften der Nazis wurden sechs Millionen Juden umgebracht, von denen eine Million Kinder waren. Wenn man dann ferner die durch die strukturelle Sünde des Rüstungswettlaufs zwischen den USA und der Sowjetunion in den Ländern der Dritten Welt hervorgerufenen sozialen Mißstände sich vor Augen stellt, dann kann man bei einer Analyse der gegenwärtigen Gegebenheiten nicht länger an der gewaltigen Macht dieser unsichtbaren dunklen Kräfte, die die ganze Welt beherrschen, zweifeln. Wenn wir dies alles bedenken, dann müssen wir zumindest anfänglich verstehen, was Jesus mit dem Bild von der gewaltigen Macht des Bösen eigentlich gemeint hat.

Der Unterschied zwischen Jesus und den Exorzisten

Jesus wußte, wie schwierig es ist, den Menschen das Geheimnis des Bösen bewußtzumachen. Wenn wir uns ins Gedächtnis rufen, welche Vorstellung von den bösen Mächten die Menschen damals hatten, dann wird uns sofort deutlich, wie schwierig es gewesen sein muß, eine Änderung dieser Vorstellung zu bewirken und ihnen das Geheimnis des Bösen in seiner wahren Natur verständlich zu machen. Bei der Durchführung dieser schwierigen Aufgabe ging Jesus zunächst den Weg, sich auf den niedrigen Stand der damaligen Vorstellungen über die Natur des Bösen hinab zu begeben. Jesus begab sich gleichsam in die Welt, wo die bösen Geister wohnen, und indem er durch sichtbare Zeichen die bösen Geister austrieb, machte er das Wirken des unsichtbaren Gottes für die Menschen erfahrbar. Markus beschreibt uns den Vorgang der Teufelaustreibung auf eindrucksvolle Weise. Wir wollen uns diesen Text genau ansehen und uns an den Schauplatz der Verkündigung Jesu versetzen.

»Jesus ging am Sabbat in die Synagoge und begann zu lehren … Dort saß ein Mann, der von einem unreinen Geist besessen war. Der begann zu schreien: Was haben wir mit dir zu tun, Jesus von Nazaret? Bist du gekommen, um uns ins Verderben zu stürzen? Ich weiß, wer du bist: der Heilige Gottes. Da befahl ihm Jesus: Schweig und verlaß ihn. Der unreine Geist zerrte den Mann hin und her und verließ ihn mit lautem Geschrei. Da erschraken alle, und einer fragte den andern: Was hat das zu bedeuten? Hier wird mit Vollmacht eine ganz neue Lehre verkündet. Sogar die unreinen Geister gehorchen seinem Befehl. Und sein Ruf verbreitete sich rasch im ganzen Gebiete von Galiläa (Mk 1,21-28).«

Um diesen Text wirklich verstehen zu können, müssen wir uns in die Lebensumstände der damaligen Menschen versetzen. Zur

Zeit Jesu lastete die Angst vor den bösen Geistern in einer außergewöhnlichen Weise auf den Herzen der Menschen. Jede Krankheit, in ganz besonderer Weise seelische Krankheiten, wurden auf den Einfluß der bösen Geister zurückgeführt. In unserem Text wird die Situation beschrieben, wie ein geistig verwirrter Mensch plötzlich in der Synagoge auftaucht. Für die Menschen der Zeit Jesu bedeutete dies ein ganz gewöhnliches Geschehen, denn die Menschen der damaligen Zeit lebten wirklich in einer von bösen Geistern erfüllten Welt.

Wir können uns daher vorstellen, was es für Menschen, die in einer solchen Welt lebten, bedeutet haben muß, wenn ein von einem bösen Geist Besessener vor ihren Augen plötzlich geheilt wird. Als sie sahen, wie der böse Geist, der diesen Menschen nach Belieben hin und her getrieben hatte, auf ein einziges Wort von Jesus hin »mit großem Geschrei von ihm ausfuhr«, waren sie natürlich von der gewaltigen Macht Jesu, »dem selbst die bösen Geister folgten«, tief berührt.

Wie unterschied sich diese Macht Jesu von der der Exorzisten, die in der damaligen Zeit im Orient zahlreich auftraten? Im Evangelium wird ja auch davon berichtet, daß ein Mann mit Berufung auf den Namen Jesu böse Geister ausgetrieben hat (Mk 9,38-40). Es ist ein Faktum, daß es in der damaligen Zeit eine Reihe von Exorzisten gab. Wie unterschied sich nun Jesus beim Austreiben von bösen Geistern von diesen anderen Exorzisten?

Wenn wir den Text sorgfältig lesen, dann fällt uns auf, daß Markus das Austreiben der bösen Geister durch Jesus als Kampf schildert. Der vom bösen Geist Besessene richtet zunächst Vorwürfe an Jesus: »Was haben wir mit dir zu tun, Jesus von Nazaret? Bist du gekommen, um uns ins Verderben zu stoßen?« Danach wandeln sich die Vorwürfe in Angriffe. Der böse Geist offenbart Jesu wahres Wesen und versucht, durch die Nennung des Namens »Ich weiß, wer du bist: der Heilige Gottes!« Jesus zu vertreiben. Mit diesen Angriffen beginnt der böse Geist die Auseinandersetzung, in der Jesus ihn streng verweist und ihm befiehlt: »Schweig und verlaß ihn.« Der böse Geist versucht einen letzten Widerstand, er zerrte den Mann hin und her, unterliegt aber letztlich im Kampf und »verließ ihn mit lautem Geschrei«.

Die Austreibung der bösen Geister, wie Jesus sie vollzog, bestand nicht aus Gebet und Beschwörung des Teufels, wie sie die Exorzisten üblicherweise in einer Zeremonie vollzogen, sondern im Sieg über die bösen Geister in einer kämpferischen Auseinandersetzung. Für die Heilsgeschichte der Menschen ist dieser Entscheidungskampf von großer Bedeutung. Jesus hatte erkannt, daß die Welt unter der gewaltigen Macht Satans stand. Wenn er daher die Menschheit durch die Verkündigung der Frohen Botschaft vom Reiche Gottes zum Heil führen wollte, dann konnte er dies nicht allein durch die Haltung des Mitleids vollbringen, sondern musste sich in erster Linie mit dieser großen Macht des Satans auseinandersetzen. Dieser Entscheidungskampf ist für das Rettungswerk Jesu an der gesamten Menschheit bedeutsam und wirkt sich auf die ganze Geschichte aus, ein Gedanke, der ganz mit den Aussagen von Johannes in seinem Prolog übereinstimmt. Dort haben wir gesehen, daß das Wirken des Wortes für die Rettung der Menschheit in erster Linie in der Auseinandersetzung mit der Finsternis und dem Sieg über die Finsternis besteht. Die Menge aber, die beim Austreiben des bösen Geistes durch Jesus anwesend war und den Entscheidungskampf zwischen Jesus und dem bösen Geist miterlebte, war darüber erstaunt, daß Jesus anders als die übrigen Exorzisten die Macht hatte, mit einem einzigen Wort »Schweig und verlaß ihn!« den bösen Geist zu überwinden, und sie waren von dieser göttlichen Macht überwältigt. Wie wir schon öfter festgestellt haben, hatten die Juden der Antike ein feines Gespür für die Macht des Wortes und wußten, daß Gott mit einem Wort die Welt geschaffen hatte und das ganze Universum unter seiner Macht stand. Die Jünger haben ohne jeden Zweifel in den Worten Jesu die göttliche Macht verspürt, die Gott allein zukommt. Sie erkannten, daß in Jesu Worten sich direktes göttliches Wirken zeigte. Verglichen mit dem Wirken der übrigen Exorzisten, die sich auf menschliches Tun wie Gebete und bestimmte Riten verließen, zeigte sich bei Jesus das direkte Wirken Gottes. Seine Worte hatten ihren Ursprung darin und verfügten über dieselbe Macht wie sie Gottes Wort hat.

Für die Juden ist aber Wirken gleichbedeutend mit dem Sein. Wenn Jesus daher in der Lage war, wie Gott zu handeln, dann bedeutet dies, daß Jesus Gott ist. Die Jünger haben zumindest dunkel verstanden, daß Jesus Gottes Wort, oder um es in der Terminologie von Johannes zu sagen, der Logos ist. Der Evangelist Johannes hat diese von Markus berichtete Einsicht der Jünger vertieft und war so in der Lage, unter der Annahme der Entsprechung von Sein und Wirken zur Schlußfolgerung zu gelangen, daß Jesus »das Wort Gottes« ist.

Die Ursachen der Begeisterung der Menge

Es ist jedoch auf keinen Fall so, daß die Menge von diesem für die Heilsgeschichte so bedeutsamen Entscheidungskampf etwas gewußt hätte. Denn einmal hatte Jesus ja noch gar nicht angefangen, über die alles durchdringende Macht des Bösen zu lehren, und die Menge war noch nicht darauf vorbereitet, diese Lehre mit dem Herzen aufzunehmen. Jesus mußte zunächst ihre von einer Unzahl von Geistern durchdrungene Weltsicht durchbrechen, ihnen zur Einsicht verhelfen, daß Gottes Macht in ihrer Welt schon direkt zu wirken begonnen hatte, sie mit dem Licht von Gottes Wirken erleuchten und ihnen aufzeigen, daß die von ihnen bewohnte Welt weit über ihre Vorstellungen hinaus von der überall anwesenden Macht des Bösen beherrscht sei.

Denn die Menschen, die Gottes Wirken gegenüber so blind waren, hatten keine Ahnung, in welch tiefer Finsternis sie eigentlich lebten, weil das Dunkel des Bösen sie zu Blinden gemacht hatte und sie nicht in der Lage waren, die Dunkelheit, in der sie lebten, für sich selber noch zu erkennen. Erst als die Welt der Finsternis vom Lichtstrahl des göttlichen Wirkens durchstrahlt wurde, konnten die Menschen erstmals einsehen, daß sie im Dunkel lebten. Um zu dieser Einsicht zu gelangen, mußten die Menschen einen langen Leidensweg zurücklegen. Jesus, der die Schwäche des Menschen an seinem eigenen Leibe erfahren hatte, wußte dies nur zu gut. Jesus war sich bewußt, daß es viel Geduld brauchen würde, um der unter der Herrschaft des Bösen lebenden Menge das Wirken Gottes spürbar werden zu lassen und ihre Einsicht so weit zu erweitern, daß sie imstande wären, das Geheimnis des Bösen zu erkennen. Wenn wir die Heilige Schrift aufmerksam lesen, können wir sehen, mit wieviel Geduld Jesus die so begriffsstutzige Menge und die Apostel veränderte und erzog.

Als die Menge die vielen Wunder Jesu sah, war sie begeistert, wie dies Markus in der folgenden Begebenheit beschreibt. Damals galt die Vorschrift, daß erst nach Sonnenuntergang, wenn der Sabbat beendet war, Kranke getragen werden durften. In Beobachtung dieses Gebotes »brachte man alle Kranken und Besessene zu Jesus. Die ganze Stadt war vor der Haustür versammelt« (Mk 1,32f.). Als sich der Ruf über den Bereich von Galiläa hinaus verbreitete, brachten immer mehr Menschen eine ständig wachsende Zahl von Kranken zu Jesus.

Rührte die Begeisterung der Menge über Jesu Wunder aber wirklich daher, daß sie Gottes Wirken darin erkannt hatten? Ganz offensichtlich zeigen sich hinter dieser Begeisterung noch ganz andere Motive. Es ist doch wohl eher die Erwartung, etwas für sich selber zu gewinnen. Es ist wohl selbstverständlich, daß die Menschen von ihren Krankheiten geheilt werden wollten; wenn dies aber zum Motiv des Glaubens wird, dann wird daraus ein Glaube, der den eigenen Vorteil sucht. Die bewegende Kraft hinter diesem Glauben ist nicht das Wirken Gottes, sondern das auf den eigenen Vorteil bedachte Rechnen. Es ist wohl keine Übertreibung festzustellen, daß dies die treibende Kraft hinter allen weltlichen Geschäften ist. Wenn der Mensch aber einmal Gott direkt gegenübersteht, dann hilft dieses auf den eigenen Vorteil bedachte Rechnen nicht nur nicht, sondern hat zur Folge, daß aus Glauben eine nur auf Gewinn und Vorteil ausgerichtete Spekulation wird. Im Ergebnis wird jemand, der nur den eigenen Vorteil sucht und sich davon leiten läßt, sich der Führung durch Gottes Wirken zu entziehen trachten und ganz unter die Herrschaft des Eigennutzes geraten. So kommt es zu der verhängnisvollen Entwicklung, daß der Mensch das Wirken Gottes zum Instrument für Eigennutz macht, sich der Führung Gottes entzieht und sich selber an die Stelle Gottes zu setzen versucht. Hinter dieser Umkehr macht sich der Einfluß einer bösen Macht bemerkbar. Denn selbst wenn der einzelne gar nicht bewußt so handelt, wird doch das Verhältnis zwischen Gott und dem Geschöpf verkehrt. Wenn man dies alles bedenkt, dann wird deutlich, welche Macht hinter der Begeisterung der Menge über die Wunder Jesu eigentlich steckte. Direkt werden sie von dem in ihrem Herzen schlummernden tiefen Verlangen nach dem eigenen Vorteil bewegt, doch hinter diesem Verlangen zeigt sich das Wirken einer Macht, die durch ihre Manipulation alles verdreht. Dabei handelt es sich um nichts anderes als um die unsichtbare Macht der Finsternis. Solange sie von dieser Macht bewegt werden, werden sie zwar in Jesus eine mit übermenschlicher Kraft ausgestattete Persönlichkeit sehen, ihn als Messias preisen und ihn mit Festlichkeiten feiern wollen. Wenn Jesus dagegen, um die Menschheit zu retten, den Weg ans Kreuz geht, dann werden sie ihn verlassen.

Im Wissen um die Vergeblichkeit setzt Jesus die Heilungen fort

Jesus wußte sehr gut, was die Menge im Innersten bewegte. Deshalb bewahrte er immer eine bestimmte Distanz zur fanatischen Verehrung der Menge und ließ sich niemals davon bewegen. Die Bibel erzählt uns öfter, daß Jesus die Menschen gemieden hat, um Zeit für das Beten zu finden, das die eigentliche Antriebskraft seiner Verkündigunstätigkeit darstellt. Als Jesus von Johannes die Taufe empfing, wurde er in seiner ganzen Person vom Heiligen Geist erfüllt, zugleich ertönte die Stimme des Vaters: »Du bist mein geliebter Sohn!«, und er wurde in die transzendente Gemeinschaft der Liebe mit dem Vater hineingezogen. Diese Erfahrung wurde Ausgangspunkt und Antriebskraft für die Predigt und das missionarische Wirken Jesu. Deshalb vergaß Jesus auch mitten in der größten Aktivität nie, durch das Gebet zum Ursprungspunkt zurückzukehren, in die transzendente Gemeinschaft der Liebe mit dem Vater einzukehren und sich vom Heiligen Geist erfassen zu lassen, um so immer wieder Motivation für seine Verkündigung zu finden. Zugleich zog sich Jesus von der fanatischen Begeisterung der Menge zurück, um entschlossen seine auf Abstand zu ihnen zielende Haltung deutlich zu machen. Durch das Gebet mit dem Heiligen Geist erfüllt, hielt es Jesus nie für längere Zeit an einem Ort, sondern nötigte ihn innerlich, von Ort zu Ort die Frohe Botschaft zu verkünden. Es verhinderte zugleich, daß Jesus sich durch die fanatische Begeisterung der Menge irgendwie einfangen ließ und bewirkte, daß Jesus ihren Bestrebungen gegenüber immer eine eindrucksvoll klare Haltung zeigte. Sowohl die Jünger als auch die Menge waren ohne Zweifel von dieser Haltung Jesu stark beeindruckt. Denn Jesus ging in keiner Weise auf ihre den eigenen Nutzen suchende rechnerische Haltung ein, sondern lehrte sie ohne jeden Abstrich die Frohe Botschaft von der Herrschaft Gottes, die jedes nur den eigenen Nutzen suchende Verlangen übersteigt.

Jesus nutzte seine tiefe Einsicht in die Psychologie der Masse, um ihnen auf jede nur mögliche Weise die Botschaft vom Reiche Gottes nahezubringen. Deshalb wirkte er die großen Zeichen, die ihnen das Wirken Gottes vor Augen führen sollte. Eines dieser Zeichen bestand in der Heilung der Lepra (Mk 1,40-45), einer Krankheit, die die Menschen damals vor allem fürchteten. Denn die Leprakranken wurden damals aus der Gesellschaft ausgestoßen und sie mußten, wenn sie auf der Straße jemanden begegneten, schon von weitem rufen: »Unrein! Unrein!« (Lev 13.45). Als ein solcher Leprakranker voll Vertrauen sich Jesus zu Füßen warf und ihn erwartungsvoll anblickte, »hatte Jesus Mitleid mit ihm; er streckte die Hand aus, berührte ihn und sagte: Ich will es – werde rein! Im gleichen Augenblick verschwand der Aussatz, und der Mann war rein« (Mk 1,41f.).

Bei diesem Geschehen gilt es besonders zu beachten, daß Jesus die Grenze zwischen rein und unrein durchbrach und den unreinen Leib des Kranken berührte. Diese Handlungsweise offenbart das tiefe Mitleid Jesu und läßt das Wirken des Wortes erkennen, das alle Unterschiede durchbricht. Dabei geschieht die eigentliche Heilung durch die körperliche Berührung zwischen Jesus und dem Kranken. Da Jesu ganze Person vom Wirken des Wortes erfüllt ist, bewirkt eine Berührung mit ihm nicht nur die Heilung jeglicher Krankheit, sondern bedeutet zugleich auch das Durchbrechen jeglicher Diskriminierung. Darüber hinaus ist derjenige, der Jesu Körper berührt, schon im Reich Gottes angekommen.

Die Wirkung der Heilung war jedoch der Absicht Jesu diametral entgegengesetzt. Wenn wir Markus folgen, hat der Geheilte den strengen Befehl Jesu »Erzähl niemandem etwas davon!« nicht beachtet, sondern »erzählte bei jeder Gelegenheit, was geschehen war; er verbreitete die ganze Geschichte, so daß sich Jesus in keiner Stadt mehr zeigen konnte; er hielt sich nur noch außerhalb der Städte an einsamen Orten auf« (Mk 1,43-45).

Daß der Mann, der am eigenen Leib das Wunder erfahren hatte, den Mund nicht halten konnte, zeigt nicht nur seine leichtfertige Natur und seinen Mangel an Nachdenklichkeit, sondern bedeutet auch, daß er sich nicht dem Wirken des Wortes, das von Jesus ausgeht, überläßt und sich mit seiner ganzen Person nicht in Richtung des Reiches Gottes neu ausrichtet. Er bleibt vielmehr grundsätzlich von dem Verlangen, nur den eigenen Nutzen zu suchen, weiterhin bestimmt und darauf fixiert. Damit erfüllt er buchstäblich die Definition der Sünde, die Augustinus gibt, wenn er davon spricht, daß Sünde darin besteht, daß der Mensch sich von Gott entfernt und sich den Geschöpfen zuwendet. Deshalb können wir im Hintergrund dieses leichtfertigen Handelns des Mannes die unsichtbare Macht der Finsternis am Werke sehen.

Wenn dies so ist, dann bedeutet dies, daß der Geheilte, obschon Jesus ein Zeichen wirkte, um Gottes Kraft zu offenbaren, das Zeichen Gottes zunichte machte, indem er sich der Macht der Finsternis unterwarf. Denn Jesu Werk der Barmherzigkeit scheint hier verraten und zum Scheitern gebracht worden zu sein. Wenn wir auf der horizontalen Ebene bleiben und vom sichtbaren Ergebnis in einem Ursachen- und Wirkungdenken einen Schluß ziehen, dann müssen wir wohl sagen, daß Jesus eine Niederlage erlitten hat. Wie sieht es aber aus, wenn wir unser Blickfeld erweitern? Als echter Hebräer betrachtete Jesus die Dinge im Rahmen eines ganzheitlichen Denkens. Deshalb war er in der Lage, die einzelnen Geschehnisse aus dem Blickwinkel des vertikalen Wirkens Gottes in der Gesamtheit der menschlichen Geschichte zu sehen. Mögen die einzelnen Geschehnisse auch wie Mißerfolge aussehen, so bleibt es doch unbezweifelbare Wahrheit, daß durch die Verkündigungstätigkeit Jesu das Reich Gottes Wirklichkeit wird. Jesus ist sich vollkommen bewußt, wie schwierig es ist, das blinde Volk zur Einsicht in das Geheimnis des Bösen zu führen, trotzdem fährt er fort, immer gewärtig, daß es zu Mißerfolgen kommen kann, Kranke zu heilen und durch die Taten seiner Liebe das Reich Gottes Wirklichkeit werden zu lassen. Genauer gesagt ist es doch so, daß das Reich Gottes gerade durch die Mißerfolge, die Jesus erlebt, herbeigeführt wird. Darin liegt eine widersprüchliche Logik verborgen. Jedenfalls dann, wenn wir, wie im horizontalen Denken üblich, die Dinge nur in ihrem von Ursache und Wirkung bestimmten Zusammenhang betrachten.

Wenn wir aber, wie wir dies durch den Prolog des Johannes gelernt haben, die Dinge aus der vertikalen Sicht des Wirkens des Wortes betrachten, dann können wir verstehen, daß die geistige Wirklichkeit die Grenzen der von Ursache und Wirkung bestimmten Welt übersteigt. Wie wir später deutlicher sehen werden, wird dies in der Logik des Kreuzes am deutlichsten. Denn das Reich Gottes findet seine eschatologische Vollendung im Tod Jesu am Kreuze. Die Logik des Kreuzes wird letztlich von der grenzenlosen Liebe Gottes getragen, die im Wissen um das Mißlingen doch die Werke der Liebe bis zum Ende vollbringt. Diese Liebe ist es, die letztlich allein imstande ist, das menschliche Herz zu durchdringen, die Macht der Finsternis zu besiegen und den Weg zum Reiche Gottes zu öffnen. Wenn wir uns die Gestalt Jesu anschauen, wie er im Wissen, in seinem eigentlichen Anliegen mißverstanden zu werden, doch fortfährt, die Kranken zu heilen, dann können wir sehen, wie alle seine Handlungen von der Logik der Liebe durchdrungen sind.

Zugleich sehen wir in Jesus aber noch eine andere widersprüchliche Logik am Werk. Denn je mehr Jesus das Wirken Gottes der Menge deutlich macht, um so mehr geraten die Massen unter den Einfluß der Herrschaft der Finsternis. Indem Jesus unter der Menge die Werke Gottes aufscheinen läßt, wird im Ergebnis die schwarze Finsternis, die die Menge umfängt, nur um so dichter. Liegt darin nicht ein Widerspruch? Ganz bestimmt ist dies so. Jedenfalls dann, wenn wir das Wirken Jesu auf die gleiche horizontale Ebene mit der Macht der Finsternis stellen und in einem Denken in den Kategorien von Ursache und Wirkung gefangen bleiben, werden wir nicht umhin können, darin einen Widerspruch zu erblicken. Doch wie wir aus dem Prolog des Johannes gelernt haben, verliert das Wort Gottes zu keiner Zeit seine absolute Führungsautorität. Durch dieses Wirken ist das Wort ständig dabei, die Macht der Finsternis zu überwinden und sie sich gefügig zu machen und ans Licht zu bringen, wie sie in den Herzen der Menge wirkt, um auf diese Weise die Menge langsam zur Einsicht zu bringen, daß in ihren Herzen die Macht der Finsternis sich breitgemacht hat. So wird die Menge letztlich zur Einsicht gelangen, daß das Geheimnis des Bösen eine Macht darstellt, denen Menschen nicht gewachsen sind, und daß es, um ihr zu entgehen, keinen anderen Ausweg gibt, als sich dem Wirken des Wortes, das schon in ihre Herzen eingegossen ist, zu überlassen und Jesus nachzufolgen.

Das Licht leuchtet in der Finsternis. Und je dichter die Finsternis wird, um so heller erstrahlt das Licht. In gleicher Weise erstrahlt das aus der ganzen Person Jesu hervorbrechende Licht des Wirkens des Wortes um so heller in der Welt, je dichter die Finsternis wird, die vom Geheimnis des Bösen ausgeht.

c. Der Dialog Jesu mit den Schriftgelehrten

Das »göttliche Passiv«: »Deine Sünden sind dir vergeben!«

Der Kampf Jesu mit der Finsternis erreicht seinen Höhepunkt in der Auseinandersetzung mit den Schriftgelehrten und Pharisäern. Um zu verstehen, wie es zur Auseinandersetzung zwischen Jesus und den Schriftgelehrten kam, wollen wir uns den Bericht von der Heilung des Gelähmten (Mk 2,1-12) genauer anschauen.

Es gab fast keinen Raum, um auch nur zu stehen, so groß war die Menge, die Jesu Lehre hören wollte. Mit großer Aufmerksamkeit und brennenden Herzen lauschte die Menge auf die Botschaft vom Reiche Gottes, die Jesus verkündete. Der Text berichtet uns nichts über den Inhalt dieser Verkündigung und auch nicht, ob die Menge sie verstanden hat. Es wird nur berichtet, daß die Menge mit brennenden Herzen auf Jesu Worte gehört und daß

Jesus darauf eingehend das Wort an sie gerichtet hat. Durch dieses Hören auf der einen und durch die Predigt auf der anderen Seite entstand zwischen Jesus und der Menge eine Art »Dialog durch gemeinsames Handeln«. Der Gelähmte hatte das große Verlangen, von Jesus geheilt zu werden, und um seinen Wunsch Wirklichkeit werden zu lassen, gingen vier Männer hin, im Dach eine Öffnung zu schaffen, um auf diese Weise den Gelähmten auf einer Trage vor Jesus hinunterzulassen. Aus ihrem Handeln konnte Jesus ihre große Bereitschaft und Offenheit herauslesen. Ja, wir können sagen, daß sich darin zwischen Jesus und ihnen ein »wortloser Dialog« ereignet hat.

Wenn wir uns diesen »wortlosen Dialog« aus der vertikalen Perspektive des Wirkens Gottes anschauen, dann handelt es sich um eine vom gewöhnlichen Dialog unter Menschen verschiedene Form der Begegnung, nämlich um einen die Worte übersteigenden Dialog, in dem sich das Wirken Gottes zeigt. Denn Markus ist offensichtlich der Ansicht, daß Jesus im Verhalten der Menge und in den Handlungen des Gelähmten und seiner vier Freunde das Wirken Gottes erblickt hat. Denn der Text der Heiligen Schrift sagt, daß Jesus ihren Glauben gesehen und daraufhin die Worte der Sündenvergebung gesprochen hat. Gemäß der Bibel ist jedoch der Glaube nie die Tat eines Menschen, sondern geht immer und ausschließlich auf Gottes Wirken zurück, der ganz allein Glauben bewirken kann. Weil Jesus erkannt hatte, daß sie vom Wirken Gottes berührt worden waren und ihr Herz dem Geheimnis des Reiches Gottes geöffnet hatten, hat er das göttliche Kraft beinhaltende Wort: »Deine Sünden sind dir vergeben!« sprechen können.

Betrachten wir die Worte der Sündenvergebung jedoch auf dem Hintergrund des hebräischen Weltbildes, dann verstehen wir, daß sich darin eine für uns Japaner normalerweise unverständlich bleibende tiefe Bedeutung verbirgt. Die Hebräer besaßen ein sehr feines Gespür für die religiöse Sprache, sie vermieden es, den Namen Gottes unnötig auszusprechen und gebrauchten häufig Umschreibungen für das Wirken Gottes. Eine Form dieser Umschreibungen bestand im Gebrauch des »göttlichen Passiv« (Passivum Divinum). Auch Jesus hat davon öfter Gebrauch gemacht, wenn er deutlich machen wollte, daß Gottes Wirken in der Gegenwart schon Wirklichkeit geworden sei. Besonders zu Anfang seiner Verkündigungstätigkeit des Reiches Gottes hat Jesus alles vermieden, sich selber als Messias oder Gott zu bezeichnen. Vielmehr hat er Worte gebraucht, die in vielen Nuancen auf verhüllte Weise auf seine göttliche Natur hinwiesen. Wenn Jesus in dieser Textstelle das »göttliche Passiv« gebraucht, dann steht dahinter dieselbe Absicht. Mit den Worten: »Deine Sünden sind dir vergeben!« wird daher eigentlich ausgesagt: »Hier steht ein Mensch, der die Macht hat, dir die Sünden nachzulassen« (vgl. J. Jeremias). Wir haben ja schon gesehen, daß in den Worten Jesu sich das Wirken des Wortes (Logos) verbirgt, und daß sie von der überwältigenden Macht Gottes erfüllt sind. Hier verhält es sich genauso. Wenn Jesus die Worte der Vergebung spricht, wird Sündenvergebung nicht nur hier in diesem Einzelfall Wirklichkeit, sondern zugleich wird offenbar, daß hier einer steht, der die Vollmacht besitzt, alle Sünden überhaupt zu vergeben. Zugleich zeigt sich darin, daß das Reich Gottes dabei ist, unter ihnen Gestalt anzunehmen. Die Worte Jesu bei der Sündenvergebung offenbaren zum einem die Göttlichkeit Jesu und drücken zum andern aus, daß das Reich Gottes schon gekommen ist. Die Menge hat sicher die tiefere Bedeutung der Worte Jesu nicht verstanden, wurde aber von der geistigen Macht, die aus Jesu ganzer Person hervorbrach, so bewegt, daß sie wegen der Heilung »außer sich geriet und Gott pries«.

Die eigentliche Motivation der Schriftgelehrten
aus tiefenpsychologischer Sicht

Die Reaktion der Schriftgelehrten steht in einem eindrucksvollen Gegensatz zu der der einfachen Menge. Die Schriftgelehrten hatten lange Jahre hindurch das Gesetz studiert und waren in der Interpretation des Alten Tetaments versiert. Deshalb verstanden sie sofort die korrekte Bedeutung des Gebrauchs des »göttlichen Passiv« durch Jesus bei der Sündenvergebung. Ihnen konnte nicht entgehen, daß Jesus durch diese Worte den Anspruch erhob, mit

Gott gleich zu sein. So kamen sie sofort zur Schlußfolgerung, daß Jesus gotteslästerliche Worte gesprochen habe. Diese Schlußfolgerung basierte auf der orthodoxen jüdischen Denkvorstellung, daß kein Mensch von Fleisch und Blut an der göttlichen Natur Anteil haben kann. Nach dem Alten Testament ist Gott das absolute Sein und kann mit menschlichem Auge weder gesehen, geschweige denn mit Händen berührt werden. Wenn der sündige Mensch das allerheiligste Gesicht Gottes direkt anschaut, dann muß er sterben. Von daher ist es absolut unmöglich, daß der Mensch an der göttlichen Natur teilhaben kann. Solange wir uns im Rahmen dieses jüdischen Denkens bewegen, müssen wir zugeben, daß die Schriftgelehrten mit ihren Überlegungen im Recht waren.

Wie ist es Jesus nun gelungen, diese Logik der Schriftgelehrten zu durchbrechen und zu widerlegen? Geschah dies in einer logischen Disputation? Wenn wir den Text bei Markus nur flüchtig lesen, dann sieht es so aus, als ob Jesus tatsächlich im Stil einer logischen Diskussion sich auf eine Auseinandersetzung mit den Schriftgelehrten eingelassen habe. Aus diesem Grund rechnen einige neutestamentliche Exegeten diese Episode zur Gattung der Berichte über Streitgespräche. Wenn wir den Text aber sorgfältiger lesen, wird uns deutlich, daß es sich hier nicht um ein Streitgespräch im üblichen Sinn handelt. Denn Jesus hat nicht die Absicht, durch die Verkündigung seiner neuen Lehre die Logik der Schriftgelehrten zu widerlegen. So wenig wie Jesus ihre Logik widerlegen will, will er sich auch mit dem ihr zugrundeliegenden Denken auseinandersetzen. Seine eigentliche Absicht ist vielmehr, das gesamte in der Tiefe verborgen liegende Weltbild zu durchbrechen.

Dieses Weltbild dürfte dem, was in der Bibel »Herz« genannt wird, entsprechen. Denn unter dem Herzen wird nicht nur häufig der Sitz des Verstandes und des Gefühls verstanden, sondern es bezeichnet vielmehr den verborgenen Grund der gesamten Persönlichkeit. Dieser Grund entzieht sich der Kontrolle des Willens und bestimmt unbewußt das gesamte Leben eines Menschen. Das Beispiel der Schriftgelehrten macht dies deutlich. Ihr Bewußtsein wird vom orthodoxen jüdischen Denken bestimmt und von der richtigen Logik geleitet. Wenn wir aber diese obere Schale des bewußten Denkens durchbrechen und zu einer tieferen Schicht gelangen, dann werden wir dort ein »verhärtetes Herz« entdecken. Ihre verhärteten Herzen können wir mit einem Ausdruck von Ezechiel (Ez 36,26) auch »Herzen von Stein« nennen. Dieses »Herz von Stein« arbeitet im Unterbewußten und bestimmt und leitet ihr bewußtes Handeln. Da ihre Logik von diesem im Verborgenen wirkenden Herzen von Stein bestimmt wird, läßt sie sich auf keinen Fall durch eine logische Auseinandersetzung durchbrechen und überwinden. Jesus wußte dies und machte daher auch keinen Versuch, sie auf dem Gebiet einer logischen Auseinandersetzung überwinden zu wollen. Vielmehr versuchte Jesus, auf vielerlei Weise ihre verhärteten Herzen außerhalb des Bereichs der Logik zu verändern. So machte er durch seine Krankenheilungen deutlich, daß das Reich Gottes gekommen sei und bemühte sich, sie in den Bereich des Wirkens der Liebe Gottes hineinzuziehen. Wie der eben zitierte Text deutlich macht, wollte Jesus durch die Worte der Sündenvergebung sie zu einer Richtungsänderung bringen und sie zur Anerkennung des Reiches Gottes führen.

Während die einfache Menge sich von Jesus führen ließ, ihr Herz öffnete und aufrichtig den Glauben annahm, verschlossen die Schriftgelehrten verstockt ihr Herz, nahmen das aus der ganzen Person Jesu hervorstrahlende göttliche Licht nicht an und weigerten sich, die Göttlichkeit Jesu anzuerkennen. Diese Ablehnung, die in der Verborgenheit des Herzens geschah, bestimmte ihr Bewußtsein und führte zu der orthodoxen Logik dieses Denkens, von der weiter oben die Rede war. Wenn sich so auch in ihrem bewußten Denken keine falschen Schlußfolgerungen ausfindig machen lassen, wird aber doch deutlich, warum sie zur Schlußfolgerung kamen, daß Jesus eine Gotteslästerung begangen habe. Der Grund dafür ist offensichtlich. Denn in der unbewußten Schicht ihres Herzens waren sie nicht bereit, das Weltbild der traditionellen Schriftgelehrten zu verlassen, sie weigerten sich, von der aus den Worten Jesu hervorbrechenden göttlichen Kraft sich bewegen zu lassen und wiesen Gottes Wirken zurück. Um es deutlicher zu sagen: Sie haben Gott verworfen und sich selbst

gewählt. Denn obwohl Jesus durch die Worte der Sündenvergebung seine Gottheit ihnen geoffenbart hatte, haben sie ihn doch
nicht als Gott anerkannt. Vielmehr machten sie den Versuch, um
ihre in der Tiefe des Herzens getroffene verderbliche Wahl zu
vertuschen, durch ihre Beherrschung der Lehren des Alten Testaments und mit Hilfe der orthodoxen Logik Jesus zurechtzuweisen.
War ihre Kritik auch aus der Sicht der normalen Psychologie
gegen Jesus gerichtet, so war sie in tiefenpsychologischer Perspektive doch nichts anderes als ein Mittel der Selbstverteidigung, um
die Schlechtigkeit ihrer Herzen zu vertuschen.

Jesus hat die Herzen der Schriftgelehrten durchschaut, und um
ihre Herzen von Stein zu erschüttern, richtet er seine scharfen
Fragen an sie. Dabei wußte er sehr wohl, daß scharfe Fragen nicht
in der Lage sein würden, ihre verhärteten Herzen zu verändern.
Um ihnen daher zu beweisen, daß er tatsächlich die Vollmacht
besitzt, Sünden zu vergeben, hat er vor ihren Augen den Gelähmten mit einem Wort geheilt. Denn nur das Wirken des Wortes
konnte ihre Herzen von Stein durchbrechen. Die Heilung des
Gelähmten war tatsächlich ein unbezweifelbares Zeichen für das
Wirken des Wortes, das, wie Markus berichtet, von den mit einem
einfachen Herzen sehenden Menschen mit Worten des Erstaunens
anerkannt wurde, so daß sie »Gott lobten«.

Markus berichtet zwar nicht, ob die Schriftgelehrten sich bekehrt haben, wohl aber, daß sich die Angriffe der Schriftgelehrten
gegen Jesus nach diesem Ereignis verstärkt haben, so daß wir den
Schluß ziehen können, daß ihre Herzen von Stein sich noch mehr
verhärtet haben.

Wenn wir uns an die Heilung des Leprakranken erinnern und
aus der Sicht der Tiefenpsychologie die seelischen Vorgänge bei
ihm mit denen der Schriftgelehrten vergleichen, dann können wir
sehr interessante Unterschiede feststellen. Im ersteren Fall wird
der Leprakranke zwar von Jesus berührt und durch die Kraft des
Wortes ins Reich Gottes geführt, ohne aber sich dessen bewußt
zu werden. Er konzentriert seine Aufmerksamkeit ganz auf den
Nutzen, den er von der Heilung seiner Krankheit hat. Er hat das
Reich Gottes verworfen und indem er sich für sein eigenes Wohl
entschied, eine verhängnisvolle Umkehrung der Werte vollbracht.

Auf dem Hintergrund dieses oberflächlichen Tuns können wir das unsichtbare Wirken der Macht der Finsternis erkennen. In seinem Fall handelt es sich aber eher um ein dummes kindliches Handeln, weil es ganz von dem Verlangen nach dem eigenen Nutzen bestimmt ist – ein Verlangen, das wir alle teilen – und weil er sich nicht für Gott, sondern für den eigenen Vorteil entscheidet. Hinzu kommt, daß er nicht den Versuch unternimmt, die in seinem Innern verborgen getroffene Wahl durch logische Gründe zu verteidigen.

Als die Schriftgelehrten dagegen anstelle Gottes sich selbst wählten, ließen sie sich von einem tief sitzenden Egoismus leiten und, um ihre schlechte Wahl zu vertuschen, benutzten sie die Heilige Schrift auf eine nach außen sehr einleuchtende Weise und suchten sich durch logische Argumente zu verteidigen. Die Umkehrung der Werte, wie sie die Schriftgelehrten versuchten, besteht daher in einer intellektuellen Perversion. Beim Fall des Leprakranken hat Jesus überdies seine Göttlichkeit durch die Heilung der schweren Krankheit nur indirekt bewiesen, während bei den Schriftgelehrten Jesus durch die Wahl seiner Worte für sie eindeutig seine Gottheit offenbart hat. Daher handelt es sich bei der Verkehrung, die sie trafen, wirklich um eine verwerfenswerte Verfehlung. Wenn wir im Fehlverhalten des Leprakranken schon die Macht der Finsternis erkannt haben, so gilt dies noch viel mehr für das Verhalten der Schriftgelehrten. Bei der sich bei ihnen zeigenden Macht der Finsternis können wir das raffiniertere, verborgenere und hartnäckigere Wirken des Obersten der Teufel erkennen. Je mehr das helle Licht des Reiches Gottes im Wirken Jesu aufscheint, um so mehr bemüht sich der Fürst der Finsternis seine Aktivitäten zu verstärken. Wie die vier Evangelien übereinstimmend berichten, haben die Schriftgelehrten immer schärfer Jesus kritisiert, sich immer feindseliger ihm gegenüber verhalten, um ihn schließlich der Strafe des Kreuzes zu überantworten.

Auf der anderen Seite hat Jesus im Wissen, daß Gott, sein Vater, alle Menschen, die Sünder eingeschlossen, in sein Reich aufnehmen will, den Sünder Matthäus zu seinem Jünger gemacht und mit vielen Sündern sich zu Tisch gesetzt (Mk 2,15). »Sich zu Tische setzen« wird im griechischen Urtext »sich zu Tische legen«

genannt, womit ausgedrückt wird, daß es sich um ein Festmahl gehandelt hat. Das zeugt ebenfalls davon, daß Jesus die Gemeinschaft mit den Sündern auch körperlich genossen hat. Da in der Bibel das Festmahl als Symbol für das eschatologische Reich Gottes verstanden wird, bedeutet die Haltung Jesu auch, daß die Sünder tatsächlich ins Reich Gottes eingeladen sind. Daß sich Jesus dieser Tatsache deutlich bewußt war, können wir an Jesu Antwort auf die Kritik der Pharisäer ersehen, als er feststellt: »Ich bin gekommen, um die Sünder zu rufen, nicht die Gerechten« (Mk 2,17). Damit drückt Jesus nicht nur aus, daß das Reich Gottes schon unter den hier anwesenden Sündern Wirklichkeit geworden ist, sondern auch, daß er selber derjenige ist, der die Sünder zum Festmahl der Liebe mit Gott, seinem Vater, führt.

Doch je mehr Jesus die Sünder einlädt und seine Messianität ihnen offenbart, um so stärker wird der Widerstand der Pharisäer, und je stärker die schlechten Absichten der Schriftgelehrten ihm gegenüber werden, um so mehr zeigt ihnen Jesus seine tiefe Liebe, wie wir an der von Markus überlieferten Episode sehen können.

Der »größte Widerspruch« in der Geschichte der Menschheit

»Als er ein andermal in eine Synagoge ging, saß dort ein Mann, dessen Hand verdorrt war. Und sie gaben acht, ob Jesus ihn am Sabbat heilen werde; sie suchten nämlich einen Grund zur Anklage gegen ihn. Da sagte er zu dem Mann mit der verdorrten Hand: Steh auf und stell dich in die Mitte! Und zu den anderen sagte er: Was ist am Sabbat erlaubt: Gutes zu tun oder Böses, ein Leben zu retten oder es zu vernichten? Sie aber schwiegen. Und er sah sie der Reihe nach an, voll Zorn und Trauer über ihr verstocktes Herz, und sagte zu dem Mann: Streck deine Hand aus! Er streckte sie aus, und seine Hand war wieder gesund. Da gingen die Pharisäer hinaus und faßten zusammen mit den Anhängern des Herodes den Beschluß, Jesus umzubringen« (Mk 3,1-6).

Die Phärisäer beobachten auf das genaueste das Sabbatgebot. Das Gesetz verbot grundsätzlich, am Sabbat irgendeinen Gegen-

stand zu tragen. Deshalb diskutierten sie ständig bis in Kleinigkeiten hinein, wie dieses Verbot in der Praxis gehandhabt werden müsse. Um ein Beispiel zu geben: So erörterten die Pharisäer die Frage, ob es erlaubt sei, am Sabbat ein Taschentuch mit sich zu tragen, oder ob man nicht ein um den Arm gebundenes Stück Tuch verwenden solle. Bis zu diesen Abwegigkeiten ging ihre Art von Sophisterei. Uns, die wir gegenwärtig in einer freieren Atmosphäre leben, mag es schwerfallen, ihre allzu übertriebene Beobachtung gesetzlicher Bestimmungen zu verstehen. Aber in einer gewandelten Form ist auch heute diese pharisäische Geisteshaltung durchaus noch lebendig. Auf hervorragende Weise hat dies z.b. Francois Mauriac in seinem Buch »Die Frau des Pharisäers« beschrieben. Denn auch ein vorbildlicher Christ kann, wenn er das christliche Gesetz im Extrem zu verwirklichen trachtet, zu einem rechten Pharisäer werden. Wenn wir uns selber gewissenhaft prüfen, können wir wohl auch feststellen, daß sich bei uns ebenfalls solche Haltungen finden lassen. Denn, wenn wir bei jemanden einen Verstoß gegen ein Gebot feststellen, dann sind wir nur zu häufig geneigt, solche Verfehlungen aufs schärfste zu ächten, so daß es manchmal direkt kindische Züge annimmt. Wenn wir daher uns auf diese Erfahrungen besinnen, wird uns das Verhalten der Pharisäer nicht mehr ganz so fremd erscheinen. Die folgende tiefenpsychologische Analyse des Verhaltens der Pharisäer verdankt sich ebenfalls einer solchen Gewissenserforschung von meiner Seite: Den Hintergrund für die strenge Befolgung aller Gesetze bildet der ernste Entschluß der Pharisäer zum Gehorsam gegenüber dem Gesetz, weil sie der Ansicht waren, daß dies zur Treue gegenüber Gott unabdingbar gehöre. In diesem Punkt hatten sie offensichtlich recht. Da sie aber bei der strikten und wörtlichen Befolgung jeder Vorschrift das Wirken der Liebe Gottes vergessen hatten, trat eine von ihnen nicht bemerkte Umkehrung ein. Denn ursprünglich sollte das Gesetz die Grundlage für den Bund der Liebe darstellen und aus Liebe zu Gott beobachtet werden. Die Pharisäer hatten aber die eigentliche Funktion des Gesetzes vergessen und anstelle der Liebe zu Gott die gewissenhafte Beobachtung des Gesetzes gestellt.
Bei der bis zum Extrem gesteigerten Beobachtung des Gesetzes

hatten die Pharisäer noch eine weitere Umkehrung herbeigeführt. Denn hinter ihrem Handeln verbarg sich im Grunde ein anderes Motiv, nämlich das Verlangen, durch die strikte Beobachtung der Gebote Gottes der Gnade Gottes in größerem Maß teilhaftig zu werden. Dieses Verlangen, durch das eigene Tun mehr Gnade zu erlangen, ist aber nichts anderes als das alte Motiv, in den Kategorien von Kosten und Nutzen zu denken. Wie wir schon bei der Heilung des Leprakranken gesehen haben, handelt es sich um dasselbe egoistische, auf den eigenen Vorteil zielende Denken.

Die Pharisäer in dieser Episode machen sich aber noch einer weiteren ernsten Verdrehung schuldig, die darin besteht, daß sie wegen der Beobachtung des Sabbats die Leiden eines Kranken übersehen und damit zeigen, daß sie die Liebe Gottes vergessen haben. Denn Gott hatte das Leid des Volkes Israel in Ägypten gesehen und es durch Mose errettet. Jetzt hatte Gott durch Jesus sich die Leiden der Kranken zu eigen gemacht und begonnen, sie zu erretten. Die Pharisäer aber haben diese Liebe Gottes vollkommen übersehen, weil ihre ganze Aufmerksamkeit auf die strikte Beachtung des Sabbats gerichtet war. Damit haben sie sich ohne Zweifel eines schweren Verstoßes schuldig gemacht.

Trotz ihres mehrfachen Versagens waren sich die Pharisäer keiner Schuld bewußt. Vielmehr begannen sie, in ihrem Bemühen, dies zu vertuschen, Jesus heftig anzugreifen und zeigten dadurch, mit welch fürchterlicher Blindheit sie geschlagen waren. Denn all ihren Verfehlungen war gemeinsam, daß sie Gott verworfen und eine fundamentale Option für sich selbst getroffen hatten. Diese fundamentale Option ist die eigentliche Ursache ihrer Blindheit, denn auf dem Grund dieses fürchterlichen Blindseins werden die Machenschaften des Fürsten des Bösen sichtbar. Jesus kannte die psychologische Verfassung der Pharisäer nur zu gut und hat ihre Anfeindungen zweifellos gemerkt. Er hat darauf jedoch mit Liebe geantwortet, indem er als Antwort auf ihre Anfeindungen, die Schmerzen der Kranken sich zu eigen machte und die Kranken von ihrer Krankheit befreite. Durch diese Taten der Liebe verkündete Jesus den Pharisäern, daß das Reich Gottes schon gekommen ist und daß auch sie eingeladen seien, diese Freude zu kosten. Die Verkündigung des Reiches Gottes war ja gerade

Ausdruck der tiefen erbarmenden Liebe Jesu. Ja Jesus hat sich bemüht, die vom Haß gegen ihn erfüllten Pharisäer in seine Liebe einzuhüllen.

So stellte Jesus den Kranken mitten unter die Leute und richtete seine Frage an die Pharisäer: »Was ist am Sabbat erlaubt: Gutes zu tun oder Böses?« Bei dieser Frage handelt es sich nicht um das Verhör durch einen Richter. Jesus möchte in der Tradition des Alten Testaments mit seiner Frage das Urteil seines Gegenübers hervorlocken.

Was für ein Urteil möchte Jesus von den Pharisäern erzwingen? Mit der »guten Tat«, nach der hier gefragt wird, ist an erster Stelle die Befreiung des Kranken von seinen Schmerzen gemeint, weiter das Zueigenmachen der Schmerzen des Kranken, drittens, daß durch die aus Liebe geschehende Heilung das Kommen des Reiches Gottes angekündigt und viertens, daß durch das Reich Gottes die Liebe des Vaters offenbar gemacht wird. In der Konsequenz handelt es sich dann bei dem »Bösen« um Handlungen, die diesem Tun entgegensetzt sind. An die Pharisäer richtet sich daher die Frage, für welche Seite sie sich entscheiden möchten.

Die Frage, die Jesus an sie richtet, läßt daher keinen Raum des Ausweichens. Ein normaler Mensch würde auch wohl richtig darauf antworten. Die Pharisäer jedoch lehnen eine Beantwortung ab und hüllen sich in Schweigen. Was läßt sie aber die Antwort auf eine so klare Fragestellung vermeiden? Liegt der Grund nicht darin, wie wir schon bei ihren anderen Fehlleistungen gesehen haben, daß sie in der Tiefe ihres Herzens Gott verworfen und sich für sich selber entschieden haben? Wieder zeigt sich, daß hinter dieser verderbten Psychologie das Wirken des Fürsten des Bösen verborgen ist. Daß Jesus ihre Herzen durchschaut, wird aus dem Bericht von Markus deutlich, der beschreibt, daß Jesus den eigentlichen Grund ihres Schweigens klar erkennt.

Auch wenn Jesus »voll Zorn und Trauer über ihr verstocktes Herz« war, hat er nicht aufgehört, sie zu lieben. Vielmehr hat er versucht, mit seiner Liebe die Erstarrung ihrer verstockten Herzen aufzubrechen. Aber seine Haltung der Liebe drang nicht zu ihnen durch. Vielmehr begannen sie zu überlegen, »wie sie ihn töten könnten«. Das Gute wird mit Bösem beantwortet. Wo Jesus ihnen seine grenzenlose Liebe offenbart, stellen sie ihm den Plan seiner Ermordung entgegen. Ihre Bosheit und Blindheit erreicht so ihren Höhepunkt. Auch wenn ihre Herzen noch so sehr unter die Herrschaft des Fürsten des Bösen geraten, versucht Jesus doch immer wieder, sie durch seine Taten der Liebe zu erleuchten und sie zum Reiche Gottes zu führen. Auch wenn Jesus ständig auf ihre Bosheit stößt, geht er seinen Weg zum Kreuz ohne zu zögern weiter. Denn Jesus war sich bewußt, daß es keine andere Möglichkeit gab, die Herrschaft des Fürsten des Bösen zu durchbrechen, als durch die freie Annahme des Kreuzestodes die grenzenlose Liebe Gottes zu bezeugen.

Auf diese Weise kommt es zum größten Widerspruch, den die Geschichte der Menschheit seit ihrem Anfang gesehen hat. Denn normalerweise hat in der menschlichen Gesellschaft die böse Absicht immer wieder böse Absichten gezeugt. Bei Jesus ist es jedoch genau umgekehrt. Wie groß auch immer die böse Absicht der Pharisäer ist, die bis zum Mord am Kreuz geht, so ruft sie doch nur die Antwort der grenzenlosen Liebe Jesu hervor.

d. Die Wegbegleiter Jesu

Gleichnisreden begleiten Jesus

Wir haben gesehen, daß Jesus mehr durch den »Dialog der Taten« als durch Worte die frohmachende Botschaft vom Reiche Gottes verkündet hat. Andererseits ist es auch zutreffend, daß Jesus der Verkündigung durch Worte große Bedeutung beigemessen hat. Im folgenden wollen wir diese Form der Verkündigung uns genauer anschauen. Während seines ganzen Lebens hat Jesus niemals auf abstrakte Weise gelehrt, sondern hat immer die Denkart der damaligen Menschen und ihre Gewohnheiten berücksichtigt, zeitgenössische Ereignisse und andere Erfahrungen, die allen gemein waren, als Ausgangspunkt genommen und allen verständliche Gleichnisse benutzt, um die Geheimnisse des Reiches Gottes zu erklären. Indem er ganz einfache Gleichnisse benutzte, hat Jesus seine Hörer mit auf den Weg genommen, sie ins Reich Gottes und zur Begegnung mit Gott, seinem Vater, gebracht.

Worin liegt der Grund für diese Vorgehensweise Jesu? Der erste Grund besteht wohl darin, daß Jesus nur zu gut wußte, daß die Dinge des Reiches Gottes Geheimnisse sind, die nicht logisch erklärt oder gelehrt werden können. Nach der Vorstellung des Alten Testaments muß derjenige, der Gott gesehen hat, sterben. Denn Gott ist eine Person, die alles auf Erden unendlich übersteigt. Jesus war daher der Ansicht, daß eine Begegnung mit Gott und seinem Reich nur in Gleichnissen den Menschen zugänglich gemacht werden kann. Im Gegensatz dazu sind einige moderne Theologen der Ansicht, daß sie jemanden zum Glauben führen können, indem sie sich an seinen Intellekt wenden und ihn durch Vernunftgründe zu überzeugen trachten. Es ist offensichtlich, daß solche Vorgehensweise von der griechischen Vorstellung des Menschen als einem vernunftbegabten Wesen ausgeht. Das hebräische ganzheitliche Denken versteht dagegen den Menschen als Gottes Ebenbild, als von Gott geschaffen und als einen Pilger, der von Gott geleitet auf dem Weg ins »Gelobte Land« ist. Gott macht sich zusammen mit dem Menschen auf den Weg und ist ein Gott, der inmitten des menschlichen Lebens wirkt. Daher kann auch das ganz gewöhnliche alltägliche Leben zum Sinnbild des Reiches Gottes werden. So konnte auch Jesus den Stoff für seine Gleichnisse aus dem Alltagsleben holen, um seine Gleichnisse vom Reiche Gottes zu erzählen, mit denen er sich an die ganze Erfahrungswelt seiner Hörer wandte, um sie so mit Leib und Seele ins Reich Gottes zu führen. Dabei bleibt Jesus aber nicht außerhalb der Geschichte stehen, sondern ist selber die Hauptperson des im Gleichnis berichteten Geschehens und erlebt es zusammen mit seinen Hörern. Auf diese Weise sind die Gleichnisse Wegbegleiter, die Jesu Hörer auf dem Weg zum Reich Gottes geleiten.

E. Schweizer hat diese Eigenart der Gleichnisse auf folgende Weise beschrieben:»In der Beschreibung alltäglichen Geschehens macht Jesus damit aufmerksam auf das Wunder des Handelns Gottes. Ja, man muß geradezu sagen, daß Jesus im Gleichnis einen Weg zurücklegt, auf dem er den Hörer mitnehmen will. Es geht ja darum, daß Jesus sich zunächst ganz zum Hörer hinbegibt und mit seinem Denken solidarisch wird, um ihn dann Schritt für Schritt mitzunehmen zu dem einen Urteil, auf das es ankommt, das Gottes Handeln an ihm lebendig werden läßt und zum Geschenk der rechten Entscheidung führt« (vgl. E. Schweitzer, Das Evangelium nach Markus, NTD, Göttingen 1968, 49). Wir wollen das Gleichnis vom geplagten Bauern sorgfältig lesen, um es als Führer in die Geheimnisse des Reiches Gottes zu benutzen. Jesus hat öfter am Ufer des Sees Gennesaret gelehrt. Wegen der vielen Menschen hatte er sich im Boot auf den See hinausfahren lassen, während die Menschen sich am Ufer niederließen. Jesus hat viele Gleichnisse erzählt, eines davon ist das folgende: »Hört! Ein Sämann ging aufs Feld, um zu säen. Als er säte, fiel ein Teil der Körner auf den Weg, und die Vögel kamen und fraßen sie. Ein anderer Teil fiel auf felsigen Boden, wo es nur wenig Erde gab, und ging sofort auf, weil das Erdreich nicht tief war; als aber die Sonne hochstieg, wurde die Saat versengt und verdorrte, weil sie keine Wurzeln hatte. Wieder ein anderer Teil fiel in die Dornen, und die Dornen wuchsen und erstickten die Saat, und sie brachte keine Frucht. Ein anderer Teil schließlich fiel auf guten Boden und brachte Frucht; die Saat ging auf und wuchs empor und trug dreißigfach, ja sechzigfach und hundertfach. Und Jesus sprach: Wer Ohren hat zum Hören, der höre!« (Mk 4,3-9).

Um diesen Text zu verstehen, wollen wir zunächst bedenken, in welchem Kontext er steht. Die Exegeten erklärten, gestützt auf ihre kritischen Methoden, daß die einleitenden Verse Mk 4,1-2 von Markus als Beschreibung der allgemeinen Szenerie verwandt werden und nicht als geschichtlicher Bericht mißverstanden werden dürfen. Dieser Text bietet sich daher weniger für eine Auslegung des Gleichnisses an. Wir können ihn aber wohl im Zusammenhang mit dem weiteren Kontext benutzen. Denn er beschreibt in großen Zügen, wie Jesus in der damaligen Zeit öfter von einer großen Menge umgeben war.

Jesus hatte begonnen, das Kommen des Reiches Gottes in seiner Predigt anzukündigen und zunächst am Ufer des Sees Simon, Andreas, Jakobus und Johannes zu Jüngern berufen. Diese Berufung stellt schon eine Verwirklichung des Kommen des Reiches Gottes dar. Danach hatte Jesus den von einem unreinen Geist

Besessenen geheilt und in der Synagoge mit Vollmacht gelehrt. Manchmal sind die Forderungen, die Jesus stellt, erstaunlich streng. So fordert er vom reichen Jüngling: Verkaufe deinen ganzen Besitz und folge mir nach! Und an die Jünger gewandt: Nehmt täglich euer Kreuz auf euch und folgt mir nach! Den Hintergrund für diese strengen Forderungen bilden Jesu tiefe Liebe und göttliche Würde. Es ist aus Liebe zum reichen Jüngling, daß Jesus ihn auffordert, seinen ganzen Besitz zu verkaufen und ihm nachzufolgen. Doch der junge Mann ging traurig weg und verwirft die ihm angebotene Liebe Jesu. Durch die Heilung des von einem bösen Geist besessenen Mannes zeigt Jesus, daß die Verkündigung des Reiches Gottes notwendig den Entscheidungskampf mit den bösen Geistern mit sich bringt, damit die von den bösen Geistern beherrschte Welt der Menge aufgebrochen und mit dem Licht des Reiches Gottes erleuchtet werden kann. Doch je mehr Jesus die Kranken heilt und die bösen Geister austreibt, macht die Menge, getrieben vom Verlangen nach Eigennutz, die Anstrengungen Jesu immer wieder zunichte. In gleicher Weise weisen die Schriftgelehrten, je mehr Jesus durch die Taten der Liebe die freudige Botschaft vom Reiche Gottes verkündet, diese strikt zurück, werden zu seinen Feinden, um am Ende seinen Tod zu planen. Auch hier werden Jesu große Anstrengungen des Erbarmens vollkommen zurückgewiesen.

Wenn wir dies so betrachten, dann wird deutlich, daß Jesu Anstrengungen in der Verkündigung in Mißerfolg und Ablehnung enden. Und doch ist Jesus nicht verzweifelt. Es gilt vielmehr, daß gerade Mißerfolg und Ablehnung zu Zeichen für das Gekommensein des Reiches Gottes werden.

Das ist der größere Kontext der Gleichnisrede Jesu, die wir uns jetzt genauer ansehen wollen, indem wir uns gleichsam unter die Menge mischen und auf Jesus hören.

Jesus setzt seine ganze Existenz in seiner Sendung ein

Es sind die Anfangs- und die Schlußworte des Gleichnisses, die uns ganz besonders in Erstaunen versetzen. Jesus beginnt mit dem

Wort: »Hört!« und schließt mit: »Wer Ohren hat zum Hören, der höre!« Damit möchte Jesus ohne Zweifel darauf aufmerksam machen, daß der Inhalt des Gleichnisses von ganz großem Gewicht sowohl für den Erzähler als auch für die Hörer ist. Im hebräischen Denkhorizont bedeutet Hören den Vorgang, daß der Mensch mit allen seinen Fähigkeiten aufmerksam und zum Folgen bereit ist. Man kann dies auch als »ganz Ohr sein« beschreiben. Dabei handelt es sich nicht um ein Hören, wie es heutige Studenten bei einer Vorlesung praktizieren, wenn sie im Kopf den Inhalt zu verstehen oder sich ins Gedächtnis einzuprägen trachten. Es geht vielmehr darum, die wahre Bedeutung des Gleichnisses zu verstehen und sich zu entscheiden, ob der Hörer bereit ist, sein Leben einzusetzen, um Jesus nachzufolgen oder nicht. Für den Hörer bedeutet es, am Scheideweg zu stehen und sich zu entscheiden, ob er in die grenzenlose Freude des ewigen Lebens eintreten oder in der grenzenlosen Trauer der ewigen Verderbnis versinken will. Beim Zuhören kommt es also darauf an, sich des Ernstes der Entscheidung für sein Leben bewußt zu sein.

Nicht nur der Hörer, auch der Erzähler ist in der gleichen Weise gefordert. Wie aus dem gerade berichteten Kontext deutlich geworden ist, hat Jesus begonnen, unter Einsatz seiner ganzen Person vom Reich Gottes zu predigen, ohne auf Mißerfolg und Ablehnung zu achten. Als er der Menge verkündet: Das Reich Gottes ist nahe!, da handelt es sich um einen Ausruf der Liebe, der unter dem Einsatz der ganzen Person erfolgte. Als Jesus unser Gleichnis erzählte, war er von der gleichen Geisteshaltung getragen. Ein Erzähler, der von einem solchen Geist bestimmt wird, kann auch von seinen Hörern erwarten, daß sie ganz Ohr sind, denn in dem Zusammentreffen zwischen einem solchen Erzähler und solchen Hörern ereignet sich eine tiefe Begegnung und die Bedeutung des Gleichnisses wird den Hörern so mitgeteilt, daß sich das Kommen des Reiches Gottes tatsächlich ereignet.

Wenn wir mit dieser Einstellung ernsthaft auf das Gleichnis Jesu hören und uns in seine Lage hineinversetzen, dann wird uns beim Lesen folgender roter Faden aufgehen. Ein Bauer geht aufs Feld, um zu säen. Etwas vom Samen fällt auf den Weg, wodurch die Arbeit des Bauern ohne Ertrag bleibt. Anderes ist auf steinigen

Grund gefallen und ebenfalls verloren. Anderer Samen fällt unter die Dornen und trägt ebenfalls keine Frucht. Auf diese Weise ist die Arbeit des Bauern immer wieder vom Scheitern bedroht. Am Ende fällt aber etwas von dem Samen auf guten Boden und bringt dreißigfachen, sechzigfachen und hundertfachen Ertrag. Wenn wir uns jetzt in die Situation Jesu versetzen, dann wird ganz von selbst deutlich, daß der in dem Gleichnis beschriebene Weg identisch ist mit dem Weg, den Jesus gerade bei der Verkündigung des Reiches Gottes geht.

Die Schlußworte des Gleichnisses haben ohne Zweifel in besonderer Weise noch lange in den Herzen der Hörer nachgeklungen: »Ein anderer Teil brachte Frucht und trug dreißigfach, ja sechzigfach und hundertfach.« Die Ernte war über alle Erwartungen reich ausgefallen. Das Zeitwort, mit dem der Ertrag der Ernte ausgedrückt wird, ist im griechischen Urtext ein Aorist, womit ausgedrückt werden soll, daß es sich hier nicht um ein einmaliges Ereignis handelt, sondern um ein unabgeschlossenes Geschehen, das sich immer wieder ereignen kann. In gleicher Weise wird auch die Ernte des Reiches Gottes die menschlichen Erwartungen weit übersteigen und eine Fülle von Freude bringen. Auch diese Ernte wird nicht nur ein einmaliges Ereignis bleiben, sondern sich mit größter Fruchtbarkeit immer und immer wieder ereignen. Das ist wohl die Botschaft, die Jesus mit diesem Gleichnis vor allem hat vermitteln wollen. Denn Jesus wollte der Menge deutlich machen, daß, ganz gleich wie stark der Widerstand und wie groß die Ablehnung der Predigt Jesu auch immer sein mögen, am Ende ganz gewiß eine erstaunliche Ernte stehen wird.

Das Gleichnis hat jedoch noch einen anderen wichtigen Aspekt, indem es darauf hinweist, daß die Arbeit des Sämanns sehr oft zum Scheitern verurteilt ist. Um das leuchtende Ziel des Reiches Gottes zu erreichen, muß man bereit sein, große Mühe und viel Widerstand in Kauf zu nehmen. Aber am Ende wird auf jeden Fall die reiche Ernte stehen. Es gibt hier untrennbare Zusammenhänge, in denen die Freude das Leid überwiegt und die großen Schwierigkeiten von einer sie weit überwiegenden Ernte übertroffen werden. Dies sind Gegebenheiten, die auch auf das Reich Gottes zutreffen. Auch beim Reich Gottes sind große Mühen und starke Widerstände von dem erhabenen Ziel nicht zu trennen. Wir müssen vielmehr feststellen, daß das Wirken des Reiches Gottes immer Widerstand hervorruft und daß erst danach die strahlende Zukunft Wirklichkeit werden kann. Denn das Kommen des Reiches Gottes ruft immer den Widerstand des Fürsten des Bösen hervor, der seine dunklen Machenschaften vor dem Licht zu verbergen sucht und mit seinen Schlichen die Menschen von der Erkenntnis des wahren Lichtes abzuhalten trachtet.

Jesus möchte mit diesem Gleichnis deutlich machen, daß der Weg Gottes und des Reiches Gottes so beschaffen sind, daß Jesus und die ihm nachfolgenden Jünger dasselbe Schicksal erwartet. Deshalb kann derjenige, der Ohren zum Hören hat, nur dann mit Jesus ins Reich Gottes eintreten, wenn er bereit ist, auch Jesu Schicksal mit ihm zusammen auf sich zu nehmen.

Eine Lehre, die Herz und Leib mit Leben erfüllt

Im Gleichnis des Sämann hat Jesus das ausgedrückt, was ihm am meisten am Herzen lag. Denn hier zeigt er ganz deutlich die Verbindung zwischen dem Reich Gottes und seiner Person auf. Jesus spricht dabei nicht in abstrakter Weise vom Reich Gottes, sondern macht deutlich, daß er selber in seiner Person das Reich Gottes verkörpert. Denn Jesus trägt in seiner Person das Schicksal des von Leiden erfüllten Reich Gottes, er ruft alle Menschen zum Eintritt in dieses Reich auf, damit alle Menschen mit ihm zusammen unterwegs sind zur Fülle des Glücks, das das Reich Gottes beinhaltet. Das Gleichnis ist deshalb im wahrsten Sinn des Wortes einer der Wegbegleiter Jesu.

Darin liegt auch der Grund, warum sich das Gleichnis, das Jesus erzählt, so gänzlich von denen der Schriftgelehrten unterscheidet. Denn die Schriftgelehrten benutzten Gleichnisse, um ihre schwierigen Lehren zu umschreiben und mit Beispielen zu füllen, während Jesus, wie wir gesehen haben, ganz anders vorgeht. Jesus geht eben nicht, wie manchmal angenommen wird, wie ein Volksschullehrer vor, der dem logischen Denkvermögen der Kinder angepaßt seine Lehren durch Vergleiche auf einprägsame Weise beizubringen versucht. Jesus versucht nicht, übernatürliche Lehren durch Vergleiche der menschlichen Intelligenz anzupassen und näherzubringen. Worin besteht aber nun die von den Schriftgelehrten und Volksschullehrern verschiedene Art, in der Jesus Gleichnisse erzählt? Versucht Jesus, durch die Gleichnisse gewisse positive Lehren verständlich zu machen? Oder handelt es sich nicht vielmehr darum, daß Jesus in den Gleichnissen seine Zuhörer auffordert, sich gleichsam blind mit ihm auf den Weg zu machen? Es ist wohl nicht nötig, darauf hinzuweisen, daß Jesus keinesfalls zu solch blinder Nachfolge auffordert. Vielmehr liegt ihm daran, durch die Gleichnisse die Menschen in eine mit Kraft erfüllte Wirklichkeit zu führen und diese Wirklichkeit durch seine lebendige Lehre mit Leben zu erfüllen. Das Geheimnis seiner Art zu predigen, lag in der geistigen Kraft, die aus der ganzen Persönlichkeit Jesu hervorströmte. Denn bei den Worten, die Jesus sprach, handelte es sich nicht um leeres Gerede, sondern um geisterfülltes Sprechen. Wie wir schon gesehen haben, ist der Geist die Kraft, die Gott, die Menschen und die Welt zusammenhält und die wechselseitigen Beziehungen zwischen ihnen begründet. Wenn es sich bei den Worten Jesu also um geisterfülltes Sprechen handelt, dann vermittelt Jesus nicht, wie es ein Schamane als Medium tut, irgendeine geistige Kraft an seine Hörer. Vielmehr, wenn Jesus ein Gleichnis erzählte, dann eröffnete er eine neue Beziehung zwischen den Hörern und Gott, durch die die Hörer von Gott bewegt wurden, sich ganz den Worten Jesu zuzuwenden, um auf diese Weise selber ganz Ohr zu werden. Durch die geistige Kraft der Worte Jesu wurden die Hörer dazu gebracht, ins Reich Gottes einzutreten, sich ganz vom Wirken Gottes erfüllen zu lassen, um sich so mit Jesus zusammen auf den einen Weg zu machen, an dessen Ende ein mit Jesus identisches Schicksal auf sie wartet. Es ist wichtig, hier darauf hinzuweisen, daß in dem vom Geist erfüllten Sprechen Jesu das »Fleisch« eine ganz wichtige Vermittlerrolle spielt. Denn die Kraft des Geistes in den Worten Jesu beruht nicht auf irgendeiner geistigen Vermittlung seiner göttlichen Natur auf die Zuhörer. Vielmehr geht die Kraft des Geistes aus der leibseelischen Einheit Jesu hervor und berührt in gleicher Weise Leib und Seele seiner Hörer. Hier handelt es sich wirklich um das Wirken des Wortes, »das Fleisch geworden ist«, und hier zeigt sich ein fundamentaler Unterschied zum Wirken des Wortes Gottes im Alten Testament. Denn auch die Hörer nehmen das Wirken des Wortes nicht einfach im Geist auf noch können sie es intellektuell verstehen. Sie werden vielmehr durch das Wirken des Geistes im Wort mit Leib und Seele so ergriffen, daß sie ins Reich Gottes eintreten können und, ganz vom Wirken des Reiches Gottes durchdrungen, fähig werden, die Geheimnisse des Reiches zu erfassen. Man könnte sagen, daß es sich beim Reich Gottes um eine Lehre handelt, die jeden Menschen mit Leben erfüllt. Wenn Menschen in das Reich Gottes eintreten und sich mit Leben erfüllen lassen, dann wird das Reich Gottes zu einer lebenspendenden Lehre. Leib und Seele wird dann Einsicht in die lebenspendende Lehre geschenkt und durch sie zu Taten angeregt. Eine solche Einsicht in das Reich Gottes, die Leib und Seele durchdringt, hat Ähnlichkeit mit der Erleuchtung im Zen-Buddhismus, weil sie eine dynamische Kraft in sich trägt, die den Egoismus des menschlichen Herzens in der Wurzel töten, den Eigennutz, die Ruhmsucht und das berechnende Kalkulieren von Gewinn und Verlust von selbst zum Erliegen bringen und Satan um jede Angriffsmöglichkeit bringen kann. Wenn wir die Lehren des Reiches Gottes dagegen nur mit dem Kopf erfassen, bleibt das Herz auch weiterhin den Verlockungen des Ehrgeizes und Gewinnstrebens unterworfen, und dem Satan bleibt viel Raum für sein Wirken. Damals haben die Schriftgelehrten die Lehren Jesu im Kopf sehr wohl verstanden, sich aber dem Wirken Gottes mit ihren »Herzen von Stein« hartnäckig widersetzt und es vorgezogen, anstatt ins Reich Gottes einzutreten, lieber sich Satans Herrschaft zu unterwerfen und lasterhafte Taten zu begehen.

Wenn man dies richtig bedenkt, wird auch ersichtlich, warum Jesus das Reich Gottes nicht als Lehre hatte verkünden können. Denn allein durch Lernen einer Lehre läßt sich die lebendige Wirklichkeit des Reiches Gottes nicht vermitteln, noch wird das in der Tiefe des menschlichen Herzens schlummernde Verlangen nach dem eigenen Vorteil abgetötet oder die Herrschaft des Bösen tatsächlich durchbrochen. Wie wir am Beispiel der Pharisäer sehen, spendet eine nur im Verstand begriffene Lehre dem Menschen nicht nur kein Leben, sondern führt im Gegenteil manchmal sogar zum Tode.

Am Beispiel der Gleichnisse Jesu haben wir jedoch erfahren können, daß Jesus durch seine Art der Gleichnisreden sich zum Weggefährten der Menschen machte. Diese Einsicht ist für eine Theologie des Weges von bahnbrechender Bedeutung. Denn Johannes hat zwar in seinem Prolog vom »Fleisch gewordenen Wort Gottes« als Bewegkraft unseres Weges geschrieben. Hier wird uns aber zum ersten Mal gezeigt, wie das Wort Gottes konkret auf unserem Weg wirkt. Wenn Jesus sich in seiner Predigt als unser Wegbegleiter zeigt, dann erhält dadurch sein ganzes missionarisches Wirken seine besondere Qualität. Wir wollen im folgenden noch etwas deutlicher machen, wie Jesu missionarisches Wirken von dem Gedanken des »Wegbegleiters« bestimmt wird.

Die Bedeutung der Wegbegleitung als Motivation des missionarischen Wirkens Jesu

Gott bemüht sich, durch Jesus alle Menschen ins Reich Gottes zu führen. Angespornt durch dieses Wirken hat Jesus von Johannes die Taufe empfangen (Mk 1,9-11). Dabei wurde er vom Heiligen Geist erfüllt, und es wurde offenbar, daß er als geliebter Sohn in der Wirklichkeit der transzendenten Liebe des Vaters wohnt. Die Dynamik dieser Erfahrung des Geistes und des Wirkens der transzendenten Liebe Gottes des Vaters ist Jesus zum starken Ansporn geworden, alle Menschen in den Wirkbereich dieser transzendenten Liebe zu führen. Hier liegt auch die Motivation für Jesu Predigt von der Wirklichkeit des Reiches Gottes, »das schon nahegekommen ist«.

Deshalb ist Jesu Predigt auch so erfüllt von dieser alles in ihm umgreifenden Wirklichkeit des Reiches Gottes. Denn Jesus ist ganz durchdrungen von der Fülle der Liebe des Vaters und des Geistes. Dieses Erfülltsein von der Liebe ist nicht, wie die Griechen annahmen, ein Phänomen eines im Geiste still betrachteten Objektes, sondern es handelt sich eher um den Ausdruck des aktiven

Wirkens Gottes im Sinne der Hebräer, weil es sich um eine unüberbietbare dynamische Tätigkeit einer Fülle über jede Fülle hinaus handelt. Deshalb handelt es sich auch bei dieser Fülle der Liebe um eine ihrer ganzen Natur nach notwendig auf Mitteilung angelegten Fülle. Es handelt sich um eine Fülle, die wieder nach Fülle verlangt.

Als diese Fülle Jesus in seinem ganzen Wesen durchdrungen hatte, konnte sie dort nicht bleiben, sondern mußte notwendigerweise aus ihm herausbrechen und sich weiter verbreiten. Dieses Hervorbrechen zeigt sich einmal in der wortlosen Körpersprache oder in dem ebenfalls wortlosen Sprechen der Taten wie dem Heilen eines Kranken oder dem Austreiben eines bösen Geistes, oder auch in dem Sprechen durch Worte und Taten, wie bei der Berufung von Jüngern, oder wiederum in den Taten, die Worte werden, wie beim Erzählen von Gleichnissen als Wegbegleiter und auch im Gebrauch von Worten wie bei der Bergpredigt. Auf dem Grunde aller dieser Formen des Redens liegt doch immer das wortlose Sprechen Jesu mit seiner ganzen Person. Denn im Leib und in der Seele Jesu liegt die ganze Fülle der Liebe verborgen, die in ihrer Fülle über jede Fülle hinaus in der Sprache seines Körpers sich manifestiert. Wie wir schon gesehen haben, nimmt diese Sprache des ganzen Körpers verschiedene Formen an, wird durch die Sprache der Taten oder der Worte zu Offenbarung und Kriterium seiner Körpersprache. Jesu Sprechen mit seiner ganzen Person wird zwar zur Offenbarung der ganzen Fülle der grenzenlosen Liebe des Vaters und des Heiligen Geistes und der Ankunft des Reiches Gottes mit seiner Freude, wird aber von den Menschen nicht verstanden, da sie nicht in der Lage sind, ganz Ohr für diese Botschaft zu werden. Deshalb gebraucht Jesus Worte und Taten, um sein Sprechen mit seiner ganzen Person der Menge verständlich zu machen. Wenn jedoch die Sprache der ganzen Person auf diese Weise in einzelne Teile aufgebrochen wird, und die Hörer nur die Bruchstücke vernehmen, kommt es häufig zu Mißverständnissen seitens der Hörer. Ein Musterbeispiel eines solchen Mißverständnisses liegt im Bericht der Krankenheilung vor, bei dem Jesus Taten sprechen läßt. Denn die Menge erkennt zwar in der wunderbaren Heilung die große Macht Gottes, ist aber nicht imstande, das Kommen des Reiches Gottes und die Botschaft von der Fülle der Liebe (das Evangelium), die Jesus mit seiner ganzen Person verkündet, zu verstehen. Es kommt vielmehr zum tragischen Mißverständnis seitens der Menge.

Dieses tragische Ereignis macht deutlich daß Jesus sein ganzes Leben hindurch, zwar von der Fülle der Liebe des Vaters und des Heiligen Geistes und der Ankunft des Reiches Gottes gesprochen hat, der eigentliche Sinn aber der Menge immer verborgen geblieben ist, weil es sich um eine Botschaft handelte, die die Verkündigung der Propheten des Alten Testaments weit überstieg. Deshalb ist Jesus in die Tiefe der Welt der bösen Geister hinabgestiegen und hat versucht, durch die Heilung der Kranken oder die Austreibung der bösen Geister die Menge zum Verstehen seiner Körpersprache zu bringen. Auf diese Weise hat Jesus sie bewegt, hat sie auf ihren Wegen begleitet und sie aus der Welt, wo die bösen Geister in Finsternis leben, zum Reich Gottes geführt. Wenn wir dies bedenken, verstehen wir, wie Jesus durch die Krankenheilung und die Geisteraustreibung zum Wegbegleiter der Menge geworden ist. Dabei wird uns aber auch die tiefere Tragik des Geschehens bewußt. Denn, indem sie ihre Ohren vor dem verschließen, was Jesus mit seiner ganzen Person spricht, verwirft die Menge zugleich auch die von tiefem Mitleid geprägte Weggefährtenschaft Jesu. Darin liegt die tiefe Tragik, daß sie die aus der größten Liebe angebotene Weggefährtenschaft verwarfen.

Es gibt aber eine Reihe guter Beispiele für Jesu Weise, durch Taten und Worte sich mitzuteilen. Eines der besten Beispiele ist die Berufungsgeschichte von Andreas und Petrus. Als wir das erste Mal uns diesen Bericht anschauten, haben wir noch nicht von Jesus als dem Wegbegleiter gesprochen; dies wollen wir jetzt nachholen.

Wie wir aber schon gesehen haben, spielt Jesus bei der Berufung eindeutig die Hauptrolle. Jesus ist es, der ihnen begegnet und sie auffordert: Folget mir nach! – woraufhin sie alles verlassen und sich ihm anschließen. Bei der Abfolge der verschiedenen Handlungen steht eindeutig die Nachfolge im Zentrum. Die Voraussetzung für die Nachfolge liegt darin, daß Jesus sich schon auf den Weg der Verkündigung des Reiches Gottes gemacht hat. Wenn wir uns daher unter dieser Voraussetzung die Nachfolge noch einmal anschauen, dann zeigt sich darin auf folgende Weise Jesu Eigenart als Wegbegleiter seiner Jünger. Jesus, der sich schon auf dem Weg der Verkündigung des Reiches Gottes befindet, nähert sich den Jüngern und haucht ihnen die Kraft des Geistes ein und lädt sie ein, mit ihm zusammen sich auf den Weg der Verkündigung zu machen.

Auf diese Weise können wir lernen, daß Jesus im Erzählen der Gleichnisse, der Heilung der Kranken, der Austreibung der bösen Geister und der Berufung der Jünger sich immer in gleicher Weise als Wegbegleiter zeigt. Es ist offensichtlich die Fülle der Liebe des Vaters und des Geistes, die Jesus ganz durchdringt, die die eigentliche Bewegkraft für diese Offenbarung als Wegbegleiter ist. Durch Jesus hindurch erstreckt sie sich auf die ganze Menschheit und wird zur Kraft, die alle Menschen zur Fülle der Liebe zurückführt. Diese dynamische Fülle der Liebe durchdringt und erfüllt nicht nur Jesu ganze Existenz, sie bewirkt auch, daß Jesus gar nicht anders kann, als sich als Wegbegleiter der Menschen zu verstehen. Hier ist auch die Antriebskraft zur Fülle der Liebe zu suchen.

e. Das Gleichnis vom verlorenen Sohn erzählt von einem unendlichen Geheimnis

Der Weg Jesu führt von der Ächtung zum Tod am Kreuz

Unter den Gleichnissen Jesu gehört das Gleichnis vom verlorenen Sohn zu denen, die den dichtesten Inhalt vermitteln. Dieses Gleichnis ist zugleich aber auch so bekannt, daß seine tiefere Bedeutung darüber oft vergessen wird. Ein wichtiger Grund dieser Unkenntnis liegt darin, daß der innere Zusammenhalt der Geschichte übersehen wird, und man geneigt ist, als Inhalt des Gleichnisses nur die Lehre von der tiefen Barmherzigkeit Gottes sich zu merken. Diese Art der Bibelauslegung übersieht nicht nur, in welchem Zusammenhang und an welche Personen gerichtet

Jesus dieses Gleichnis erzählt hat, sondern überhört auch, wie Jesus dieses Gleichnis unter dem Einsatz seiner ganzen Person erzählt. Am Ende steht dann eine von der konkreten Wirklichkeit abgehobene bloß symbolische Deutung. Wenn wir aber das Gleichnis vom verlorenen Sohn nicht abstrakt, sondern mit dem Einsatz unserer ganzen Person lesen, dann werden wir erfahren, wie Jesus die Pharisäer, die sich ihm in den Weg stellen, geliebt hat. Bevor wir uns so auf das Lesen des Gleichnisses einlassen, gilt es, den größeren Zusammenhang, in der das Gleichnis steht, uns ins Gedächtnis zu rufen.

Zunächst müssen wir uns darin erinnern, daß das Gleichnis im Zusammenhang der großen Reise steht, die Jesus ausgehend von Nazaret nach Jerusalem führt. Am Anfang dieser Reise steht die Ächtung, die Jesus in seinem Heimatort Nazaret erfährt (vgl. Lk 4,28-30). Jesu Reise beginnt mit seiner Ächtung, und Jesus geht gleichsam als Verbannter auf seinen Weg. Folgen wir der Deutung des Lukasevangeliums, dann steht diese Ächtung symbolisch für das In-den-Himmel-aufgenommen-Werden, d.h. für die Himmelfahrt, die über die Kreuzigung führt, und an deren Beginn der Entschluß steht, nach Jerusalem (Lk 9,51) zu gehen. Dieser Zielpunkt der Reise Jesu steht in einer geheimnisvollen Entsprechung zum Ausgangspunkt. Wie am Anfang die Ächtung durch die eigenen Landsleute steht, so sehen wir am Ende den Verrat durch Judas, die dreimalige Verleugnung durch Petrus, die Anklage durch die Führer des jüdischen Volkes, die Verwerfung durch die Bürger von Jerusalem und schließlich die Untat der Kreuzigung. Wie Jesus am Anfang der Reise trotz des schlimmen Verhaltens seiner Landsleute mitten durch sie hindurchgeht, um sich frei und ungebunden auf die Reise der Verkündigung der Frohen Botschaft zu begeben, so ist er am Ende durch Kreuz, Auferstehung und Himmelfahrt in der Lage, die Jünger auf die Reise zu schicken, die Botschaft von der Vergebung der Sünden allen Menschen zu verkünden (Lk 24,47).

Was sind nun die Antriebskraft und das Ziel dieser Reise Jesu gewesen, die in Nazaret ihren Anfang nimmt und in Jerusalem ihr Ende findet? Wie alle Taten Jesu auf dieser Reise spiegelt auch die Gleichnisrede Jesu Motivation und Zielvorstellungen wider.

Dieser Hinweis wird bei der Interpretation des Gleichnisses vom verlorenen Sohn für uns hilfreich sein.

Der Schlüssel zur Erklärung von Jesu Motivation und Ziel findet sich in der Predigt, die Jesus kurz vor seiner Ächtung in Nazaret gehalten hat. Dieser Rede ging voraus, daß Jesus in die Synagoge kam, ihm die Schriftrolle mit dem Text des Propheten Jesaja übergeben wurde und er den folgenden Text vorlas:

»Der Geist des Herrn ruht auf mir; denn der Herr hat mich gesalbt. Er hat mich gesandt, damit ich den Armen eine gute Nachricht bringe; damit ich den Gefangenen die Entlassung verkünde und den Blinden das Augenlicht; damit ich die Zerschlagenen in Freiheit setze und ein Gnadenjahr des Herrn ausrufe« (Lk 4,18-19).

Jesus gab das Buch zurück und setzte sich. Die Augen aller in der Synagoge Versammelten waren auf Jesus gerichtet. Da begann Jesus zu sprechen: »Heute hat sich das Schriftwort, das ihr eben gehört habt, erfüllt« (Lk 4,21). Jesu Worte klingen still in der Synagoge wider, aber die Botschaft ist tatsächlich staunenerregend. Denn mit diesen Worten hat Jesus eindeutig den Anspruch erhoben, der von Jesaja vorhergesagte Messias zu sein. Zugleich beinhalten die Worte des Jesaja auch den eigentlichen Antrieb und Inhalt von Jesu Reise. Denn die Antriebskraft für seine Reise liegt in dem tiefen Verlangen Gottes, alle Menschen zu retten. Angetrieben vom Geist Gottes durchdringt dieses heiße Verlangen Jesu ganzes Wesen und spornt ihn auf seiner Reise an, den Armen die frohe Botschaft ihrer Befreiung zu bringen. Die Worte des Propheten Jesaja, die Jesus da gelesen hat, sind ja voll von der freudigen Botschaft, daß den Armen, den Blinden und den Gefangenenen die Erlösung ihrer Plagen gebracht wird. In Jesu Ohren klingt nicht eine saft- und geschmacklose abstrakte Botschaft von der Erlösung der Menschheit wider, sondern der laute Jubelruf der Menschen, die von tatsächlichen Leiden befreit worden sind.

Die Frohe Botschaft für die Armen ist eine Freude, die Leib, Herz und Geist tief durchdringt

Die frohe Botschaft, die Jesus verkündet, hat nicht nur den Inhalt, daß Gott der Menschheit das Heil geschenkt hat. Vielmehr besteht das Besondere der Botschaft Jesu wesentlich darin zu verkünden, daß Gottes Heil sich in erster Linie an die Armen, die Sünder und die Prostituierten richtet, eine Freude beinhaltet, die jede Vorstellung übersteigt und sich im Hier und Heute ereignet. Alle diese Punkte finden sich auch in dem Jesaja-Text, den Jesus in Nazaret gelesen hat. Wenn wir jedoch verstehen wollen, wie groß die Freude ist, die in Jesu frohmachender Botschaft enthalten ist, dann müssen wir sorgfältig den Text im Lukusevangelium im 7. Kapitel, Verse 20 bis 23 lesen.

»Johannes der Täufer hatte zwei seiner Jünger zu Jesus gesandt, um ihn fragen zu lassen: Bist du der, der kommen soll, oder müssen wir auf einen andern warten? Damals heilte Jesus viele Menschen von ihren Krankheiten und Leiden, befreite sie von bösen Geistern und schenkte vielen Blinden das Augenlicht. Er antwortete den beiden: Geht und berichtet Johannes, was ihr gesehen und gehört habt: Blinde sehen wieder, Lahme gehen, und Aussätzige werden rein; Taube hören, Tote stehen auf, und den Armen wird das Evangelium verkündet. Selig ist, wer an mir keinen Anstoß nimmt.«

In diesem Text kommt zwar das Wort »Freude« nicht vor, wenn man aber die Worte Jesu insgesamt nimmt, dann sind sie erfüllt mit der Freude jener, die von Blindheit, von Lähmung, von Lepra und Taubheit, ja vom Tod befreit wurden. Diese Freude ist ganz offensichtlich mehr als nur die Begeisterung über körperliche Heilung. Im ganzheitlichen hebräischen Denken beinhaltet die äußere Freude auch zugleich die geistige Freude und offenbart zugleich auch einen Vorgeschmack der eschatologischen Freude. Denn die Juden verstanden die Freude immer als ein ganzheitliches, die Tiefe des ganzen Menschen erfassendes Phänomen. Körper, Seele und Geist bezeichnen alle den ganzen Menschen, der bei aller Kompliziertheit der gegenseitigen Beziehungen doch ein alle Schichten umfassendes Ganzes darstellt und die letzte Einheit des Menschseins offenbart. Deshalb ruft eine körperliche Freude zugleich Freude im Herzen hervor und bewirkt ebenso geistige Freude.

Wenn wir also wirklich in uns die Freude erfahren wollen, die in diesem Text widerklingt, dann müssen wir uns vor Augen zu stellen versuchen, wie die Menschen damals über Lahmheit, Blindheit, Leprakrankheit und andere Leiden gedacht haben. Denn im Denken der damaligen Menschen waren diese Menschen nicht wert zu leben. Sie wurden Toten gleich geachtet. Sie waren ohne jede Hoffnung auf eine Besserung und wie zum Tode Verurteilten blieb ihnen nur, auf den Tod zu warten. Jesus aber verkündete gerade ihnen die frohe Botschaft, heilte die verschiedenen Krankheiten, erweckte Tote wieder zum Leben und schenkte den Todgeweihten neues Leben. Er schenkte ihnen das Wasser des Lebens, beendete die Zeit der Verfluchung, öffnete das Tor zum Paradies und zeigte, daß die Vollendung der Welt schon begonnen hatte. Jesus brachte auch Menschen, die in der Prophezeiung des Jesaja nicht vorkamen, wie den Leprakranken und den Toten, Befreiung und Erlösung. Daraus können wir ersehen, wie Jesus eine die Verheißungen, die Hoffnung und die Erwartung des Alten Testaments weit übersteigende frohe Botschaft gebracht hat.

Das Gleichnis vom verlorenen Sohn
im größeren Kontext gelesen

Nun wollen wir uns schließlich dem Text des Gleichnisses vom verlorenen Sohn zuwenden, indem wir den Text zunächst still und gesammelt lesen. Dann wollen wir uns mit Jesus an den Ort des Geschehens versetzen und seinen Worten mit unserer ganzen Existenz zuhören und versuchen, Jesu Intention in ihrer ganzen Tiefe zu verstehen.

1. »Alle Zöllner und Sünder kamen zu ihm, um ihn zu hören. Die Pharisäer und die Schriftgelehrten empörten sich darüber und sagten: Er gibt sich mit Sündern ab und ißt sogar mit ihnen. Da erzählte er ihnen ein Gleichnis und sagte:

2. Ein Mann hatte zwei Söhne. Der jüngere von ihnen sagte zu

seinem Vater: Vater, gib mir das Erbteil, das mir zusteht. Da teilte der Vater das Vermögen auf. Nach wenigen Tagen packte der jüngere Sohn alles zusammen und zog in ein fernes Land. Dort führte er ein zügelloses Leben und verschleuderte sein Vermögen. Als er alles durchgebracht hatte, kam eine große Hungersnot über das Land, und es ging ihm sehr schlecht. Da ging er zu einem Bürger des Landes und drängte sich ihm auf; der schickte ihn aufs Feld zum Schweinehüten. Er hätte gern seinen Hunger mit den Futterschoten gestillt, die die Schweine fraßen; aber niemand gab ihm davon. Da ging er in sich und sagte: Wie viele Tagelöhner meines Vaters haben mehr als genug zu essen, und ich komme hier vor Hunger um. Ich will aufbrechen und zu meinem Vater gehen und zu ihm sagen: Vater, ich habe mich gegen den Himmel und gegen dich versündigt. Ich bin nicht mehr wert, dein Sohn zu sein; mach mich zu einem deiner Tagelöhner. Dann brach er auf und ging zu seinem Vater.

Der Vater sah ihn schon von weitem kommen, und er hatte Mitleid mit ihm. Er lief dem Sohn entgegen, fiel ihm um den Hals und küßte ihn. Da sagte der Sohn: Vater, ich habe mich gegen den Himmel und gegen dich versündigt; ich bin nicht mehr wert, dein Sohn zu sein.

Der Vater aber sagte zu seinen Knechten: Holt schnell das beste Gewand, und zieht es ihm an, steckt ihm einen Ring an die Hand, und zieht ihm Schuhe an. Bringt das Mastkalb her, und schlachtet es; wir wollen essen und fröhlich sein. Denn mein Sohn war tot und lebt wieder; er war verloren und ist wiedergefunden worden. Und sie begannen, ein fröhliches Fest zu feiern.

3. Sein älterer Sohn war unterdessen auf dem Feld. Als er heimging und in die Nähe des Hauses kam, hörte er Musik und Tanz. Da rief er einen der Knechte und fragte, was das bedeuten solle. Der Knecht antwortete: Dein Bruder ist gekommen, und dein Vater hat das Mastkalb schlachten lassen, weil er ihn heil und gesund wiederbekommen hat. Da wurde er zornig und wollte nicht hineingehen. Sein Vater aber kam heraus und redete ihm gut zu. Doch er erwiderte dem Vater: So viele Jahre schon diene ich dir, und nie habe ich gegen deinen Willen gehandelt; mir aber

hast du nie auch nur einen Ziegenbock geschenkt, damit ich mit meinen Freunden ein Fest feiern konnte. Kaum aber ist der hier gekommen, dein Sohn, der dein Vermögen mit Dirnen durchgebracht hat, da hast du für ihn das Mastkalb geschlachtet. Der Vater antwortete ihm: Mein Kind, du bist immer bei mir, und alles, was mein ist, ist auch dein. Aber jetzt müssen wir uns doch freuen und ein Fest feiern; denn dein Bruder war tot und lebt wieder; er war verloren und ist wiedergefunden worden« (Lk 15, 1 3. 11 32).

Wir können diesen Text in drei Teile einteilen: 1. Den Einleitungsteil, der uns die Situation beschreibt, in der der Text gesprochen wurde (Lk 15,1-3); 2. Den ersten Teil des Gleichnisses, der das Schicksal des jüngeren Bruders beschreibt (Lk 15,11-24) und 3. den Schlußteil, der den Bericht des vernünftigen älteren Bruders enthält (Lk 11,25-32).

Beim Einleitungsteil gilt es zu beachten, daß die Zöllner und Sünder von sich aus sich Jesus nähern, um seine frohe Botschaft zu hören. Viele Theologen messen diesem Umstand, den sie eher für ein überflüssiges Füllsel halten, keine große Bedeutung bei, weil sie nicht wirklich mit voller Hingabe ihrer Person auf die nonverbale Botschaft von Jesu Taten hören. Wie die Worte seines Gleichnisses später deutlich machen, hatte Jesus jedoch durch die wortlose Botschaft, die darin lag, daß Zöllner und Sünder sich ihm näherten, deutlich verstanden, daß sie ihre Sünden schon bereut hatten. Sie hatten sich von Jesu Worte anlocken lassen, waren zu ihm gekommen und hatten vom Geist erfüllt Jesu Körpersprache, die er durch Wort und Taten verkündete, verstanden. Jesus nahm sie herzlich auf und aß mit ihnen. Durch dieses Tun lud Jesus sie ein, mit ihm ins Reich Gottes einzutreten. Wenn wir die Situation recht bedenken, dann können wir verstehen, wie zwischen Jesus und seinen Zuhörern noch vor dem Erzählen des Gleichnisses schon ein wortloser Dialog begonnen hatte. Dieser Dialog verläuft aber nicht nur auf der rein menschlichen Gesprächsebene, sondern es handelt sich in der gleichen Weise, wie wir es bei dem wortlosen Dialog zwischen Jesus und seinen Jüngern gesehen haben, um einen durch das vertikale Wirken des Wortes bewirkten transzendenten Dialog.

Dann sind da die Pharisäer und die Schriftgelehrten, die die Bühne betreten, wo Jesus seine Rede hält. Sie beginnen Jesus zu tadeln, als sie sehen, wie er Zöllner und Sünder freundlich empfängt.»Er gibt sich mit Sündern ab und ißt sogar mit ihnen.« Wir haben schon gesehen, wie die Schriftgelehrten die gleichen Vorwürfe vorbrachten, als Matthäus nach seiner Berufung ein Festmahl für Zöllner und Sünder gab, und haben uns Gedanken über ihre Motivation gemacht. Die psychologischen Gründe für diese Vorwürfe der Schriftgelehrten sind wohl die folgenden. Gestützt auf den Glauben an den strengen Legalismus zogen sie eine klare Trennungslinie zwischen die das Gesetz beobachtenden Gerechten und die das Gesetz übertretenden Sünder. Die Gerechten mußten um der Beobachtung des Gesetzes willen nicht nur jeden Kontakt mit den Sündern abbrechen, die Sünder mußten auch streng aus der jüdischen Gemeinde ausgeschieden werden. Das war ihre feste Glaubensüberzeugung, der sie sich zutiefst verpflichtet fühlten und die ihre Herzen versteinerte. Sie brachte sie dazu, sich Gottes Wirken gegenüber zu verschließen. Wie der Prophet Ezechiel es ausdrückte, waren es »Herzen aus Stein« geworden, in denen der Urheber des Bösen sich versteckt hielt und sie zu bösen Taten anregte. Sie hatten kein Verlangen danach, auf die frohe Botschaft vom Reiche Gottes zu hören, die Jesus mit dem Einsatz seiner ganzen Person verkündete.

Als Antwort auf ihre Vorwürfe hat Jesus ihnen das Gleichnis vom verlorenen Sohn erzählt. Viele Exegeten sind nun der Auffassung, daß dieses Gleichnis nicht die Sünder im Auge habe, sondern sich an die Adresse der Gegner richte und daher in erster Linie ein Mittel der Auseinandersetzung darstelle, um die Gegner für sich zu gewinnen. Meiner Meinung nach handelt es sich dabei um ein eher oberflächliches Verstehen von Jesu Absicht. Sicher, wenn wir uns nur an den Wortlaut des Textes halten, dann richtet sich Jesu Gleichnisrede tatsächlich zunächst an die Schriftgelehrten. Wie wir aber schon gesehen haben, geht es bei einer Rede von Jesus immer darum, auch auf das zu hören, was er mit seiner ganzen Person mitzuteilen versucht. Dann verstehen wir, daß Jesus mit seiner ganzen Person die frohe Botschaft mitteilen möchte, daß die Fülle der Liebe des Vaters und des Heiligen Geistes schon jetzt auf die ganze Menschheit ausgegossen ist. Das Gleichnis vom verlorenen Sohn ist ein Teil der Botschaft, die Jesus mit seiner ganzen Person mitzuteilen sucht. Ganz ohne Zweifel möchte Jesus mit diesem Gleichnis die frohe Botschaft von Gottes Liebe verkünden.

Dann verstehen wir auch, daß im größeren Zusammenhang der Botschaft von der Erlösung aller Menschen gesehen das Gleichnis vom verlorenen Sohn nicht nur an die Schriftgelehrten gerichtet ist, sondern auch die Zöllner und Sünder einbezieht, die die direkten Hörer des Gleichnisses waren. Aber auch wir, die wir dieses Gleichnis heute lesen, sind berechtigt, die Worte des Gleichnisses vom verlorenen Sohn auch als an uns gerichtet zu betrachten.

Jesus als Wegbegleiter der Armen

Wenn wir jetzt das Gleichnis des verlorenen Sohnes in diesem größeren Kontext noch einmal lesen, dann werden uns einige Dinge deutlich. Da ist zunächst die Tatsache, daß das Gleichnis um zwei Themenschwerpunkte, das Thema des verlorenen Sohnes auf der einen und das Thema des vernünftigen älteren Bruders auf der anderen Seite kreist. Es ist also falsch, den verlorenen Sohn allein als die Hauptperson anzusehen und allein vom »Gleichnis vom verlorenen Sohn« zu sprechen. Es wäre angebrachter, den Titel »Das Gleichnis vom verlorenen und vernünftigen Sohn« zu gebrauchen. Wie wir bei der Betrachtung des größeren Kontextes schon gesehen haben, geht es Jesus bei seinem Gleichnis in erster Linie eigentlich um das Thema der Liebe Gottes, des Vaters. Der Inhalt des Gleichnisses weist dies ja deutlich aus. Die Hauptperson ist daher gesehen weder der verlorene jüngere Bruder noch der vernünftige ältere Bruder, sondern die eigentliche Hauptperson ist der für beide auf verschiedene Weise von Mitleid und Liebe erfüllte Vater. Die richtige Bezeichnung wäre daher eher »Das Gleichnis vom liebenden Vater«.

Das Gleichnis kann auf verschiedene Weise gelesen werden. Da wäre sicher die reizvolle Variante, das Gleichnis aus der Perspektive der Zöllner und Sünder zu lesen, die anwesend waren, als Jesus das Gleichnis erzählte. Die angemessenste Art und Weise, Jesu Absicht am besten zu verstehen, bestünde sicher darin, sich in die Person Jesu beim Erzählen des Gleichnisses zu versetzen. Etwas, das uns sündigen Menschen wahrscheinlich nicht möglich ist. Immerhin haben wir mittlerweile schon soviel an exegetischer Methode gelernt, daß wir imstande sein müßten, uns ganz zu sammeln und uns ganz Jesus hinzugeben. Dann wird es uns schwachen Menschen doch in einem gewissen Maß geschenkt, uns in die Person Jesu hineinzufinden. Dazu müßten wir uns mit Jesus zusammen auf die Reise der Verkündigung der frohen Botschaft begeben, uns mit ihm der eigentlichen Antriebskraft dieser Reise ganz übergeben, dem Tod am Kreuz ins Auge sehen und in das große Geschehen von Jesu Tod uns ganz hineinnehmen lassen, dann könnte es uns einigermaßen gelingen, mit Jesus eins zu werden. Mit dieser Methode wollen wir versuchen, uns auf Jesu tiefste Gesinnung einzustimmen und wenigstens anfanghaft die Tiefe seiner Gedanken auszuloten.

»Ein Mann hatte zwei Söhne«, als Jesus diese Worte aussprach, welche Gedanken bewegten ihn da zutiefst? Um diese Worte zu verstehen, wollen wir zunächst von der Bedeutung der Worte ausgehen. Bei den beiden Söhnen handelt es sich einmal um den jüngeren Bruder, der alles durchgebracht hatte, der Reue empfindet und zu seinem Vater zurückkehrt und um den älteren Bruder, der bei seinem Vater redlich und unermüdlich arbeitet. Die Zuhörer des Gleichnisses vom jüngeren und älteren Bruder hätten wohl den jüngeren Bruder mit den bei der Erzählung anwesenden Zöllnern und Jüngern verglichen und in dem älteren Bruder ein Sinnbild für die Pharisäer und Schriftgelehrten gesehen. In der weiter zielenden Absicht Jesu waren mit dem jüngeren Bruder wohl ganz allgemein die gemeint, die man damals »Sünder« nannte, die Jesus, die »Armen« genannt hat, während der ältere Bruder für die steht, die in der damaligen Gesellschaft die »Gerechten« genannt wurden.

Die Menschen, die Jesus nachfolgten, waren ungebildete und ungehobelte Kerle, die keinerlei religiöses Wissen hatten, die auch moralisch anrüchig waren, die nach der Überzeugung der damaligen Menschen keine Hoffnung haben konnten, das Heil jemals zu erreichen. Es wird allgemein angenommen, daß Jesus sie die »Armen« genannt und ihnen die frohe Botschaft verkündet hat, aber das ist nicht korrekt. Denn diese Menschen die »Armen« zu nennen, heißt, sich die Sichtweise der Gegner Jesu zu eigen zu machen und die engstirnige Meinung der Gesellschaft zu übernehmen. Jesus verstand die Armen, wie schon bei den Propheten des Alten Testaments, in einem viel umfassenderen Sinn. Für Jesus waren die »Armen« alle die Bedürftigen und Verzweifelten, die keinerlei Zuflucht mehr hatten, als sich auf Gott allein zu verlassen. Jesus hat diese Menschen die »Mühseligen und Beladenen« genannt und eingeladen, zu ihm zu kommen.

Der im Gleichnis auftretende »Verlorene Sohn« ist nicht irgendeine erfundene Gestalt, sondern bei ihm handelt es sich um das Schicksal eines wirklichen Menschen, wie es damals in Palästina häufig sich ereignete. Damals lebten in Palästina schätzungsweise 500 000 Juden, während etwa 4 Millionen ins Ausland ausgewandert waren. Am häufigsten wanderten die jüngeren Söhne aus, die vom Vater ihren Erbanteil ausgezahlt erhielten, sich in vielen Berufen versuchten und in die größeren Städte abwanderten. Dort warteten die vielen Versuchungen des Stadtlebens, wie Alkohol, Frauen, Glücksspiel u.a. auf sie. Deshalb waren die Fälle, daß junge Leute ihr Geld ausgaben, verschwendeten und schließlich alles verloren, nicht so selten.

Als Jesus an diese tatsächlichen Fälle dachte und das Gleichnis vom verlorenen Sohn erzählte, tat er dies ohne Vorwürfe und scharfe Verurteilung. Vielmehr schildert er lebendig die schwierige Lage des jüngeren Bruders und versucht, sich in seine Situation hineinzuversetzen. Als der jüngere Sohn endlich schmerzlich Reue fühlt, scheint Jesus sich noch mehr in seine Person zu versetzen und beschreibt seinen Seelenzustand mit bewegenden Worten: »Da ging er in sich und sagte: Wie viele Tagelöhner meines Vaters haben mehr als genug zu essen, und ich komme hier vor Hunger um. Ich will aufbrechen und zu meinem Vater gehen und zu ihm sagen: Vater, ich habe mich gegen den Himmel und gegen dich versündigt. Ich bin nicht mehr wert, dein Sohn zu sein; mach mich zu einem deiner Tagelöhner. Dann brach er auf und ging zu seinem Vater.«

Der Text beschreibt auf lebendige Weise, wie der junge Mann in eine solche Notlage geraten ist, daß er nicht einmal mehr genug zum Essen hat und wie er zum Umdenken kommt. Daran können wir ersehen, daß Jesus sich in die Situation des jungen Menschen hinabbegeben und sich ganz mit ihm identisch gesehen hat, so daß er in der Lage war, die subtilen Bewegungen seines Herzens nachzuzeichnen. Hier sehen wir Jesus als den Weggefährten der Armen. Auch die Zöllner, die Zuhörer des Gleichnisses waren, haben gespürt, daß Jesus, der in der Lage war, sich so in die Situation des jungen Menschen zu versezten, auch sie zutiefst verstanden hatte. So zeigt sich hier Jesus als der Weggefährte der Zöllner und Sünder.

Die Wahrheit, die Jesus verkündet, ereignet sich

Die vier Evangelien enthalten viele Gleichnisse Jesu, die wir hier nicht alle untersuchen können und die genauer zu behandeln für eine Theologie des Weges auch nicht erforderlich ist. Indem wir der Maxime von Ignatius von Loyola folgen:»Nicht vielerlei Dinge, aber viel« (non multa, sed multum), wollen wir aus den Gleichnissen, die Jesus erzählt hat, die entscheidenden Elemente auswählen und uns genauer ansehen. Dieses Vorgehen entspricht auch dem Weg des Zen. Aus der Fülle der über tausend Koan werden etwa 120 ausgewählt, die dann langsam und sorgfältig studiert werden. Für den, der den Weg entdecken will, gibt es keine passendere Methode. Auch für uns, die wir Christus, den Weg, entdecken wollen, gibt es keine bessere Methode. Auch Nishida Kitaro, dieser so außergewöhnlich selbständige Denker, benutzt die gleiche Methode, wenn er zu Beginn seines sich auf 48 Bände belaufenden »Tagebuchs eines einfältigen Herzens« auf latein die eben genannte Maxime des Heiligen Ignatius zitiert und darunter schreibt:»Es ist wichtiger, sich auf sich selber zu besinnen, als die Schriften anderer zu lesen. Denn es kommt nicht darauf an, viel zu lesen, sondern es gilt, die Schriften eines großen

Denkers gründlich zu studieren« (Nishida Kitaro, Frontseite des 17. Bandes seiner Gesammelten Werke, Verl.Iwanami). Auch wir können nichts Besseres tun, als dem Vorbild dieses großen Denkers zu folgen und uns auf die Untersuchung des Gleichnisses Jesu vom verlorenen Sohn zu konzentrieren. Im vorangegangenen Kapitel haben wir schon gesehen, wie Jesus sich in diesem Gleichnis zum Weggefährten der Armen macht. Wenn wir unseren Ausgangspunkt etwas ändern, können wir aber auch erkennen, daß er zugleich in den Pharisäern und den Schriftgelehrten ebenfalls Weggefährten erblickt.

Allerdings wird das Gleichnis vom verlorenen Sohn gewöhnlich dahingehend ausgelegt, daß es die unendliche Liebe des Vaters zum Gegenstand hat, die als eine für alle Zeit und überall gültige unveränderliche Wahrheit dargestellt wird. Bei dieser Deutung wird aber ein ganz entscheidender Punkt übersehen und verfälscht. Die Tatsache nämlich, daß Jesus mit diesem Gleichnis ein sich im Hier und Heute ereignendes Geschehen bezeichnet. Es ist wohl richtig, daß in diesem Geschehen die unendliche Liebe des Vaters eingeschlossen ist, aber es ist nicht so, daß Jesus hier eine im griechischen Verständnis ewige Wahrheit verkünden möchte. Bei der Lehre Jesu handelt es sich in erster Linie um ein Offenbaren seiner Weggefährtenschaft mit den vor Ort anwesenden Personen. In der frühen Kirche wurde dieses Gleichnis dann von den Aposteln weitererzählt und auf diese Weise unter ihren Hörern wieder zu einem Ereignis. Danach wurde es über die Aufnahme in das Neue Testament für die Hörer ebenfalls zu einem sie direkt betreffenden Ereignis. In diesem Sinn kann man das Evangelium auch als eine absolute Wahrheit ansehen, die sich immer dann ereignet, wenn man – um einen von mir geprägten Fachausdruck zu gebrauchen– es mit »Leib und Seele« liest und dadurch sich gleichsam an den Ort der Verkündigung des Gleichnisses durch Jesus versetzt.

Dabei handelt es sich aber nicht um eine Wahrheit im griechischen Verständnis, die überall und für immer unveränderlich eine ewige Wahrheit darstellt. Vielmehr handelt es sich um ein Geschehen, das den, der Jesu Worte hört, gleichsam an den Ort des Geschehens versetzt und ihn in die Weggefährtschaft aufnimmt.

Während Wahrheit im griechischen Verständnis nichts mit geschichtlichen Ereignissen zu tun haben kann, handelt es sich bei den Gleichnissen Jesu um geschichtliches Geschehen, in dem Wahrheit als Offenbarung und Verkündigung (Wort) von Gottes wahrem Herzen enthalten ist. Denn bei der Weggefährtenschaft Jesu handelt es sich um ein Geschehen, in dem im geschichtlichen Hier und Heute die Offenbarung des innersten Herzens Gottes sich als absolute Wahrheit ereignet.

Damit sich diese Weggefährtenschaft auch bei uns ereignen kann, wollen wir jetzt den zweiten Teil des Gleichnisses mit Leib und Seele lesen. Als erstes ist es notwendig, daß wir uns ganz in die Situation der Pharisäer und Schriftgelehrten versetzen. Wie wir schon früher festgestellt haben, besitzen wir alle ebenfalls pharisäerhafte Tendenzen, und in diesem Sinn sind uns Pharisäer und Schriftgelehrte nicht eigentlich fremd, sondern uns ganz nahe.

Bei ihnen handelte es sich um ernstzunehmende Menschen, die das Gesetz streng beobachteten, das Alte Testament sorgfältig studierten und die Vorschriften des Gesetzes sorgfältigst beachteten, um den Willen Gottes zu erfüllen. Vor allem die Pharisäer bezahlten sorgfältig die Abgabe des Zehnten und beobachteten gewissenhaft die Reinheitsgesetze. Darüber hinaus verrichteten sie viele gute Werke, hielten die dreimalige Gebetszeit jeden Tag ein und fasteten an zwei Tagen in der Woche. Ihre Gesetzeserfüllung zeugte zwar von ihrem tiefen Glauben und ihrer Treue gegenüber Gott, zugleich zeigt sich aber in ihrer übertriebenen Strenge und Starrheit, daß ihre Herzen zutiefst versteinert waren. Die Verhärtung ihrer Herzen bewirkte, daß sie sich gegen den Ruf der Liebe seitens Jesu verschlossen und Gott verwarfen, indem sie sich für sich selbst entschieden und in ihrer Bosheit verharrten.

f. Das Geheimnis der »größeren Freude« Gottes

Jesus als Weggefährte der Schriftgelehrten

Auf welche Weise hat nun Jesus versucht, ihnen das »Herz von Stein« zu entreißen? Er versuchte es, indem er das Gleichnis vom verlorenen Sohn erzählte. Allerdings handelt es sich beim Erzählen Jesu um eine von der gewöhnlichen Art des Erzählens abweichende Form. Denn Jesus war ständig umfangen und erfüllt von der Fülle der Liebe des Vaters und des Heiligen Geistes, so daß sich in seiner Art, mit allen Kräften seiner selbst zu erzählen, sich diese Fülle der Liebe auch auf alle Zuhörer erstreckte. Wenn Jesus so mit dem Einsatz seiner ganzen Person erzählte, teilte sich diese Liebe gleichsam über alle fünf Sinne auch seinen Zuhörern mit. Auch wenn die Zuhörer dies vielleicht nicht bewußt erfahren haben, hat Jesu Erzählweise unbewußt bei ihnen diese Wirkung hervorgebracht. Denn wie die Tiefenpsychologie gezeigt hat, gibt es durchaus das Phänomen des unbewußten Aufnehmens.

Beim unbewußten Hören handelt es sich auf der menschlichen Ebene um eine unbewußte Kommunikation, die hier aber zugleich das sie übersteigende vertikale Handeln Gottes beinhaltet. Der Grund dafür liegt darin, daß Jesus in all seinem Tun durchdrungen war von der Aktivität des Vaters und des Heiligen Geistes, die sich auf die Menschen, die mit ihm zu tun hatten, dann übertrug. Wenn wir daher in Jesu Erzählen des Gleichnisses vom verlorenen Sohn an die Schriftgelehrten nur einen Dialog sehen, der für den Erzähler und seine Zuhörer allein auf der gleichen Ebene der menschlichen Kommunikation und Beeinflussung sich abspielt, dann haben wir allerdings eine sehr enge Sicht eingenommen. Denn wenn Jesus erzählte, ereignete sich das vertikale Handeln Gottes nicht nur bei ihm selber, sondern zugleich auch bei seinen Zuhörern. Auch die Schriftgelehrten konnten sich dieses Einflusses nicht entziehen. Jesus erzählt ja gerade deswegen ihnen dieses Gleichnis, weil sie auf der bewußten Ebene sich als Gerechte verstanden, auf der unbewußten Ebene aber zutiefst verkommen waren. Denn Jesus ruft ja gerade die Sünder, weil er gekommen ist, »die Sünder zu rufen und nicht die Gerechten« (Mk 2,17).

Worin bestand aber konkret das vertikale Wirken Gottes an den Pharisäern und Schriftgelehrten? Dabei handelte es sich um das, was der Prophet Ezechiel so beschrieben hat: »Ich nehme das Herz von Stein aus eurem Körper und gebe euch ein Herz von Fleisch« (Ez 36,26). Bei diesen Worten des Propheten Ezechiel gilt zu beachten, daß er das »Herz von Stein«, das in ein »Herz von Fleisch« umgewandelt wird, als »aus eurem Körper« genommen bezeichnet. Denn in der Heiligen Schrift bezeichnet »Körper« (hebr. »basar«, griech. »soma«) den ganzen Menschen in seiner Schwachheit. Daher beinhaltet die Umwandlung des »Herzens von Stein« in ein »Herz von Fleisch« bei den Schriftgelehrten nicht nur eine innere Wandlung, sondern meint eine vollständige Kursänderung mit »Leib und Seele«. Wenn wir dies mit einem Fachausdruck der von uns bis jetzt entwickelten Theologie des Weges ausdrücken wollen, dann können wir sagen, daß sie insgesamt zu Stein geworden waren, weil sie nicht mehr in der Lage waren, auf Gott und die Mitmenschen gefühlsmäßig zu reagieren. In dem Augenblick, als Jesus ihnen das Gleichnis vom verlorenen Sohn erzählte, trat das ein, was der Prophet Ezechiel vorausgesagt hatte, daß ihnen ein »Herz von Fleisch« geschenkt wurde. Auch wenn auf der Ebene des Bewußtseins weiterhin das »Herz von Stein« verblieb, hatte sich auf der unbewußten Ebene durch Gottes Wirken schon der lebenspendende Wandel zu einem »Herzen von Fleisch« vollzogen.

Wenn »Fleisch« auch im Wortgebrauch des »Herzens von Fleisch« die größte Schwäche der menschlichen Existenz bezeichnet, so weist es zur selben Zeit aber auch auf die darin enthaltenen Möglichkeiten zum Mitgefühl mit der Schwäche des anderen hin. Denn durch ihre Leiblichkeit sind Menschen befähigt, das gleiche Lebensgefühl zu verspüren, den gleichen Lebensatem zu trinken und die gleichen Gefühle zu haben. Darin liegt auch die Fähigkeit des Menschen bei einem Gespräch noch vor den Worten, sich in die andere Person hineinzufühlen, und auf diese Weise seine Worte zu verstehen. Wenn die Worte des Sprechers durch seinen Atem und seine Stimme und dem daraus resultierenden Rhythmus zu einer Einheit verschmelzen, dann wird uns die Bedeutung der Worte unseres Gesprächspartners erst deutlich. Das gleiche gilt auch für unsere Gesprächspartner. Takeuchi Toshiharu nennt diese physische Fähigkeit den »Zustand der Koexistenz« (Sprache und Körper des Kindes, Verl. Shobunsha).

Auch die Schriftgelehrten befanden sich in dieser so verstandenen »Koexistenz« und waren in der Lage, Jesu Worte in der Tiefe ihrer menschlichen Existenz zu verspüren. Da Jesus ganz von der Liebe des Vaters durchdrungen war, konnte er die zu Stein gewordenen Herzen der Schriftgelehrten ganz umfassen, sie in »Herzen von Fleisch« verwandeln und sie in die Fülle der Liebe des Vaters und des Heiligen Geistes hineinführen. Auch wenn auf der Ebene des Bewußtseins sie durch ihren verbissenen Legalismus versteinert blieben, war ihr tiefstes Innere durch die Geschichte vom verlorenen Sohn so berührt, daß sie die tiefe Bedeutung der frohen Botschaft, die Jesus da verkündete, verstanden und zu Menschen wurden, die sich in das Reich Gottes führen lassen. Wenn wir dies so annehmen, dann können wir sagen, daß Jesus das Gleichnis erzählt, um auch die Schriftgelehrten zu Weggefährten zu machen.

Um zu verstehen, wie Jesus versucht hat, die Schriftgelehrten zu Weggefährten zu machen, wollen wir aufs neue zum Text des Gleichnisses vom verlorenen Sohn zurückkehren. Wenn wir den Text im Herzen still lesen, dann sehen wir, wie Jesus das Bewußtsein der Schriftgelehrten zunächst auf die menschlichen Schwächen des jüngeren Bruders lenkt. Er erzählt den Schriftgelehrten knapp und auf bewegende Weise, wie der jüngere Bruder seinen Erbanteil erhält, in ein fernes Land geht, alles verpraßt, mittellos geworden in der größten Not zu sich findet und sich bekehrt. Die Beschreibung der Bekehrung des verlorenen Sohnes muß die Herzen der Zuhörer besonders tief bewegt haben, wenn es da heißt: »Vater, ich habe mich gegen den Himmel und gegen dich versündigt. Ich bin nicht mehr wert, dein Sohn zu sein; mach mich zu einem deiner Tagelöhner.«

Ich bin der Überzeugung, daß die Bibel nicht nur ein Buch ist, das still gelesen werden kann, sondern daß sie laut gelesen werden sollte, indem der Leser sich ganz in die jeweilige Geschichte versetzt und so hört. Denn bei den Geschichten der Bibel handelt es sich um Ereignisse, die wiedergeben, wie Jesus sich damals ganz in die jeweilige Situation seiner Zuhörer versetzt hat und so seine Zuhörer erreichte. In der frühen Kirche, als die Jünger noch lebten, gab es vor der schriftlichen Erfassung nur die mündliche Überlieferung, in der die Berichte zweifellos immer wieder aufs neue erzählt wurden. Wenn wir daher den Versuch machen, uns durch den Bericht der Heiligen Schrift an den Ort zu versetzen, an dem Jesus die Geschichte erzählt, dann sollten wir uns ganz in die Situation des verlorenen Sohnes bei seiner Bekehrung versetzen und unser Herz für die Geschichte öffnen.

Wir haben natürlich keine Möglichkeit zu wissen, wie Jesus geklungen hat, als er das Gleichnis erzählte. Aber da Jesus ganz von der Liebe erfüllt war, besaß er ohne Zweifel die Fähigkeit, sich ganz in die Situation jedes seiner Zuhörer zu versetzen. So war er sicher fähig, sich ganz in die Situation des verlorenen Sohnes zu versetzen, als er sein Gleichnis erzählte. Da auch die Schriftgelehrten, wie wir gezeigt haben, durch das Mitschwingen mit der Geschichte ein »Herz aus Fleisch« erhalten hatten, haben sie zweifellos die Sympathie Jesu mit dem verlorenen Sohn ebenfalls gefühlt und verstanden. Sie besaßen sicher die Fähigkeit, die Echtheit der Bekehrung des verlorenen Sohnes mitzuempfinden. Aber da ihr Bewußtsein ganz unter der Herrschaft ihres Legalismus stand, hatten sie auch die Möglichkeit, den unbewußten Emotionen ihres Herzens Widerstand zu leisten und ihr Herz weiter zu versteinern.

Jesus hat sich jedoch bis zuletzt nicht entmutigen lassen. Um das Herz der Schriftgelehrten zu bewegen, hat er ihnen die Gestalt des von Erbarmen erfüllten Vaters aufs lebhafteste beschrieben. »Der Vater sah ihn schon von weitem kommen, und er hatte Mitleid mit ihm. Er lief dem Sohn entgegen, fiel ihm um den Hals und küßte ihn.« Jesus beschreibt die Gestalt des Vaters auf bewegende Weise.

Wir sollten das Gleichnis gesammelt mit lauter Stimme lesen und dabei selber die Handlungen des Vaters nachspielen. Wie der Regisseur Takeuchi Toshiharu einmal gesagt hat: Wenn es uns schwerfällt, uns in die Person eines Menschen zu versetzen, der körperlich oder geistig verletzt worden ist, dann ist es hilfreich, wenn wir das Verhalten und Tun der betreffenden Person nachspielen. In den meisten Fällen gelangen wir dann zu einem besseren Verständnis. Wenn uns daher einiges von Jesu Worten unzugänglich bleibt, sollten wir diese Methode benutzen. So könnten wir z.b. die Handlungen des Vaters nachspielen. Vielleicht erfahren wir dann an unserem eigenen Körper das tiefe Mitleid, das den Vater erfüllt haben muß. Wie der Vater den Sohn von weitem sieht, ihm eilends entgegenläuft, ihm um den Hals fällt, ihn kräftig umarmt und küßt. Dann kann uns die Wahrheit des Wortes aufgehen, daß »Liebe sich eher in Taten als in Worten zeigt«.

Als der Sohn die tiefe Bewegung seines Vaters sah, konnte er an seiner Liebe nicht mehr zweifeln und er bekannte dem Vater seine tiefe Umkehr. Wie sehr muß sich der Vater bei diesem Bekenntnis gefreut haben. In den Befehlen an die Knechte klingt diese Freude wieder: »Holt schnell das beste Gewand, und zieht es ihm an, steckt ihm einen Ring an die Hand, und zieht ihm Schuhe an. Bringt das Mastkalb her, und schlachtet es; wir wollen essen und fröhlich sein. Denn mein Sohn war tot und lebt wieder; er war verloren und ist wiedergefunden worden.« Die verschiedenen Handlungen werden uns lebendig beschrieben:»Schnell… bringt herbei… zieht an…steckt einen Ring an…bringt Schuhe…schlachtet das Mastkalb…essen und fröhlich sein«. Wenn wir die verschiedenen Handlungen nachspielen, werden wir das große Erbarmen des Vaters auch korperlich verspuren konnen. Die Schriftgelehrten jedoch gehörten zur Intelligenzschicht des damaligen Judentums, sie waren Experten der Schriftauslegung und waren weniger Menschen der Tat als an spitzfindiges Argumentieren gewöhnte Verstandesmenschen. Deshalb waren sie wohl auch weniger geneigt, die Gleichnisse Jesu mit der Bereitschaft zu hören, sie gegebenenfalls nachzuspielen. Deshalb ließen sie sich auch von Jesu Worten kaum rühren.

Danach richtete Jesus die Aufmerksamkeit der Schriftgelehrten auf die Gestalt des ernsten älteren Bruders. Der ältere Bruder war auf dem Feld gewesen. Als er nach Hause zurückkehrt, hört er Musik und Tanz laut aus dem Haus widerhallen. Als er neugierig geworden nachfragt, erfährt er, daß sein jüngerer Bruder, der Verschwender, nach Hause zurückgekehrt sei, daß sein Vater darüber hocherfreut soweit gegangen sei, daß Mastkalb zu schlachten und ein Freudenfest zu feiern. »Da wurde der ältere Bruder zornig und wollte nicht hineingehen.« Diese Haltung des älteren Bruders spielt auf die starre Haltung an, die auch die Schriftgelehrten den Sündern gegenüber einnehmen, etwas, das sie beim Zuhören anfangs vielleicht nicht gemerkt haben. Jesus lenkt ihre Aufmerksamkeit auf die Güte des Vaters, der um den Zorn seines älteren Sohnes zu besänftigen, sofort das Gastmahl verläßt und ihm gut zuredet. Der ältere Bruder schüttet dem Vater seinen ganzen Zorn aus, worauf der Vater in aller Sanftmut antwortet und ihn einlädt, mit ihm zusammen zur Feier des Gastmahls hineinzugehen. In den Worten, mit denen der ältere Bruder seinen Unmut ausdrückt, und dem beschwichtigenden Zureden des Vaters zeigt sich sehr schön eine gegensätzliche Logik. Wir wollen versuchen, die hinter der sich offen zeigenden Logik verborgen liegenden Motive näher zu bestimmen, indem wir den einzelnen Argumenten etwas nachgehen.

Die Logik des »ernsthaften Menschen« im Vergleich mit der »Logik des Erbarmens« des Vaters

Zunächst wollen wir uns anhören, was der »ernsthafte Mensch« zu sagen hat: »So viele Jahre diene ich dir, und nie habe ich gegen deinen Willen gehandelt; mir aber hast du nie auch nur einen Ziegenbock geschenkt, damit ich mit meinen Freunden ein Fest feiern konnte. Kaum aber ist der hier gekommen, dein Sohn, der dein Vermögen mit Dirnen durchgebracht hat, da hast du für ihn das Mastkalb schlachten lassen.«

Was der ältere Sohn hier vorbringt, scheint vom gesunden Menschenverstand her gesehen ein ernsthaftes Argument zu sein. Da es der allgemeinen Moral entspricht, scheint es auch ethisch ernstgenommen werden zu müssen. Aus ethischer Sicht kann man gegen die Argumentation des älteren Bruders nichts vorbringen, da sie formal sauber ist und keine Fehler enthält.

Wenn auch die Argumentation des älteren Bruders, oberflächlich gesehen, moralisch fehlerfrei ist, wie sieht sie aus der Sicht der Tiefenpsychologie aus? Zeigen sich hinter der augenscheinlichen Logik nicht Verachtung und Haß gegen den jüngeren Bruder, der mit Prostituierten in sexueller Freizügigkeit zusammenlebte, und Eifersucht auf seine Bevorzugung durch den Vater? Auch wenn es ihm selber nicht bewußt gewesen sein mag, so verbergen sich hinter seiner Logik doch ganz andere bösartige Motive. Wie uns die moderne Tiefenpsychologie gelehrt hat, sind »ernsthafte Menschen«, wenn sie die Verderbtheit anderer Menschen moralisch verurteilen, auch wenn dieses Urteil zunächst berechtigt zu sein scheint, oft von ganz anderen Motiven bewegt, die sie im Innern der eigenen Seele unterdrückt haben.

Hinzu kommt noch ein weiterer Zweifel, der sich uns beim Hören auf die Argumentation des älteren Bruders aufdrängt. Ist es wirklich die wichtigste Aufgabe im Menschenleben, sich moralisch immer richtig zu verhalten? Oder gibt es nicht etwas, das über das bloße Bewahren eines Moralkodexes hinausgeht? Kann es nicht sein, daß die Konzentration auf die Einhaltung eines Moralkodexes gerade verhindert, dieses größere Ziel im Menschenleben zu sehen? Was könnte dieses größere Ziel sein? Ein Christ wird wohl darauf antworten, daß die von Jesus verkündigte Liebe identisch mit diesem Ziel sei. Dies ist zweifellos richtig. Wenn dies auch objektiv richtig ist, so liegt darin doch keine hinreichende Kraft, die den Menschen zur Umkehr bewegen könnte. Die traditionelle Theologie hat großes Gewicht auf die orthodoxe Darlegung von Dogmen gelegt, es aber versäumt, Worte zu finden, die die Menschen wirklich bewegen können. Das hatte zur Folge, daß es zwar gelungen ist, die objektiv richtigen Antworten zu vermitteln, die aber keine lebendigen Worte waren, die Menschen tatsächlich zu motivieren vermochten. Jesus hat sich dieser konzeptionellen Sprache nicht bedient, sondern auf andere Weise versucht, den Schriftgelehrten das wichtigere Element nahezubringen, das die formale Moral übersteigt.

Wie Jesus dies getan hat, wollen wir untersuchen, indem wir uns die Worte des Vaters näher anschauen:»Mein Kind, du bist immer bei mir, und alles, was mein ist, ist auch dein. Aber jetzt müssen wir uns doch freuen und ein Fest feiern: denn dein Bruder war tot und lebt wieder; er war verloren und ist wiedergefunden worden«. Schauen wir uns diese Argumentation aus der Sicht der Logik an, dann scheint sie schwächer als die des älteren Bruders zu sein. Wenn wir auf dem Hintergrund des japanischen Kontextes die Worte des Vaters uns ansehen, dann erscheinen sie uns erst recht schwach und ohne Überzeugungskraft. Wenn ein Japaner die Worte des Vaters hört, dann würde er sicher zurückfragen, worin denn der Vorteil und das Glück des älteren Bruders im Zusammenleben mit dem Vater wohl gelegen haben. Im Kontext des hebräischen Denkens wird jedoch sofort verständlich, daß im »Anruf der Liebe«, der tief aus dem Innern des Vaters hervorströmt, eine »Logik des Erbarmens« sich ganz lebendig zeigt.

Denn im hebräischen Denken bezeichnet der Ausdruck »mit jemandem zusammen zu sein« nicht einfach nur die Tatsache, daß man zusammen mit jemandem sein Leben teilt, weil im Hebräischen das Wort »Sein« eine weitere, aktivere Bedeutung hat. Deshalb bezeichnet der Ausdruck »mit jemandem sein« die Zusammmenarbeit mit jemandem, die gegenseitige Hilfeleistung, die Unterstützung des anderen, kurz, das tiefe persönliche Zusammenleben mit jemandem. Wenn wir die Worte des Vaters in den obengenannten Kontext übertragen, dann beinhaltet die Möglichkeit, im Hause des Vaters zu wohnen, ein großes Glück und eine große soziale Sicherheit. Das zeigt sich auch in den Worten des Vaters:»Alles, was mein ist, ist auch dein«, worin unter den Bedingungen der damaligen Zeit überzeugend ausgedrückt wird, daß der ältere Sohn das Vermögen und die gesellschaftliche Stellung des Vaters erben wird.

Wir dürfen nicht übersehen, daß der Vater überzeugend auf die Worte des älteren Sohnes geantwortet hat, indem er auf seinen Vorwurf:»So viele Jahre diene ich dir schon«, mit bewegenden Worten sagt: Sohn, indem du mir dientest, warst du doch im wahrsten Sinn des Wortes»mit mir«. Überleg doch einmal, ob es eine menschlich tiefere Bindung als dieses Sich-gegenseitig-zu-

Helfen und Miteinander-zu-Arbeiten geben kann. Liegt hierin nicht das tiefste Glück? Die Worte des Vaters sind ganz von der »Logik des Herzens« durchdrungen. Die Logik des Herzens läßt sich mit dem Verstand nicht verstehen. Hört man sie jedoch im Kontext und auf der Basis des Mitlebens und Mitfühlens, dann versteht man den Anruf der Liebe, der aus der Tiefe des Herzens des Vaters hervorbricht. Wenn wir einmal annehmen, daß das Wort: »Alles, was mein ist, ist auch dein« zwischen einem jungen Mann und einer jungen Frau gesprochen würde, dann können wir uns vorstellen, wie es die ganze Existenz eines Menschen berühren und ihn in die größte Ekstase versetzen kann. Es ist also wohl nicht ganz falsch, das Wort des Vaters einen »Anruf der Liebe« zu nennen.

Nachdem der Vater dem älteren Bruder gegenüber so seine innersten Gefühle gezeigt hatte, lenkt er seinen Blick auf die staunenswerte Bekehrung, die der jüngere Bruder durchgemacht hat. Wenn ein totgeglaubter naher Verwandter wieder lebendig wird, müssen sich dann die nahen Verwandten nicht freuen? Gäbe es wirklich jemanden, der nicht Freunde und Verwandte einladen würde, um ein Fest zu feiern? In den Worten des Vaters zeigt sich wieder die Logik der Liebe, die aus der Liebe zur Familie erwächst. Denn der Familienzusammenhalt stellte in der alten hebräischen Familienstruktur enge Bande dar, wie dies früher auch für die japanische Familie galt. Deshalb machten die von der Logik des Herzens durchdrungenen Worte des Vaters, die Jesus erzählte, ohne Zweifel auf die damaligen jüdischen Zuhörer einen tiefen Eindruck.

Wie Jesus seine Feinde liebte

Wie aber haben die Pharisäer und die Schriftgelehrten auf das Gleichnis des tiefen Erbarmens des Vaters reagiert? Sicher hat es eine ganze Bandbreite von Reaktionen unter ihnen gegeben. Wir wollen im folgenden zwei typische mögliche Reaktionen aufgreifen. Da wären zunächst jene, die die Geschichte hörten, tief bewegt waren und sich bekehrten. Im zweiten Fall wollen wir jene betrachten, die zwar auch von der Geschichte berührt waren, in ihrer Verbissenheit auf den Legalismus sich aber nicht bekehrten. Wir gehen wohl nicht fehl, wenn wir davon ausgehen, daß die betroffenen Personen in beiden Fällen anfänglich die gleiche göttliche Gnade empfingen. Als Jesus das Gleichnis erzählte, wurden sie alle vom göttlichen Wirken erfaßt, wurden durch Jesu Weise mit seiner ganzen Person zu erzählen, von ihm zu Sympathie und Mitempfinden bewegt. Soweit geschah mit beiden Gruppen genau das gleiche. Danach aber trennten sich die Wege. Was die erste Gruppe angeht, ist es leicht, ihre Reaktionen sich vorzustellen, so daß es nicht nötig ist, sie weiter zu beschreiben.

Die zweite Gruppe wurde zwar vom Wirken Gottes so berührt, daß das »Herz von Stein« ihnen hätte genommen werden können, sie aber im Grunde ihres Herzens trotzdem so verstockt blieben, daß sie die Gefühle der Sympathie unterdrückten und alle Ansätze des Mitschwingens im Unterbewußten erstickten. Die Folge war, daß sie die von Jesus so lebendig erzählte Geschichte der Bekehrung des verlorenen Sohnes und der bewegenden Gestalt des sich erbarmenden Vaters zwar hörten, sich aber nicht nur nicht rühren ließen, sondern vielmehr vollständig versteinerten und sich gegenüber allen Gefühlsregungen verschlossen. Zwar wurden sie im Inneren durchaus ebenso berührt wie die Volksmassen, die Jesu Geschichte hörten. Sie wollten sich jedoch nicht von diesen allgemeinen Gefühlen anstecken lassen und unterdrückten die in ihrem Herzen und Gemüt aufwallenden Gefühle. So wurde nicht nur ihr Herz, sondern auch ihre Gesichter gleichsam versteinert. Jesus hörte jedoch bis zum Schluß nicht auf, sie für Gottes Wirken zu öffnen und ihnen den Weg zum Reich Gottes zu öffnen.

Das wird aus der nachfolgenden Begebenheit deutlich. Lukas berichtet im 15. Kapitel, daß Jesus den Pharisäern und Schriftgelehrten nicht nur das Gleichnis vom verlorenen Sohn, sondern auch die Gleichnisse vom verlorenen Schaf und der verlorenen Drachme erzählt hat. Die modernen Exegeten sagen uns wohl, daß Jesus die im 15. Kapitel des Lukasevangeliums berichteten Gleichnisse wohl kaum in der heutigen Ordnung hintereinander erzählt habe. Jesus habe aber sicher verschiedene Gleichnisse erzählt, um sie zur Umkehr zu bringen und auf den Weg zum

Reich Gottes zu führen. Im Gleichnis vom verlorenen Sohn nennt Jesus die Schriftgelehrten »Gerechte«. Joachim Jeremias sagt: »Jesus stellte nicht in Zweifel, daß die Pharisäer sich ernsthaft bemühten, den Willen Gottes zu erfüllen. Er hat ihre Werke der Barmherzigkeit, ihre Bereitschaft, finanzielle Opfer zu bringen nicht übersehen...Jesus nennt sie »Gerechte« (Mk 2,17/Lk 15,7) und es wäre falsch, wenn wir dies satirisch gemeint verstünden.« Wir Christen machen uns von den Pharisäern und Schriftgelehrten oft ein verzerrtes Bild, Jesus jedoch durchschaute die tatsächliche Gefahr, die in ihrer Frömmigkeit verborgen lag und bemühte sich intensiv, sie vor dieser Gefahr zu bewahren. Deshalb versuchte er mit Hilfe verschiedener Mittel, wie die Gleichnisse und ähnliches, sie zu überzeugen. Für uns, die wir gelernt haben, in den Gleichnissen Jesus als unseren Weggefährten zu erkennen, können verstehen, wie sehr sich Jesus eingesetzt hat, mit dem Einsatz seiner ganzen Person, für die Pharisäer und Schriftgelehrten zum Weggefährten zu werden. Im folgenden wollen wir unter dieser Rücksicht uns das Gleichnis vom verlorenen Schaf genauer ansehen.

»Wenn einer von euch hundert Schafe hat und eines davon verliert, läßt er dann nicht die neunundneunzig in der Steppe zurück und geht dem verlorenen nach, bis er es findet? Und wenn er es gefunden hat, nimmt er es voll Freude auf die Schultern, und wenn er nach Hause kommt, ruft er seine Freunde und Nachbarn zusammen und sagt zu ihnen: Freut euch mit mir; ich habe mein Schaf wiedergefunden, das verloren war. Ich sage euch: Ebenso wird auch im Himmel mehr Freude herrschen über einen einzigen Sünder, der umkehrt, als über neunundneunzig Gerechte, die es nicht nötig haben umzukehren« (Lk 15,4-7).

Dieser Text muß zunächst in dem größeren Kontext des Lukasevangeliums gelesen werden, den wir schon früher uns vorgenommen haben. Wir müssen uns ins Gedächtnis rufen, daß alle diese Geschehnisse auf der Reise von der Verstoßung in Nazaret nach Jerusalem, wo das Kreuz auf ihn wartet, sich ereignen. Das treibende Motiv auf dieser Reise ist das große Verlangen Jesu, die ganze Menschheit zu retten. Dabei richtet sich sein Verlangen in erster Linie auf die Armen, die Sünder und die Prostituierten, denen er unbegrenzte Freude vermitteln möchte. Diese Aussage ist aber irgendwie noch unvollständig. Der Kern der Botschaft Jesu liegt eigentlich nicht in der Freude, der die Sünder teilhaft werden sollen, sondern in der viel größeren Freude Gottes, womit Gott über den Einzug der Sünder in die ewige Freude, den Gott so sehr erwartet, sich freut. Diese Freude Gottes an der Erlösung ist die eigentliche Antriebskraft; denn im Einzug der Sünder in die ewige Freude liegt zugleich die grenzenlose Freude Gottes begründet.

Der Gegensatz zwischen dem einen Sünder
und den neunundneunzig Gerechten

Wenn wir den Text des Gleichnisses vom verlorenen Schaf in diesem größeren Zusammenhang betrachten, dann wird uns seine Bedeutung eigentlich von selber klar. Das Kernthema dieses Gleichnisses handelt von der größeren Freude, die Gott beim Finden des verlorenen Schafes, des Sünders, empfindet. Auch der dramatische Gegensatz zwischen dem einen und den neunundneunzig Schafen dient dazu, die Dynamik dieser Freude Gottes über die Rettung des Sünders auf diese paradoxe Weise Ausdruck zu verleihen. Es soll damit nicht gesagt sein, daß Gott die neunundneunzig Gerechten gleichgültig sind und er sich nur über die Bekehrung des einen Sünders freut. Vielmehr müssen wir es doch wohl so verstehen, daß Gott sich durchaus über die neunundneunzig Gerechten sehr freut. Dies ist ja auch die feste Überzeugung der Juden, die sich in der Überlieferung des Alten Testamentes durchgängig findet. Jesus erkennt dies auch durchaus an, er fügt aber darüber hinausgehend hinzu: »Ihr wißt ja gut, wie sehr sich Gott über einen Gerechten wie Abraham freut, deshalb könnt ihr euch gut vorstellen, welch große Freude Gott empfinden muß, wenn es neunundneunzig Gerechte gibt. Ich möchte euch aber etwas mitteilen, daß eure Vorstellungskraft weit übersteigt, daß Gott nämlich über die Bekehrung eines einzigen Sünders eine noch viel größere Freude als über die neunundneunzig Gerechten verspürt. Und diese größere Freude wird euch hier und heute mitgeteilt.« Diese größere Freude Gottes ist eine dynamische und belebende Kraft. Sie ist aber nicht nur Freude, sondern zugleich auch die die Geschichte neu gestaltende Kraft. Jetzt ist ein solcher Kairos gegeben, wenn Jesus von dieser größeren Freude ganz durchdrungen, mit dem Einsatz seiner ganzen Person dieses Gleichnis den Menschen erzählt, so daß es gleichsam aus ihm hervorströmt.

Wenn wir das Gleichnis auf diese Weise interpretieren, dann liegen wir durchaus auf der Verständnisebene der Pharisäer und Schriftgelehrten. Denn bekanntlich ist die Theozentrik eine der zentralen Ideen des Alten Testaments, die ohne Zweifel auch von den Pharisäern gehalten wurde. Jesus stellt sich auf ihre Stufe und denkt sich ganz in ihre Situation hinein, als er sie mit dem Bericht über die größere Freude herausfordert. Indem er ihnen von Gottes direktem Eingreifen, das gleichbedeutend mit der Freude ist, berichtet, versucht er, die in ihren Herzen fest verankerte Vorstellung vom entscheidenden Unterschied zwischen Gerechten und Sündern zu durchbrechen. Jesus weiß, daß die einzige Methode, um ihr Herz aus Stein vielleicht doch entscheidend zu verändern, in der Botschaft von der Freude Gottes liegt. Wenn wir sagen, daß Jesus dieses »weiß«, dann verstehen wir darunter nicht ein verstandesmäßiges Wissen, Jesus ist vielmehr davon bis in sein tiefstes Innere durchdrungen und ganz von dieser Freude erfüllt. Wie er selber mit dieser Freude erfüllt ist, so möchte er mit Hilfe des Gleichnisses, das er erzählt, an ihren Verstand und ihr Herz appellieren. Daran können wir sehen, wie intensiv sich Jesus gemüht hat, ihr Weggefährte zu werden. Er lehrt uns dadurch zugleich, was es heißt und wie es aussehen kann, den Feind zu lieben.

Doch wie sehr sich Jesus mit großer Geduld auch müht, sie ins Reich Gottes zu führen und sie an Gottes Gabe teilhaben zu lassen, verlieren sie in dem unbewußten Streben, Gottes Gabe abzulehnen, ihr emotionales Gleichgewicht. Um es wiederzufinden, versuchen sie mit allen Mitteln, ihre Ablehnung mit rationalen Argumenten und mit Hilfe legalistischer Tricks zu begründen und Jesus heftig anzugreifen. Das Angebot Jesu, sich zu ihrem Weggefährten zu machen, wird nicht nur abgelehnt und zunichte gemacht, sondern es endet letztlich mit dem Ergebnis, daß Jesus zum Ziel ihrer heftigen Angriffe wird. Wie wir schon gesehen haben, verbirgt sich hinter diesen Angriffen das Wirken der Mächte der Finsternis. Jesus hat jedoch in keiner Weise seine Hoffnung verloren. Der Grund dafür liegt in dem, was wir schon früher gesehen haben, daß die größere Freude, die Jesus erfüllt und durchdringt, stark genug ist, alle Schwierigkeiten zu überwinden, den Lauf der Geschichte der Menschheit dialektisch zu verändern und das letzte Ziel, die ewige Freude, auch zu erreichen. Davon ist Jesus überzeugt und darin liegt seine Stärke. Es wäre interessant zu untersuchen, worin sich diese Überzeugung Jesu vom Wissen eines Hegels um den absoluten Geist unterscheidet, und wie die Dialektik der größeren Freude verschieden ist von Hegels Dialektik. Doch der Mangel an Raum verbietet es, dies hier auszuführen, so daß wir das den Lesern überlassen.

Die erstaunliche Kraft der »größeren Freude Gottes«

Auch wenn wir uns dessen zumeist nicht bewußt sind, sind wir wohl alle vom griechischen Denken beeinflußt und haben die Vorstellung, daß Gott ein auf ewig unwandelbares Wesen ist, daß er unsere ständig im Wandel begriffene Welt unendlich übersteigt. Und ist es nicht so, daß der normale Japaner der Ansicht ist, daß der Gott der Christen ein Gott ist, der die Sünder streng bestraft? Andererseits haben wir bei der Entwicklung unserer Theologie des Weges auch deutlich erkannt, daß der Gott, der sich in der Heiligen Schrift selber offenbart, ganz anders ist. Der Gott der Bibel ist ein Gott, der inmitten der Geschichte der Menschen tätig ist, der uns schwache Menschen auf unserer Reise begleitet und unser Weggefährte wurde. Gott ist zwar der absolute Herr der Welt und ihr Schöpfer, weil er aber die Menschen bis zum letzten liebt, ist er in unsere sich ständig ändernde Welt gekommen und führt als die im Innersten bewegende Kraft die Geschichte ihrer letzten Vollendung entgegen. Weil er aber eine für die Menschen unbegreifliche und alles Menschliche übersteigende Kraft des Mitleids besitzt, hat er Abraham als gerecht angesehen und ihn wegen seines in vielen Prüfungen bewährten Glaubens gesegnet: »Segnen sollen sich mit deinen Nachkommen alle Völker der Erde, weil du auf meine Stimme gehört hast« (Gen 22,18). Um wieviel größer muß daher die Freude sein, wenn sich auf dieser Erde neunundneunzig Gerechte vorfinden.

Daraus folgt allerdings nicht, daß Gott nur die Gerechten liebt und die Sünder hart bestraft. Wie wir am Beispiel des Gleichnisses vom verlorenen Sohn sehen können, verhält sich Gott wie der Vater, der die Rückkehr des verlorenen Sohnes sehnsüchtig erwartet und gleichsam vor dem Haus steht, um jederzeit darauf zu warten, daß der Sünder in sein Erbarmen zurückkehrt. Ja, sein Erbarmen übersteigt unsere menschliche Vorstellungskraft bei weitem. Denn wie wir im Gleichnis vom verlorenen Schaf erfahren, ist die Freude Gottes über die Rückkehr eines einzigen Sünders in sein Erbarmen größer als die Freude, die neunundneunzig Gerechte durch ihr makelloses Leben Gott bereiten können. Gott ist also kein Wesen, das in alle Ewigkeit keinen Wandel kennt, denn er ist fähig, durch die Bekehrung eines einzigen Sünders größere Freude zu erfahren.

Wenn wir verstehen wollen, welch große, die menschliche Vorstellung sprengende Kraft in dieser größeren Freude Gottes steckt, dann müssen wir uns die Wandlung, die die Bekehrung des Sünders in Gott hervorruft, noch einmal genauer ansehen. Es versteht sich von selbst, daß es sich hier nicht um eine Wandlung handeln kann, wie wir sie sonst in der Welt beobachten. Denn im Vergleich zur wandelbaren Welt ist Gott allerdings unwandelbar. Wenn wir jedoch von Gottes Wirken – seiner Kraft – erfüllt, genauer hinsehen, dann verstehen wir, daß Gottes Leben eine Kraft darstellt, die alles uns sonst bekanntes Wirken unendlich übersteigt. Der Wandel, von dem wir hier sprechen, ist Teil dieser unendlichen Aktivität Gottes. Gott verspürt in diesem Verständnis »Trauer« über den Sünder und wird von »größerer Freude« erfüllt, wenn er sich bekehrt, aber beides ist Teil der unendlichen Aktivität Gottes und spielt sich darin ab. Ist das nicht erstaunlich? In der Tat liegt hier ein das menschliche Wissen übersteigendes Geheimnis, daß der Mensch, wenn er sündigt, gleichsam Gottes Liebe zertreten kann und wenn er sich bekehrt, Gott über seine Bekehrung eine »größere Freude« empfindet.

Um ein Mißverständnis zu vermeiden, möchte ich hier zwei Dinge warnend anmerken. Zunächst ist es nicht so, daß der Sünder aus eigener Kraft in Gott einen Wandel hervorrufen kann. Denn die Bekehrung des Sünders ist ausgelöst und getragen von Gottes je größerem Wirken und immer Ausdruck von Gottes unendlicher Barmherzigkeit. Denn wie wir immer wieder erklärt haben, liegt Gottes Wirken jeder Tätigkeit innerhalb der Geschichte überall voraus, bewegt sie und erhält sie. Die Bekehrung des Sünders ist daher auch bewirkt von dieser alles Geschehen tragenden Aktivität Gottes, erst dadurch wird er von Gottes Liebe erfüllt und zur Umkehr gebracht. Darüber wird Gott mit größerer Freude erfüllt, oder, wie wir auch sagen könnten, die Fülle der Liebe wird mit größerer Freude erfüllt.

Zweitens gibt es zwischen dem griechischen Gottesbild und der Vorstellung Gottes in der Bibel große Unterschiede, die, wie wir schon öfter festgestellt haben, die auf die verschiedenen Vorstellungen im Menschenbild und in der Erkenntnislehre zurückgehen. Die griechische Philosophie definiert den Menschen als »intelligentes Tier«. Durch die Vernunft ist der Mensch imstande, die geschaffene Welt zu erkennen und durch Vergleiche kann er sich dann gleichsam »von unten« her ein Bild von Gott machen. Wenn er daher Wandel in der geschaffenen Welt erkennt, kann er im Vergleich dazu zur Einsicht kommen, daß Gott ein absolut unveränderliches Wesen sein muß. Das von der Bibel herkommende hebräische Denken jedoch definiert den Menschen als ein von Gott geleiteten Pilger. Weil Gott in die Geschichte des Menschen eingetreten ist, persönlich mit dem Menschen Kontakt aufnahm, ist der Mensch imstande, das Wirken Gottes am eigenen Leib zu erfahren. Der Mensch wird vom Wirken Gottes erfüllt und ist sozusagen imstande, Gottes Herz »von innen« her zu erkennen.

g. Die unbegrenzte Freude über die Besitzlosigkeit

Die »Reiseanweisungen« an die Jünger

Der folgende Text enthält Jesu Reiseanweisungen an seine Jünger: »Jesus zog durch die benachbarten Dörfer und lehrte. Er rief die Zwölf zu sich und sandte sie aus, jeweils zwei zusammen. Er gab ihnen die Vollmacht, die unreinen Geister auszutreiben, und er gebot ihnen, außer einem Wanderstab nichts auf den Weg mitzunehmen, kein Brot, keine Vorratstasche, kein Geld im Gürtel, kein zweites Hemd und an den Füßen nur Sandalen« (Mk 6,6-9).

Wenn wir diese Reiseanweisung nicht nur mit dem Kopf lesen, sondern indem wir uns an tatsächliche Reisen erinnern, die wir einmal gemacht haben, dann können wir zweifellos die Strenge dieser Reiseanweisung und die Härte der Forderungen, die sie enthält, am eigenen Leib verspüren. Jesus befiehlt den Jüngern, »außer einem Wanderstab nichts auf den Weg mitzunehmen, kein Brot, keine Vorratstasche, kein Geld, kein zweites Hemd«... Es gibt wohl selten Menschen, die sich unter solchen Bedingungen auf eine Reise machen. Als ich vor einer Reihe Jahren einen Besuch in Varanasi, der heiligen Stadt der Hindus, machte, bin ich dort einem katholischen Gläubigen begegnet, der wie ein hinduistischer Sanyasi ein Leben ohne jeden Besitz führte. Ich war tief berührt, als er mir von der extremen Armut der hinduistischen Mönche erzählte. Sie kamen mit einem täglichen Almosen von 2 Rupien, etwas weniger als einer Mark, aus und weigerten sich, Geld, das über diese Summe hinausging, anzunehmen. Es war ihnen jedoch erlaubt, einen Sari zum Wechseln, Waschutensilien und ein Gebetbuch zu besitzen. Wenn wir die Forderungen Jesu damit vergleichen, wird sich ihre Härte tief in unser Gedächtnis eingraben.

Warum hat aber Jesus solche Anforderungen an seine Jünger gerichtet? Gewöhnlich wird darauf geantwortet, daß er sie lehren wollte, sich auf nichts auf dieser Welt, sondern ganz allein auf Gott zu verlassen. Diese Antwort ist auch bis zu einem gewissen Grad zutreffend, aber gibt es nicht noch einen überzeugenderen Grund, der mit der Erfahrung zu tun hat, die Jesus am eigenen

Leib gemacht hat? Hat doch Jesus selber die Erfahrung gemacht, nichts zu besitzen und die Freude erlebt, die daraus hervorgeht. Zwei wichtige persönliche Erfahrungen haben mir diesen Gedanken eingegeben. Die erste war die Begegnung mit dem katholischen Sanyasi, aus dessen ganzem Wesen eine solch tiefe Freude sprach. Er war ein Spanier, der auf der ernsten Suche nach dem Weg in den Jesuitenorden eingetreten war. Da er aber ein Leben in vollkommener Armut suchte, genügte ihm die Form der Armut der Jesuiten nicht, die ein Leben wie gewöhnliche Weltgeistliche führten. So trat er bei den Benediktinern ein. Aber auch ihre Form, die Armut zu leben, konnte sein Verlangen nach der vollkommenen Armut nicht erfüllen. So begann er seine Pilgerschaft, ohne irgend etwas zu besitzen. Ganz allein durchquerte er die europäischen Ebenen und Berge, überwand die Wüsten und Gebirge des Nahen Ostens, bis er nach Indien kam und seinen langjährigen Wunsch nach einem einfachen Ordensleben endlich in die Tat umsetzen konnte. In der extremen Armut, die er seitdem lebte, hat er zugleich die tiefste Freude entdeckt. Es waren aber nicht seine begeisterten Worte, die mich letztlich überzeugten. Schließlich hatte ich vom Zen gelernt, mich nicht auf Worte allein zu verlassen. Was mich überzeugte, war die Botschaft, die er in seiner ganzen Existenz ausstrahlte. Da war etwas, das für ihn selber unbewußt und nicht beeinflußbar von ihm ausging und das in der Lebensweise lag, die er in den vielen Jahren der Aszese sich angeeignet hatte. Das überzeugte mich davon, daß diese von seiner ganzen Person ausgehende Freude echt und ungeheuchelt war.

Darin liegt wohl auch der Grund, warum mir bis heute dieses Glücksgefühl, das daher rührt, das man nichts besitzt, so präsent geblieben ist. Im heutigen Japan, wo wir einen solchen Überfluß an Dingen haben, fällt es uns schwer, uns zu freuen, selbst wenn wir ein wertvolles Geschenk erhalten. Für ihn dagegen, der nichts besaß, bedeutete ein kleines Almosen soviel, als wenn er ein Geschenk aus Gold erhalten hätte. Denn damit konnte er sein Leben, dieses so wertvolle Geschenk, einen Tag weiter fristen.

Als ich seine Lebensgeschichte erfuhr, fiel mir eine Erfahrung ein, die ich einmal beim Fasten gemacht hatte, als ich für fünf

Tage fastete. Als ich am Morgen nach Beendigung des Fastens in die Küche kam, entdeckte ich dort eine Brühe, in der Gemüse gekocht worden war. Auf mein Fragen sagte der Koch, daß dies etwas sei, was normalerweise weggegossen würde. Weil es so gut duftete, nahm ich eine Tasse voll und trank es. Was war diese Brühe doch lecker! Bis heute kann ich diesen Geschmack nicht vergessen. Sie schmeckte besser als die auserlesensten Delikatessen hätten schmecken können. Der Grund dafür lag darin, was in der östlichen Medizin seit alters bekannt ist und heute von der westlichen Medizin durch Experimente nachgewiesen ist, daß durch das Fasten der Geschmack und die Empfindungen besonders geschärft werden. Daß mir diese Gemüsebrühe so gut schmeckte, hatte damit zu tun, daß meine Geschmacksnerven durch das Fasten besonders empfänglich waren, so daß das bißchen Geschmack dieser Brühe auf mich einen so nachhaltigen Eindruck machte.

Bei dem spanischen Mönch ereignete sich das Ganze sicher auf einer viel höheren Stufe, aber es handelte sich im wesentlichen um dieselbe Gegebenheit. Denn er war arm geworden und hatte unter der Führung Jesu die vollkommene Armut gesucht. Er hatte, solange er nicht vollkommen besitzlos geworden war, keine Ruhe für Leib und Seele gefunden. Als er dann nach Indien gekommen war und im wahrsten Sinn des Wortes besitzlos wurde, fand er endlich die innere Zufriedenheit. Wenn ich aus meiner kleinen Erfahrung heraus etwas dazu sagen kann, dann handelte es sich bei seiner Erfahrung um etwas Echtes. Auch im Zen wird von der vollkommenen Besitzlosigkeit geredet. Wenn der Übende zur Besitzlosigkeit gelangt, dann wird er mit der unendlichen Fülle innerlich ganz erfüllt. Aus dieser Erfahrung stammt das folgende Zen-Wort: »Auch wenn wir nichts haben, fehlt uns nichts, wir haben die Blumen, den Mond und die Weite.« Wenn wir alles zurücklassen und zur Quelle aller Dinge im Himmel und auf Erden gelangen, dann wird unser Herz und Leib mit neuem Leben erfüllt, und wir sehen und hören alles im hellen Licht dieser Quelle aller Dinge.

Auch die Erfahrung Jesu mit der Armut hat dieselbe Qualität, auch wenn sie auf einer höheren Ebene liegt. Hat es je einen

Menschen gegeben, der eine so weitreichende Armut wie Jesus gelebt hat? Wenn wir den Evangelien folgen, wurde er in einem Stall geboren, lebte in der Verbannung in Ägypten ein äußerst armes Leben, und das Leben als Sohn eines Zimmermanns in Nazaret war auch nicht gerade mit Reichtümern gesegnet. Dann folgte die Zeit des vierzigtägigen Fastens in der Wüste und danach das Leben auf der Wanderschaft in der Verkündigung der Frohen Botschaft, von der es heißt: »Die Vögel des Himmels haben ihre Nester, der Menschensohn aber hat keinen Ort, wo er sein Haupt hinlegen kann« (Mt 8,20). Doch in der äußersten Armut war Jesus mit der Fülle von Gottes Liebe erfüllt. Wenn man jedoch diese Wirklichkeit genauer beschreiben will, dann darf man nicht von der Armut ausgehen, sondern muß aus der Perspektive des direkten Wirkens vom Vater und vom Heiligen Geist heraus die Dinge betrachten. Weil das Wirken der Fülle der Liebe des Vaters Jesus erfüllt, wurde Jesus angehalten, die Armut zu suchen. Je ärmer er wurde, um so mehr wurde er bis in sein Innerstes hinein von dieser Aktivität durchdrungen, bis das Sehen und Hören aller Dinge vom Licht der Fülle der Liebe erleuchtet wurde.

Für jemand, der sich der Zen-Übung widmet, wird es so sein, daß er durch seine Besitzlosigkeit zur Einheit mit der Quelle aller Güter gelangt, wodurch er alle Dinge im Lichte dieser Quelle erblickt. Geschieht dies, wird er einsehen, wie alle Dinge an der eigentlichen Quelle (dem Leben des Buddha) teilhaben, ohne daß er aber alle Dinge als Ausstrahlungen der einen Quelle ansieht. Im Falle von Jesus liegt hier ein wichtiger Unterschied. Wie aus dem bisher Gesagten klar sein sollte, ist Jesus von der Fülle der Liebe sowie von dem schöpferischen und erlösenden Wirken des Vaters erfüllt. Darin liegt auch begründet, daß Jesus, als er vollkommen arm geworden war, von der Fülle des göttlichen Wirkens erfüllt, von der alles übersteigenden Kraft des Mitleids durchdrungen, zum Grund aller Dinge hinabstieg, mit allen Dingen eins wurde und in den Stand gesetzt wurde, alle Dinge mit sich zusammen zur Fülle der Liebe heimzuführen. Durch diese Aktivität des »Hinabsteigens und des Heimführens aller Dinge« wurde Jesus tatsächlich aller Weggefährte. Das, was im letzten den Geist der Weggefährten-schaft ausmacht, ist diese absolute Besitzlosigkeit.

Wenn man dies genauer bedenkt, dann hat Jesus, als er seinen Jüngern die strengen Reiseanweisungen gab, keine unmöglichen und die Jünger überfordernden Forderungen gestellt. Denn Jesus lud sie ein, so arm wie er selber zu werden, um dadurch das tiefe Glück zu verspüren, von der Fülle der Liebe erfüllt zu werden. Dabei dürfen wir nicht vergessen, daß Jesus unser Weggefährte geworden ist. Es ist eigentlich unnötig zu betonen, daß die Jünger zu diesem Zeitpunkt weder das Wirken dieser Weggefährtenschaft noch das Glück der Fülle der Liebe erfahren haben. Als sie von Jesus auf den Weg geschickt wurden, erfuhren sie sich von ihm getrennt und konnten sich nicht vorstellen, daß Jesus, als sie jeweils zu zweit unterwegs waren, im geistigen Sinn ihr Wegbegleiter war. Erst als sie nach Ostern und der Herabkunft des Heiligen Geistes zu Pfingsten angefangen hatten, die Frohe Botschaft zu verkünden, begannen sie die Worte zu verstehen: »Ich bin bei euch alle Tage bis zum Ende der Welt« (Mt 28,20).

Den Freudenruf Jesu mit allen Fähigkeiten hören

»In dieser Stunde (als die 72 Jünger von der Verkündigung zurückgekommen waren und voller Freude Bericht erstattet hatten) rief Jesus, vom Heiligen Geist erfüllt, voll Freude aus: Ich preise dich, Vater, Herr des Himmels und der Erde, weil du all das den Weisen und Klugen verborgen, den Unmündigen aber offenbart hast. Ja, Vater, so hat es dir gefallen. Mir ist von meinem Vater alles übergeben worden; niemand weiß, wer der Sohn ist, nur der Vater, und niemand weiß, wer der Vater ist, nur der Sohn und der, dem es der Sohn offenbaren will« (Lk 10,21-22).

Bei diesem Text gilt es vor allem zu beachten, daß Jesus Gott mit »Vater« anredet, als er voller Freude in einen Lobpreis ausbricht. Wir müssen sorgfältig zur Kenntnis nehmen, daß Jesus immer im Gebet zu Gott die Anrede »Vater« gebraucht. Diese Anrede findet sich nicht nur im Johannes-Evangelium, sondern in der gesamten Überlieferung der Heiligen Schrift (bei Markus, in der Quelle »Q«, im Eigengut sowohl von Matthäus als auch von Lukas). Bei Markus 14,36 wird auf aramäisch »Abba«=

Vater gebraucht. Die Bezeichnung »Abba« ist ursprünglich ein Kinderwort, das in der Zeit vor Jesus als höfliche Bezeichnung unter nahen Verwandten sehr gebräuchlich war. Für die Zeitgenossen Jesu muß daher der Gebrauch dieses Wortes als Anrede Gottes im höchsten Maß ungehörig und anmaßend erschienen sein. Denn im Alten Testament und den Schriften des Judentums läßt sich kein Beispiel dafür finden, daß Gott als »Vater« angeredet worden wäre. Wenn daher Jesus in diesem Zusammenhang die Anrede »Vater« für Gott verwendet, dann handelt es sich nicht nur um ein über die Maßen erstaunliches Wort, sondern weist zugleich darauf hin, daß zwischen Gott und Jesus eine so enge Beziehung wie zwischen einem Vater und seinem Sohn besteht, ja daß Jesus mit dem Vater am gleichen Wesen teilhat.

Doch wir wollen uns wieder dem gerade zitierten Text zuwenden und auf den Jubelruf Jesu hören. Da gilt es, zunächst das Gebet an den Vater uns anzusehen.

»Ich preise dich, Vater, Herr des Himmels und der Erde, weil du all das den Weisen und Klugen verborgen, den Unmündigen aber offenbart hast. Ja, Vater, so hat es dir gefallen.«

In der gewöhnlichen Interpretation wird zunächst der Inhalt des Gebets untersucht, an die enge Verbindung zwischen Jesus und dem Vater erinnert und das Geheimnis ihrer engen Verbundenheit bedacht. Auf diese Weise werden im Licht des Glaubens vornehmlich der Verstand, der Wille und das Gefühl benutzt, um Jesus zu betrachten. Das ist ein aus der Tradition des griechischen Denkens überkommenes Erbe, das von den Christen im Westen weiter entwickelt wurde. Dabei handelt es sich gewiß um eine ausgezeichnete Methode. Aber dabei vernachlässigt man vollkommen die Körperlichkeit des Menschen und entfernt sich meilenweit vom tatsächlichen Ort des Geschehens, wo Jesus redet, und von der Möglichkeit, wirklich mit Leib und Seele zu hören, was er sagt. Wie wir schon in unserer »Theologie des Weges« bisher gelernt haben, geht es um die Methode, mit Leib und Seele zu hören, sich an den Ort zu versetzen, wo Jesus redet und ganz Ohr geworden auf den Jubelruf Jesu zu hören. »Ganz Ohr werden« bedeutet, Leib, Wille und Herz ganz vom Wirken Gottes bestimmen zu lassen. Durch den Leib, den Willen und das Herz werden die im Innern schlummernden Kräfte des Mitleids (die Fähigkeit, im gleichen Rhythmus mit dem Mitmenschen und der Natur zu atmen und zu fühlen) belebt, werden wir sensibel und können echtes Mitleid mit dem Mitmenschen und der Natur empfinden. Wenn so alle Fähigkeiten unseres Körpers aktiviert sind, erhalten wir die Fähigkeit, feinste Schwingungen und Töne zu vernehmen. Wenn wir uns ganz von Gottes Wirken durchdringen lassen, wird darüber hinaus genauso wie bei Jesus unsere Fähigkeit zum Mitleiden aktiviert, werden wir imstande sein, die Worte, die Jesus aus seinem Innersten spricht, mit Leib und Seele aufzunehmen.

Wir wollen jetzt versuchen herauszufinden, wie das Gebet Jesu klingt, wenn wir so mit Leib und Seele hören. Jesus ist ganz von der Fülle der Liebe des Vaters durchdrungen. Lukas beschreibt dies mit den folgenden Worten: »Jesus war vom Heiligen Geist erfüllt und rief voll Freude aus«. Jesus war ganz von der Freude des Vaters und des Heiligen Geistes erfüllt, so daß sein Innerstes im gleichen Rhythmus und in der gleichen Tonhöhe mitschwang. Wenn wir diesen Text mit Leib und Seele lesen und uns ganz dem Wirken des Heiligen Geistes überlassen, dann werden wir in unserem Inneren im gleichen Rhythmus und in gleicher Tonhöhe mit Jesus mitschwingen. Dabei ist es gut, sich an geistige Freuden zu erinnern, die man in der Vergangenheit gehabt hat, bzw. jemandem zuzuhören, der davon berichten kann.

Der Schriftsteller Kaga Otohiko, der kürzlich zusammen mit seiner Frau die Taufe empfangen hat, beschreibt die Freude, die er empfand, als er zur Taufe zugelassen wurde, auf folgende Weise: »In diesem Augenblick fühlten ich wie auch meine Frau uns auf seltsame Weise erleichtert und von einem hellen Licht erfüllt. Ich wußte auf einmal, daß der Tod Jesu am Kreuz eine Offenbarung der Liebe ist und daß Glauben Freude bedeutet. Diese Freude hatte ich erfahren« (Nippon Keizai Shinbun, Morgenausgabe vom 23. Januar 1988). Im Rückblick auf den Empfang der Taufe schreibt er: »Als das Wasser auf meine Stirn gegossen wurde, lief eine Freude durch meinen Körper, die ganz gleich war wie die, als ich zur Taufe zugelassen wurde« (Asahi Shinbun, Abendausgabe vom 15. Februar 1988). Weil es sich bei Kaga um einen Schriftsteller handelt, kann er die Freude, die er verspürt, zutreffend beschreiben. Er nennt es, eine vollkommene Freude, die durch seinen ganzen Körper läuft. Denn eine geistige Freude ist nicht nur eine intellektuell erfahrene Freude, sondern geht aus dem ganzen Körper hervor und erfüllt den ganzen Körper. Ich habe selber bei meiner Taufe die gleiche Erfahrung machen können. Wenn ich mich an die damals empfundene Freude erinnere, dann verspüre ich auch heute noch ganz lebendig eine vollkommene Freude und tiefen Frieden. Die Freude über die empfangene Taufe ist zwar im Bewußtsein verblaßt, aber sie ist nicht verschwunden. Es handelt sich hier vielmehr um eine Kraft, die mein ganzes Leben trägt. Als ich mich entschloß, Priester zu werden, stand dahinter die Absicht, etwas von dieser bei der Taufe empfundenen unaussprechbaren Freude an andere Menschen weiterzugeben. Es ist dieselbe Freude, die mich trotz aller Schwierigkeiten am Priesteramt festhalten läßt. Dieselbe Freude ist es auch, die mich antreibt, das Evangelium an andere weiterzusagen. Bei dieser Freude handelt es sich nicht um eine emotionale Freude, sondern um eine Freude, die mir Ruhe und Frieden von Gott verschafft, die mir Kraft gibt, die der Ursprung meiner ganzen Existenz ist.

Wenn ich ganz offen von meinen eigenen Erfahrungen gesprochen habe, dann wollte ich damit nur deutlich machen, daß die Erfahrungen, die Kaga Otohiko und ich gemacht haben, in keiner Weise außergewöhnlich sind, sondern etwas, daß jeder, der Christ ist, erfahren hat. Warum aber erfahren wir beim Empfang der Taufe eine solche geistige Freude?

Wenn ich das Ergebnis einer »Theologie des Weges« hier vorwegnehmen darf, dann wird Jesus bei der Taufe unser Weggefährte und läßt uns an seiner eigenen Taufe teilnehmen. Jesus wird zum Begleiter auf unserem Weg, führt uns in die Fülle der Liebe vom Vater und vom Heiligen Geist und macht uns seiner eigenen Freude teilhaftig. Auch wenn unsere Freude von derselben Art ist, so gilt es doch, unsere Erfahrung von geistiger Freude ins Unendliche zu steigern, wenn wir Jesu himmlische Freude wenigstens einigermaßen verstehen wollen. Dann wird uns ein Zugang zu der in unserem Text geschilderten Freude Jesu in einer analogen Weise eröffnet.

Wie aus dem Text klar hervorgeht, liegt die Ursache für Jesu Freude weder in einer um ihn selbst kreisenden Freude, wie bei den Jüngern, noch darin, daß die bösen Geister den Jüngern bei der Nennung von Jesu Namen gehorsam waren. Vielmehr liegt das Motiv für seine Freude darin, daß sich etwas ereignet hat, was dem Herzen seines Vaters gefällt. Von dieser Freude ist Jesu ganzes Wesen erfüllt und sein Innerstes ist ähnlich wie die Saiten einer Koto davon in Schwingungen versetzt. Aus der Sicht von Gottes direktem Einwirken könnten wir vielleicht genauer sagen, daß die Fülle des Heiligen Geistes vom Vater ausgehend sein ganzes Wesen erfüllt. Von Jesus aus ergießt sich diese Fülle auf die Jünger und durch ihre Verkündigung der Frohen Botschaft auf die Menschen, die ihnen zuhörten. Auf diese Weise verschmilzt das Wirken des Vaters und das Wirken Jesu zu einer Einheit, werden ihre Herzen eins, weil Jesus nichts anderes tun will, als den Willen des Vaters erfüllen. Nur das, was das Herz des Vaters erfreut, macht auch Jesus Freude. Wenn wir hier von »Herz« sprechen, dann bedeutet dies im hebräischen Denken das Gesamt der menschlichen Person. So bezeichnet »Herz« vor allem den inneren Kern der Begegnung mit Gott, während »Leib« eher für die Begegnung mit dem Mitmenschen steht. Jesu Leib hat die Fähigkeit, das in ihm wohnende Wirken des Vaters an die Jünger und die Menschen weiterzugeben. Dabei ist Jesu Leib aber nicht nur einfach eine Durchlaufstation oder ein Instrument für Gottes Wirken, sondern der Ort, wo das Wirken Gottes ganz lebendig ist. Wenn er das tut, was dem Herzen des Vaters gefällt, dann klingt durch Jesu Leib wie bei einem Instrument Gottes Heilsabsicht und seine Freude wider.

Freude als die eigentliche Motivationskraft im Wirken Jesu

Die von Jesu Leib ausgehende göttliche Heilsabsicht stellt von ihrem Ursprung her eine alles überragende Kraft dar, die aber vom Menschen nur dann aufgenommen werden kann, wenn er wie ein Kind wird. Andernfalls kann sie nicht zur Geltung kommen. Wie wir am Beispiel der Pharisäer und der Schriftgelehrten schon gesehen haben, verweigern Menschen, die sich menschlicher Weisheit und Kenntnisse rühmen, die Fülle der Liebe aufzunehmen, die von Jesus ausgeht, mit dem Ergebnis, daß das Geheimnis des Reiches Gottes ihnen verschlossen bleibt. Der Wille des Vaters ist es aber,»es den Weisen und Klugen zu verbergen, den Unmündigen aber es zu offenbaren«. Darin liegt gerade die Größe von Gottes Heilsabsicht. Daß diese Heilsabsicht durch die Predigt der Jünger noch weiter offenbart wurde, darin liegt die Quelle für Jesu Freude und die Ursache für seinen Jubelruf.

Wir wollen den folgenden Text mit Leib und Seele betrachten: »Mir ist von meinem Vater alles übergeben worden; niemand weiß, wer der Sohn ist, nur der Vater, und niemand weiß, wer der Vater ist, nur der Sohn und der, dem es der Sohn offenbaren will« (Lk 10,22).

Der erste Teil des Satzes: Mir ist von meinem Vater die ganze Fülle der Offenbarung übergeben worden, nennt das zentrale Thema, an das sich im zweiten Teil in der Form eines synthetischen Parallelismus die Erläuterung anschließt. Danach benutzt Jesus den Vergleich der Weitergabe einer handwerklichen Fertigkeit vom Vater auf den Sohn, um den Prozeß der Weitergabe der Offenbarung von Gott, dem Vater, auf Jesus, den Sohn, deutlich zu machen mit der Aussage, daß niemand den Sohn kennt als der Vater und niemand den Vater kennt als nur der Sohn. Damals war es üblich, daß der Vater das Geheimnis einer handwerklichen Fähigkeit in ganzer Offenheit nur an seinen Sohn weitergab und es vor fremden Leuten verborgen hielt. Auf die gleiche Weise hat auch Gott sein göttliches Geheimnis mit der gleichen Offenheit nur dem Sohn offenbart.

Auch der letzte Teil des Satzes, wo es heißt,»wem der Sohn es offenbaren will«, bezieht sich auf eine Erfahrung des alltäglichen Lebens. Weil nur der Sohn das Geschäft des Vaters wirklich gut kennt, kann nur er allein es auch anderen verständlich machen. In der gleichen Weise kann nur Jesus den Mitmenschen wahre Kenntnisse über Gott vermitteln.

So betrachtet, zeigt der Text, wie Jesus seine vom Vater übertragene Aufgabe verstanden hat. Die Einsicht in seine Sendung läßt ihn in den Lobpreis des Vaters ausbrechen und wird getragen von Gottes direktem Handeln in seiner Person. Jesu Sendungsbewußtsein hat nichts gemein mit dem der falschen Propheten, die Gottes Namen für ihr auf Eigenliebe beruhendes verdrehtes Sendungsverständnis mißbrauchen. Denn Jesu ganze Existenz geht vom Vater aus und wird durchdrungen von der Dynamik der transzendenten Bewegung der Rückkehr zum Vater. Daher ist auch jedes Wort, das aus dieser Bewegung hervorgeht, imstande, jeden, der es hört, mit Freude zu erfüllen und ihm die Kraft zur Rückkehr zum Vater zu vermitteln. Seine Worte machen deutlich, daß Jesus der Weggefährte ist, der die Vollmacht besitzt, alle Menschen zum Vater zu führen.

Das ganze Wirken Jesu hat seine Antriebskraft in der Freude, ganz von der Liebe des Vaters durchdrungen zu sein. Im Lieben und Geliebtwerden liegt die Quelle dieser Freude, die sein ganzes Wesen durchdringt und all sein Wirken trägt. Wie groß auch immer die Schwierigkeiten sind, bleibt diese Freude erhalten, die Frohe Botschaft vom Reich Gottes zu verkünden und diese Freude den Menschen mitzuteilen. Diese Freude gab Jesus die Kraft, den Weg zum Kreuz zu gehen.

3. Vom Kreuz zur Erlösung: Die Großtaten Gottes

a. Ein »Neuer Bund« und eine »Neue Schöpfung«

Die durch das »Letzte Abendmahl« eröffnete grenzenlose Sicht

Damit sind wir jetzt endlich an die Stelle gekommen, wo wir uns der stillen Betrachtung des Kreuzweges widmen wollen. Niemand wird bezweifeln, daß der Tod am Kreuz das wichtigste Ereignis darstellt, das das ganze Leben Jesu krönt. Zunächst wollen wir uns fragen, welche Einstellung von uns verlangt wird, wenn wir diesem größten Ereignis gerecht werden wollen. Wir haben bisher auf der Suche nach dem Weg die grundlegende Einstellung gelernt, die von einem Adepten des Weges verlangt wird. Wir haben gesehen, daß die Bereitschaft, uns den Unbilden des Unterwegsseins auszusetzen, die Voraussetzung dafür ist, die Philosophie Bashôs vom Weg zu lernen. Weiter haben wir gesehen, daß die Bereitschaft zu sterben wiederum die Voraussetzung dafür ist, die Meta-Ethik des Weges von einem Sucher des Weges, wie Dôgen es war, zu begreifen. Daraus wird eigentlich schon von selbst deutlich, welche Einstellung von uns verlangt wird, wenn wir Jesu Tod am Kreuz, der das Opfer seines Lebens darstellt, verstehen wollen. Die vier Evangelien berichten nun aber je nach ihren Quellen auf recht verschiedene Weise ausführlich über das Leiden Jesu. Andererseits besteht keine Notwendigkeit, den historischen Verlauf des Leidens Jesu in allen Einzelheiten zu schildern. Deshalb wollen wir uns auf die folgenden zwei Einzelereignisse – das Letzte Abendmahl und Jesu Schrei am Kreuz – beschränken, um zum Kern des Ereignisses durchzustoßen. Dabei wollen wir die manchmal heftigen Kontroversen unter den Exegeten nicht weiter berücksichtigen, sondern uns auf die Texte beschränken, die sich auf die glaubwürdigsten Quellen stützen. Nach den drei Synoptikern fand das letzte Abendmahl ohne Zweifel in der Atmosphäre des Pesachfestes, des größten Festes der Juden, statt. Wir wollen dem Bericht von Lukas (22,14-23) folgen und uns in den Ablauf des letzten Abendmahls versetzen, wo Jesus mit den Jüngern das Paschamahl feierte, und betrachten, was da im einzelnen geschieht.

Die Szene, die Lukas beschreibt, zeigt uns Jesus, wie er seine Jünger versammelt, um sich von ihnen zu verabschieden. Wir sollten versuchen, uns mit Leib und Seele in diese Situation zu versetzen und auf die Abschiedsworte Jesu hören. Jesus sprach bestimmt mit leiser Stimme, erfüllt vom Gefühl des Abschieds: »Ich habe mich sehr danach gesehnt, vor meinem Leiden dieses Paschamahl mit euch zu essen« (Lk 22,15). Jesus sieht seinen Tod herannahen und muß seine Jünger allein zurücklassen. Johannes hat die Gefühle Jesu verstanden, wenn er schreibt: »Jesus wußte, daß seine Stunde gekommen war, um aus dieser Welt zum Vater hinüberzugehen. Da er die Seinen, die in der Welt waren, liebte, erwies er ihnen seine Liebe bis zur Vollendung« (Joh 13,1). In diesen Worten wird die Bereitschaft Jesu, des fleischgewordenen Wortes Gottes, deutlich, und seine wahren Gefühle werden uns gezeigt. Wenn wir die bedrückende Grenzsituation der Jünger bedenken, dann können wir ermessen, von welchen tiefen Gedanken Jesus erfüllt war.

Stellen wir uns ihre Situation einmal vor. Die Blindheit, die ihre Augen verschloß, war unvorstellbar groß. Wenn wir uns nur die widersprüchlichen Aktionen eines Petrus vor Augen halten, der doch die Prophezeiung des bevorstehenden Leidens gehört hatte, dann wird uns dies klar. In Lk 22,21-22 wird der Verrat des Judas angekündigt. Einer aus dem Kreis der Jünger, die Jesus bis ans Ende liebt, wird ihn verraten. Wenn es sich nur um einen gewöhnlichen Jünger gehandelt hätte, hätte ihm vielleicht verziehen werden können. Da es aber einer der zwölf Jünger ist, die Jesus auf besondere Weise ausgewählt hat, der Jesus verrät, ihn in die Hände seiner Feinde überliefert und seinem Tod am Kreuz zustimmt, können wir das Ausmaß der Blindheit ermessen.

Dabei ist Judas nicht einmal allein. Denn auch die anderen elf Jünger sind mit einer mehr oder weniger großen Blindheit geschlagen. Lukas berichtet, daß unter ihnen ein Streit ausbrach, wer unter ihnen der Größte wäre (Lk 22,24). Im Grunde waren sie alle recht um ihr eigenes Wohl besorgt, und als Jesus ergriffen wurde, ließen sie ihn alle im Stich, um ihr eigenes Leben zu retten (Mk 14,50). Darüber hinaus ist es ausgerechnet Petrus, das Haupt der Apostel, der Jesus dreimal verleugnet. Obwohl Jesus dem Petrus seine dreimalige Verleugnung vorausgesagt hat, hat er Jesus, den Wohltäter seines Lebens, verlassen (Mk 14,66-72). Jesus sieht in der Verleugnung durch Petrus das Wirken des bösen Geistes, wie auch im Verrat durch Judas und in der Flucht der Jünger die »Macht der Finsternis« Satans sichtbar wird (Lk 22,31).

Jesus wußte um diese bodenlose Blindheit und Schwäche seiner Jünger, als er das letzte Treffen mit ihnen vorbereitete und zeigte doch keine Spur von Pessimismus. Vielmehr sagen uns die Evangelien, daß Jesus in die Zukunft gewandt gefestigtes Vertrauen und vollkommene Zuversicht gezeigt habe. Denn nachdem Jesus den Jüngern mitgeteilt hat, daß er mit großem Verlangen das Paschamahl mit ihnen habe feiern wollen, spricht er beziehungsvoll davon, daß dieses letzte Abendmahl das Symbol des eschatologischen Festmahls versinnbilde:»Denn ich sage euch: Ich werde es nicht mehr essen, bis das Mahl seine Erfüllung findet im Reich Gottes« (Lk 22,16). Für Jesus bedeutet, gemeinsam Mahl zu halten, ein Symbol für das Liebesmahl im Reiche Gottes. In ganz besonderem Maß ist das letzte Abendmahl mit den Jüngern am Ende seines Lebens für Jesus ein Vorgriff auf das eschatologische Liebesmahl. Jesus wollte ihnen damit deutlich sagen, daß er in dieser Welt mit ihnen nicht noch einmal Mahl halten werde. Gerade dieses letzte Abendmahl soll zur Antriebskraft (zum lebenspenden Symbol) werden, um die Menschen zum Mahl der Liebe, das der Vater bei der Vollendung des Reiches Gottes bereitet, zu führen.

Wenn wir dies bedenken, verstehen wir, daß Jesus bei der Vorbereitung dieses Mahls eine die Vergangenheit, Gegenwart und Zukunft umspannende Perspektive hat. Beim Blick in die Vergangenheit standen ihm in der Feier des Paschamahls die Großtaten des Vaters vor Augen, die von seiner die ganze Geschichte Israels durchziehenden erbarmungsvollen Liebe sprechen. Beim Blick auf die Gegenwart erkennt er durch die Jünger hindurch die die ganze Menschheit umschließende bodenlose Blindheit und Neigung zur Sünde und die im Hintergrund sich zeigende Macht der Finsternis. Obwohl er ihre Blindheit und Schwäche kannte, hat Jesus die Apostel erwählt und versucht, sie zu echten Jüngern zu formen. Jesus war überzeugt, daß er diese schwachen und sündigen Menschen zu Gottes Mitarbeitern machen könne, die das Reich Gottes verkünden, auch wenn dies menschliches Vermögen übersteigt. Beim Blick in die Zukunft ist er entschlossen, den Tod am Kreuz auf sich zu nehmen und dessen Erinnerung als heiliges Mahl den Jüngern zu hinterlassen, das lebenspendendes Symbol für das eschatologische Freudenmahl des Vaters ist. Als lebenspendendes Symbol soll es nicht nur das Festmahl der Zukunft verstandesmäßig verständlich machen, sondern das eucharistische Mahl, das er als heiliges Fest dabei ist einzusetzen, soll ein Symbol sein, das den Jüngern schon jetzt in der Gegenwart die Kraft gibt, sich auf dem Weg zum Festmahl des Vaters zu begeben und es endlich auch zu erreichen. Jesu Blick bis in die eschatologische Vollendung bedeutet nicht, wie wir uns dies mit unserer schwachen Vorstellungskraft ausmalen, daß er in seinem Kopf sich ein Bild von der Zukunft vorgestellt habe. Vielmehr handelt es sich um ein Wirken, das die Menschen zur letzten Vollendung führt. Denn bei Jesus sind die Perspektiven der Vergangenheit, Gegenwart und Zukunft nicht in einem Durcheinander ineinander verwoben, sondern stellen eine organische Einheit dar, weil sie durchdrungen sind vom direkten Wirken des Wortes und vom ihm getragen werden.

Der »Neue Bund« in Jesu Fleisch und Blut

Weil Jesu Art, die Dinge zu sehen, Offenbarung des Wirkens des Wortes darstellt, ist sie von einer unendlichen Dynamik erfüllt und birgt in sich eine neue schöpferische Kraft. Beim letzten Abendmahl macht Jesus von dieser neuen Schöpfungskraft ungehemmt Gebrauch und schafft etwas erstaunlich Großes. Lukas beschreibt das Geschehen ganz knapp:

»Und danach nahm Jesus Brot, sprach das Dankgebet, brach das Brot und reichte es ihnen mit den Worten: Das ist mein Leib, der für euch hingegeben wird. Tut dies zu meinem Gedächtnis« (Lk 22,19)!

Wenn Jesus, wie in diesem Text gesagt, Brot bricht, dann entspricht diese Handlung ganz dem zu Beginn des Paschamahls des Alten Bundes vorgesehenen Mahl. In diesem Ritus nimmt der Hausvater, nachdem er ein Dankgebet zu Gott gesprochen hat, ein Brot, bricht es und verteilt es an die Versammelten. Beim letzten Abendmahl nimmt Jesus die Rolle des Hausvaters wahr, bricht das Brot des Pascha und verteilt es an seine Apostel. Während Jesus den Pascharitus des israelitischen Volkes feiert, erinnert er sich an das historische Geschehen des Exodus und war sich dabei in seinem Innersten bewußt, daß das Wirken Gottes, das sich in diesen Ereignissen gezeigt hatte, sich jetzt an ihm vollendete. Jesus war sich aber nicht nur bewußt, daß er das gleiche Schicksal mit dem jüdischen Volke teilt und die gleiche Kraft in sich als wirksam erfährt. Wenn es nur das gewesen wäre, dann hätte Jesus nur eine »geschichtliche Erinnerung« im Sinne Karl Jaspers gehabt. Da Jesus aber ohne Zweifel eine der großen

Gestalten ist, die die Menschheitsgeschichte in neue Bahnen lenkten, hat Jesus die »existentielle Erinnerung«, von der Karl Jaspers spricht, im vollendeten Sinn erreicht. Wenn wir uns den Text genau ansehen, verstehen wir, daß Jesus sich seines vom Vater ihm in der Geschichte aufgetragenen Schicksals in der Zukunft bewußt war und durch sein Wirken als Wort sich ganz gezielt an die Schaffung einer vollkommen neuen Schöpfung machte.

Wenn wir uns den Kontext anschauen, in dem dieser Text steht, verstehen wir die geschichtliche Situation, in die sich Jesus gestellt sah. Im Kontext des Lukasevangeliums steht das Abendmahl im Zusammenhang mit der Reise Jesu, die mit seiner Verstoßung aus Nazaret beginnt und mit der Untat seiner Kreuzigung ihr Ende findet. Das Verlangen, alle Menschen zu retten, stellt dabei die eigentliche Antriebskraft für Jesus dar. In einer Passage, die nahe bei unserem Text steht, wird uns der Widerstand, der aus der grenzenlosen Blindheit und Sündenverstricktheit der Jünger und der Pharisäer und der dahinter lauernden Macht der Finsternis erwächst, gezeigt. Am deutlichsten wird dies am Beispiel der von ihm geliebten Jünger, des Verrats durch Judas und der dreimaligen Verleugnung durch Petrus. Daß Jesus im vorhinein damit gerechnet hat, wird durch seine Voraussage verdeutlicht. Mit diesem Wissen hat Jesus, um die ihm von seinem Vater übertragene Aufgabe zu erfüllen, das Paschamahl in ein vollkommen neues Fest verwandelt und mit dem Brot eine die Vorstellung sprengende Wirklichkeit geschaffen. Mit dieser vollkommen neuen Schöpfung hat Jesus den in die Sünde verstrickten und mit Blindheit geschlagenen Jüngern Kraft gegeben und sie gestärkt, gegen jede noch so gewaltige Macht der Finsternis sich zu behaupten und schließlich in dieser neuen Schöpfung der Erlösung zum Liebesmahl mit Gott, dem Vater, zu gelangen. Diese neue Schöpfung der Erlösung nimmt ihren Anfang in den Worten: »Das ist mein Leib, der für euch hingegegen wird.«

Markus überliefert uns diese Worte in der kürzeren Form: »Dies ist mein Leib.« Vielleicht handelt es sich hier um die ursprüngliche Fassung. Denn in der aramäischen Form, die Jesus benutzt hat, wird das Verb »sein« ausgelassen, so daß es nur »Dies mein Leib« gelautet haben wird. Da der Ausdruck »der für euch hingegeben wird«, den Lukas gebraucht, auf das am nächsten Tag sich ereignende Hingeben von Jesu Leib in den Tod am Kreuz hinweist, handelt es sich um eine die Sache treffende Ausdrucksweise.

Ein erstaunlicher Weggefährte

Zwischen Katholiken und Protestanten hat es um die Frage, ob das Brot wirklich substantiell in den Leib Christi umgewandelt wird, in der Vergangenheit scharfe Auseinandersetzungen gegeben. Diese Auseinandersetzungen zeigen sehr deutlich den Einfluß des griechischen Denkens auf das Problembewußtsein in der westlichen Theologie. In diesem Denken geht es immer wieder um Fragen, wie die folgenden: Was ist eigentlich diese oder jene Sache? und: Worin besteht das Wesen? In diesem Problembewußtsein wird dann eine Frage, ob das Brot eine substantielle Wandlung erfährt und zu etwas substantiell anderem wird, ein wichtiges Problem. Damit entfernt sich dieses Denken aber ganz entscheidend von hebräischen Vorstellungen. Für das hebräische Denken ging es nicht um die Substanz, sondern vielmehr um die Funktion und das Wirken einer Sache. Für einen gläubigen Juden war in der Funktion zugleich das direkte schöpferische Wirken Gottes unmittelbar evident. Als daher die Apostel die Worte Jesu hörten, haben sie sofort an das Schöpfungswort: Es werde Licht! gedacht, durch das sich die Erschaffung des Lichts vollzog. Sie waren aufs äußerste erstaunt und verwundert über Jesus, der Brot in seinen Leib verwandeln konnte und damit ein göttliches Wirken zeigte.

Wenn wir es recht bedenken, gibt es auch kaum etwas Staunenswerteres. Wasser in Wein zu verwandeln, ist wohl auch eine staunenswerte Angelegenheit, aber verglichen mit der Verwandlung von Brot in den Leib eines Menschen, ist es weit weniger erstaunlich. Daß Brot in den Leib eines Menschen verwandelt wird, kommt im Wirken der Natur nicht vor, und wenn es durch göttliches Wirken geschieht, sind die Menschen voll Erstaunen. Daß Wasser zu Wein wird, liegt noch in dem Bereich von Wundern, wie sie sich sonst in der Natur ereignen mögen. Daß sich aber Brot in den göttlichen Leib Jesu verwandelt, ist ein Wunder, das jedes andere Wunder übersteigt, ein eindeutig übernatürliches Ereignis. Jesus ist mit Leib und Seele vom schöpferischen und erlösenden Wirken Gottes durchdrungen und erfüllt von der tiefen erbarmenden Fülle der göttlichen Liebe. Auf das Brot übertragen bedeutet dies, daß ein Stück Brot vom göttlichen Wirken ganz durchdrungen ist. Es gibt wohl kaum etwas Erstaunlicheres.

Die Jünger glaubten schlicht und einfach an die göttliche Kraft Jesu. Das bedeutet allerdings nicht, daß sie direkt beim Letzten Abendmahl zu diesem unverbrüchlichen Glauben gefunden hätten. Aber nach dem Kreuzestod Jesu und seiner Auferweckung, sind sie in großer Einfachheit zum festen Glauben gelangt, daß Jesu Worte wirklich diese schöpferische Kraft besitzen und daß Brot wirklich in den Leib Jesu verwandelt werden kann. Und sie haben nicht nur geglaubt, sondern angefangen, auf Jesu Befehl hin, die Zeremonie zu entwickeln zur Erinnerung an Jesus, Brot in Jesu Leib zu verwandeln und sie auf ihren Reisen überall in der Jungen Kirche zu verbreiten und zur Tradition zu machen. Seitdem sind zweitausend Jahre vergangen und Hunderte von Millionen Menschen haben einfach geglaubt, daß Brot zu Jesu Leib werden kann, und haben immer wieder diese Zeremonie gefeiert. Es geht wohl nicht an, dieses Phänomen nur als eine Form von Massenillusion zu verstehen.

Warum kann es sich hier nicht um eine Massenillusion handeln? Zunächst einmal hatten die Jünger das Zeichen von Jesu Krankenheilungen und Dämonenaustreibungen gesehen und direkt erlebt, daß in Jesu Worten sich göttliches Wirken zeigt. Weiter hatten sie durch Gleichnisse wie das vom verlorenen Sohn verstanden, daß in Jesu Worten die Fülle der Liebe Gottes des Vaters und die Kraft seiner je größeren Freude verborgen liegen. Schließlich sind sie durch das Mitgehen auf dem Weg des Kreuzes, durch die Teilhabe an seinem Kreuzestod und durch den Empfang der darin im Überfluß sich offenbarenden Kraft Gottes zur Erkenntnis gelangt, daß der Weg ans Kreuz von Gottes Wirken durchdrungen war. Im Wirken Gottes liegt das Licht einer absoluten unmittelbaren Einsicht, die für den, der es wahrnimmt, einen

Beweis absoluter Wahrheit enthält. Bei der Einsicht der Jünger handelt es sich daher nicht um eine Illusion, sondern um ein Phänomen, das den Beweis der absoluten Wahrheit in sich trägt.

Wir haben die Feier der Wandlung des Brotes in Jesu Leib »das Fest eines heiligen Mahls« – auf japanisch »Naorai« – genannt. Das Wort »Naorai« ist ein Fachausdruck aus dem Shintoismus und bezeichnet ein Mahl, das zwischen Gott und den Menschen stattfindet. Im Shintoismus werden nach einer heiligen Zeremonie Wein und andere Opfergaben vom Altar genommen und in der Gegenwart der Götter verzehrt. Beim Letzten Abendmahl haben die Jünger zusammen mit Jesus »seinen Leib« gegessen. »Jesu Leib« bezeichnet dabei die gesamte Wirklichkeit Jesu, seine Göttlichkeit wie auch seine Menschlichkeit. Dieser heilige Leib ist die Fülle der Liebe des Vaters und des Heiligen Geistes, und die von diesem Leib essen, werden mit der Fülle der Liebe erfüllt. Jesu Leib ist erfüllt von der schöpferischen Kraft, die ganze Menschheit zu erlösen, und die davon essen, werden durch die schöpferische Kraft der Erlösung mit göttlichem ewigen Leben erfüllt. Jesus hat seinen Leib so mitteilen wollen, daß er in einer für die Sinne faßbaren Weise gegenwärtig wird, indem er sich in Stücke gebrochen zum Essen anbietet. Beim Letzten Abendmahl hat sich das schwer zu glaubende und unerhörte Ereignis zugetragen, daß das Fleisch gewordene Wort zur Speise der Menschen wurde.

Damit aber nicht genug der Wunder. Der Text fährt fort, daß Jesus am Ende des Paschamahles den Segensbecher genommen hat und ihn unter seinen Jüngern herumgehen ließ, wobei er die Worte sprach: »Dieser Kelch ist der Neue Bund in meinem Blut, das für euch vergossen wird.« Im Alten Testament wurde das Blut eines Kalbs auf das Volk und den Altar (Symbol für Gott) versprengt, wodurch Gott und das Volk durch den Gebrauch des Blutes als sinnenhaftes Symbol in einem Blutsbund verbunden wurden. Bei diesen Gelegenheiten wurde das Blut von Tieren verwendet, das nicht selber getrunken, sondern nur versprengt wurde. Dagegen wurde beim Letzten Abendmahl nicht tierisches Blut benutzt, sondern Jesu Blut selber. Dabei bezeichnet Blut die gesamte Wirklichkeit Jesu, seine Göttlichkeit wie auch seine Menschlichkeit. Jesu Blut ist durchdrungen von der Fülle der

Liebe des Vaters, seiner erlösenden schöpferischen Kraft und der Fülle göttlichen Lebens. Jesus hat es den Jüngern zum Trinken mitgeteilt, damit sie nicht nur auf eine mystische Weise mit ihm eins werden sollten, sondern ihr Leib und Blut sollte mit Jesu Leib und Blut eins werden, sie sollten nicht nur Anteil an der Menschlichkeit, sondern auch an seiner ganzen Göttlichkeit haben und damit eins werden. Jeder, der Brot und Wein empfängt, wird mit der Fülle der Liebe des Vaters, mit der schöpferischen Kraft der Erlösung und mit göttlichem ewigen Leben erfüllt und zu einer neuen Existenz. Dies ist tatsächlich ein Ereignis, das nicht nur Menschen und den Himmel überrascht und die Erde wanken läßt. Denn dieses Blut ist mehr als nur Blut, weil es das Blut ist, das Jesus für uns am Kreuz vergossen hat. Wie es im Johannesevangelium heißt:»Es gibt keine größere Liebe, als wenn einer sein Leben für seine Freunde hingibt« (Joh 15,13). So hat auch das für uns vergossene Blut die grenzenlose Liebe offenbart, die Jesus für uns hat. Jeder, der Jesu Blut trinkt, wird die Fülle dieser grenzenlosen Liebe empfangen.

Es kommt noch hinzu, daß es sich um den»Neuen Bund in meinem Blute« handelt. Wenn schon der Blutbund des Alten Bundes Gott und die Menschen enger als der Bund zwischen Mann und Frau verbunden hat, dann ist der auf Jesu Blut gründende Neue Bund ein Bund, der Gott und die Menschheit in einem viel stärkeren Band der Liebe verbindet. Denn Jesu Leib und Blut beinhalten sowohl seine Göttlichkeit wie auch seine Menschlichkeit, die wie Lebensmittel den Menschen dargereicht werden, damit sie mit göttlichem Leben erfüllt teilhaben an der Fülle der göttlichen Liebe.

Gott hat durch den Blutbund sein Volk auf der Reise ins»Land des Bundes« durch seine liebende und beschützende Gegenwart begleitet, auch wenn Israel immer wieder die Bundesverpflichtungen nicht eingehalten und den Bund gebrochen hat. Dagegen hat Jesus durch den Neuen Bund in seinem Blut durch die Apostel die ganze Menschheit in einem Bund zusammengeschlossen, alle mit seiner Göttlichkeit und Menschlichkeit erfüllt, ihnen göttliche Kraft mitgeteilt, auf dem Weg zum eschatologischen Liebesmahl mit seinem Vater unterwegs zu sein, ihnen Weggefährte zu sein und sie zum eschatologischen Mahl der unendlichen Freude mit dem Vater zu führen. Durch Jesu Leib und Blut werden das »Heilige Mahl« (Naorai) und der »Neue Bund« zur Vorwegnahme des eschatologischen Mahles. Denn Jesus und der Vater sind eins. Wer daher Leib und Blut Jesu empfängt, wird eins mit dem Vater.

Wenn wir dies bedenken, verstehen wir, daß der Neue Bund in Jesu Leib und Blut alles übersteigt, was wir bisher an Jesu Taten betrachtet haben und die höchste Stufe seiner Weggemeinschaft mit den Menschen darstellt.

b. Das Geheimnis des Kreuzes als Schlüssel für das letzte Geheimnis des Vaters

Jesus als Weggefährte des verstockten Judas

Die gewaltige Tragödie des Leidens Jesu beginnt mit dem Auftritt von Judas, »einer der zwölf Apostel« (Mk 14,10), als er mit der von den Hohenpriestern, den Schriftgelehrten und den Ältesten ausgesandten Menge erscheint, die alle mit Speeren und Stöcken bewaffnet sind. Judas geht auf Jesus zu, begrüßt ihn mit den Worten »Rabbi« und küßt ihn (Mk 14,15). Markus benutzt ausdrücklich das Wort »Kuß«, um die Handlung von Judas zu beschreiben. Im Griechischen wird normalerweise das einfache Wort »phileo« benutzt, um einen Kuß zu beschreiben, Markus gebraucht aber das Wort »kataphileo«, um deutlich zu machen, daß Judas Jesus umarmte, als er ihn küßte.

Die Art des Kusses macht deutlich, wie sehr Judas' ganze Existenz von Falschheit und Widerspruch gekennzeichnet ist. In der jüdischen Gesellschaft war ein Kuß Ausdruck engster Freundschaft. Judas benutzt dieses Zeichen der Freundschaft aber, um Jesus in die Hände seiner Feinde zu verkaufen. Der Kuß, der Ausdruck der Liebe sein sollte, wird in ein Zeichen des Verrats umgewandelt. Das Zeichen, das äußerlich von Liebe spricht, ist innerlich von Verrat erfüllt. Nichts könnte besser die Verdrehtheit und Widersprüchlichkeit von Judas äußerem und innerem Handeln zeigen. Doch Judas scheint sich dieser Verdrehtheit und Widersprüchlichkeit selber nicht bewußt zu sein. Denn er steht unter dem Einfluß der Macht der Finsternis und ist ganz von Dunkelheit umschlossen. Darin liegt die Tragik von Judas, ja des Menschen überhaupt. In der gewöhnlichen Sicht würden wir davon ausgehen, daß Jesus durch den Verrat des Judas der Unglückliche und die Hauptperson der Tragödie ist. Aber für jemanden, der in der Lage ist, die in Judas' Kuß enthaltene Verdrehtheit und Widersprüchlickkeit zu entdecken, wird sofort verstehen, daß die eigentliche Hauptperson der Tragödie Judas selber ist. Es hat wohl kaum ein gefühlloseres und gänzlich von Liebe leeres Herz als das des Judas gegeben. Er war tatsächlich vollkommen gefühllos. Um seine Kaltherzigkeit zu überspielen, hat er ganz bewußt den Kuß als Zeichen der tiefsten Liebe gewählt, wobei er in seinem Bemühen, seine Gefühllosigkeit zu verstecken, immer mehr verhärtet und verstockt wurde. Deshalb wird dieser Kuß in seiner Steifheit und Ungelenkigkeit gerade Ausdruck seiner Gefühllosigkeit.

Wie mag Jesus diesen Kuß empfangen haben? Dies wird wohl immer ein Geheimnis und uns unverständlich bleiben. Immerhin haben wir durch das, was wir bisher betrachtet haben, in gewisser Weise doch einen Blick auf Jesu inneres Wesen werfen können. Jesus weiß, daß sein Vater mehr als an den neunundneunzig Gerechten an der Bekehrung des einen Sünders gelegen ist. So hat er mit diesem Verlangen auch den Kuß von Judas empfangen und ihn warm und liebevoll umarmt.

Dabei dürfen wir nicht vergessen, daß für Jesus der Kuß Ausdruck seiner Weggefährtenschaft gewesen ist. Jesus ist vor dem durch und durch verderbten Judas nicht zurückgewichen und hat ihn nicht verstoßen, sondern mit dem Herzen des Vaters, der den Sünder sucht, hat er sich zum Sünder Judas herabgelassen, ihn umarmt, ihn geküßt, ist ganz mit ihm eins geworden und hat versucht, mit ihm zusammen zu seinem erbarmungsvollen Vater zu gehen. Durch dieses Verhalten zeigt er, was mit der Weggefährtenschaft letztlich gemeint ist. Denn das Besondere an seiner Weggefährtenschaft ist eben, daß Jesus zum Sünder hinabsteigt, mit dem Sünder eins wird und mit ihm zusammen vor den Vater tritt. In seiner Sünde hat der Mensch selber die Bindung zu Gott gebrochen und den Weg zu Gott sich verschlossen. Aus eigener Kraft kann er diesen Weg nicht eröffnen und den steilen Pfad hinauf nicht gehen. Er hat sogar sein Recht verwirkt, ohne sich zu schämen vor Gott zu erscheinen. Der Sünder ist unendlich weit von Gott entfernt. Jesus dagegen ist, um eine johanneische Formulierung zu gebrauchen, »Fleisch geworden« und hat die unendliche Entfernung überbrückt, um mit dem Sünder eins zu werden und ihn zum Vater zu führen.

Hat es wohl seit Beginn der Menschheitsgeschichte eine so unselige Tat gegeben, wie sie Judas vollbracht hat? Auch vom rein menschlichen Standpunkt gesehen gibt es wohl kaum etwas Schlimmeres und Verwerflicheres als einen Wohltäter oder Lehrer zu verraten. Aus der Sicht des Glaubens aber erscheint das Tun des Judas gänzlich unverzeihlich. Judas wurde von Jesus zu einem der zwölf Apostel bestimmt, ihm wurden geistige Vollmachten verliehen, Einblick in die Geheimnisse des Reiches Gottes gewährt, überfließende Gnade mitgeteilt und er wurde mit grenzenloser Liebe geliebt. Trotzdem hat er Jesus verraten, in die Hände seiner Feinde ausgeliefert und so letztlich Jesus zum Tod am Kreuz gebracht. Diesen so abgrundtief schlechten Judas hat Jesus immer noch geliebt und sich gemüht, ihm Weggefährte zu sein. Es gibt keine angemessenere Weise, die Tiefe des göttlichen Erbarmens zu offenbaren. Je tiefer sich Judas in seine Sünde verstrickt, um so grenzenloser zeigt sich Jesu Liebe zu ihm. Hier zeigt sich die Wahrheit der Worte des Johannes: »Gott ist die Liebe« (1 Joh 4,8). Oder wie es im Römerbrief heißt: »Wo jedoch die Sünde mächtig wurde, da ist die Gnade übergroß geworden« (Röm 5,20).

Jesus wurde durch den Kuß des Judas verraten, zum Haus des Hohenpriesters gebracht, vor den Gerichtshof der Hohenpriester, Schriftgelehrten und Ältesten gestellt und verurteilt. Schließlich hatten sie von Anfang an die Absicht gehabt, Jesus zum Tod zu verurteilen. Deshalb ließen sie verschiedene Zeugen auftreten, die unterschiedliches Zeugnis gaben und deren Zeugnis nicht übereinstimmte. Während dieser Vorgänge bewahrte Jesus von Anfang bis zum Ende vollkommenes Stillschweigen. Diese unerschrockene Haltung versetzte umgekehrt die Hohenpriester in Zorn, und sie fragten Jesus: »Willst du denn nichts sagen zu dem, was diese Leute gegen dich vorbringen? Er aber schwieg und gab keine Antwort« (Mk 14,60-61). Auch als Jesus vor den Gerichtshof des Pontius Pilatus geführt wurde, hat er diese Haltung nicht geändert (Mk 15,3-5). Da die Ankläger fortfuhren, die verschiedensten Anschuldigungen gegen ihn vorzubringen, war es offensichtlich, daß er zum Tode verurteilt werden würde, wenn er sich nicht gegen die Anschuldigungen verteidigte. Doch er verharrte im Schweigen. Warum tat er das?

Der knappe Berichtstil von Markus und sein Gebrauch der Gegenwartsform

Das Geheimnis von Jesu Entschluß liegt darin, daß er den Todeskampf in Getsemani bestand, in seiner ganzen Existenz mit dem Vater eins wurde, alle Zweifel überwand und nur noch den Wunsch hatte, den Willen des Vaters zu erfüllen. Durch diese Vereinigung mit dem Vater war er eins mit dem, der Himmel und Erde geschaffen hatte, der die Urkraft war, die die Menschheit ihrer Erlösung näherführt, dem alle Dinge im Himmel und auf Erden unterworfen sind und gegen dessen absolute Macht nichts Widerstand leisten kann. Deshalb gab es für ihn in dieser Welt nichts mehr zu fürchten. Hierauf beruht die unerschrockene Haltung, die Jesus vor Gericht zeigte. Deshalb konnte er vor den Hohenpriestern und Pilatus unerschrocken Stillschweigen bewahren und das unvorstellbare Leiden und das Versagen der Jünger ungebrochen ertragen. Ja mehr noch, er versuchte sogar, Judas, die Hohenpriester und die Schriftgelehrten mit seiner Liebe zu umarmen und sie als Weggefährten dem Vater zuzuführen, weil er in der existentiellen Einheit mit dem Vater erfüllt ist von dem Verlangen, die Sünder zur Fülle der Liebe zu führen.

Wir dürfen nicht vergessen, daß Jesus auf dem Kreuzweg und im Augenblick seines Todes am Kreuz diese grundlegende Einstellung beibehalten hat, wie es uns Markus zeigt, wenn wir seinen Text mit Leib und Seele aufmerksam lesen.

»Nachdem die Soldaten so ihren Spott mit ihm getrieben hatten, nahmen sie ihm den Purpurmantel ab und zogen ihm seine eigenen Kleider wieder an. Dann führten sie Jesus hinaus, um ihn zu kreuzigen. Einen Mann, der gerade vom Feld kam, Simon von Zyrene, den Vater des Alexander und des Rufus, zwangen sie, sein Kreuz zu tragen. Und sie brachten Jesus an einen Ort namens Golgota, das heißt übersetzt: Schädelhöhe. Dort reichten sie ihm Wein, der mit Myrrhe gewürzt war; er aber nahm ihn nicht. Dann kreuzigten sie ihn. Sie warfen das Los und verteilten seine Kleider unter sich und gaben jedem, was ihm zufiel. Es war die dritte Stunde, als sie ihn kreuzigten. Und eine Aufschrift (auf einer Tafel) gab seine Schuld an: Der König der Juden« (Mk 15,20-26).

Markus berichtet die Kreuzigung Jesu mit äußerst knappen Worten. Er unterläßt jegliche Ausschmückung und beschränkt sich darauf, knapp die einzelnen Ereignisse zu berichten. Weiter gilt es zu beachten, daß er in seinem Bericht ständig die Gegenwartsform verwendet. Der erste Grund dafür liegt wohl darin, daß er damit die Kreuzigung von anderen Geschehnissen, die er in der Vergangenheits- bzw. Aoristform berichtet, absetzen will. Ferner will er wohl damit deutlich machen, daß das Kreuzesgeschehen die Zeit übersteigt und das entscheidende Ereignis darstellt, das jeder Zeit erst ihre Bedeutung gibt.

Wie wir schon beim Bericht der Berufung der vier Jünger gesehen haben, gelingt es Markus, durch seine knappe Beschreibung den aufmerksamen Leser gleichsam zum Ort des Geschehens zu führen, wo Jesus spricht und handelt. Auch hier benutzt er dieselbe Technik. Die Kreuzigung stellt ein das menschliche Verstehen übersteigendes Geheimnis dar, das auch durch noch so ausführliche Beschreibung nicht aufgelöst werden kann. Da sich Markus dessen bewußt ist, vermeidet er konsequent jegliche Ausschmückung. So bleibt uns nichts anderes übrig, wenn wir Markus' Intention gerecht werden wollen, als alle Versuche des Verstehenwollens zu unterlassen und schweigend die Realität von Jesu Gestalt am Kreuz zu betrachten. In diesem Schweigen können wir uns mit dem Handeln Gottes vereinen und Jesus am Kreuz ganz nahe sein. Bei der Berufung der Jünger zeigte sich Gottes Wirken negativ darin, daß sie aufgefordert waren, alles zu verlassen, um Jesus zu folgen und so positiv an seiner Verkündigung teilhaben zu können. Beim Kreuzesgeschehen fehlt der positive Aspekt gänzlich, hier geht es nur darum, die Welt gänzlich zu verlassen. Dieses Wirken Gottes, in der Aufgabe aller Dinge uns zu vereinen, übersteigt vollkommen die menschlichen Fähigkeiten, und steht nicht in unserer Macht.

Doch glücklicherweise hat Jesus uns gelehrt, wie wir zu einem Verständnis des Geheimnis des Kreuzes kommen können, indem er uns auffordert, »sein Kreuz auf uns zu nehmen und ihm nachzufolgen«. Weil Jesus sich selber freiwillig zum Weggefährten der Sünder im Leiden am Kreuz gemacht hat, ist es uns, die wir in der Tat Sünder sind, möglich geworden, Jesu Weggefährten am Kreuz zu werden. Am Kreuz erreicht das Leiden Jesu seinen absoluten Höhepunkt. Nach dem Todeskampf in Getsemani war er verhaftet worden, am frühen Morgen mußte er sich die schwer erträglichen Falschzeugnisse vor dem Hohen Rat anhören, das scharfe Verhör vor den Hohenpriestern ertragen, sich nach dem Urteilsspruch des römischen Statthalters geißeln lassen, wurde mit Dornen gekrönt, mit einem Purpurmantel bekleidet, mit Stöcken geschlagen, angespuckt und bis zum Übermaß gedemütigt. Schließlich wurde er ans Kreuz genagelt, und Hände und Füße wurden von Nägeln durchbohrt. Diese Folterungen dauerten nach Markus von neun Uhr morgens bis drei Uhr am Nachmittag.

Inmitten all dieser Leiden und Schmerzen mußte sich Jesus gotteslästerliche Schmähungen der vorbeikommenden Menschen anhören. Da für Jesus diese Schmähungen Lästerungen seines Vaters darstellen, schmerzen sie ihn bis in sein innerstes Mark. Hinzu kommt, daß die Führer des jüdischen Volkes, die Hohenpriester, die Schriftgelehrten und die Ältesten sich an diesen Lästerungen beteiligen. Ja selbst die beiden Räuber, die mit ihm gekreuzigt werden, beteiligen sich an diesen Schmähungen. Jesus hängt wegen der Sünder am Kreuz, ja noch mehr, Jesus hat sich ihnen zum Weggefährten gemacht, teilt ihnen geistige Gnaden und Kraft mit, um sie seinem Vater zuzuführen. Für den außenstehenden Betrachter jedenfalls, scheinen die Bemühungen Jesu um die beiden Räuber vergebens gewesen zu sein.

Wie mag Jesus sich gefühlt haben, als er so von allen Seiten mit Verwünschungen und Flüchen eingedeckt sich vollständig verlassen fand? Jesus vergräbt sich gleichsam immer mehr in sein Schweigen und hat so immer mehr Anteil an jenem alles übersteigenden Schweigen, das seinen Vater umfängt. Dadurch wird er eins mit der in diesem Scheigen verborgenen tiefen Trauer des Vaters, die aus seinem unverbrüchlichen Verlangen herrührt, alle Menschen zur Umkehr zu bewegen. In der Vereinigung mit diesem Verlangen wird Jesu Verbindung mit den Sündern noch größer, weil der Vater über die Bekehrung des einen Sünders sich mehr freut, als über die neunundneunzig Gerechten, die der Buße nicht bedürfen. In dieser brennenden Liebe fühlt sich Jesus mit den Sündern wie mit einem festen Band in der einen Liebe des Vaters vereint.

Das tiefste Geheimnis der Verwerfung des geliebten Sohnes durch den Vater

Dem so ganz mit dem Wirken des Vaters vereinten Jesus begegnet ein schwer begreifliches und der Welt unverständliches Geschick. Jesus, der sich grenzenlos der Liebe des Vaters ausgeliefert hat, wird von eben diesem Vater verworfen. Markus beschreibt dieses Geschehen mit den folgenden Worten:

»Als die sechste Stunde kam, brach über das ganze Land eine Finsternis herein. Sie dauerte bis zur neunten Stunde. Und in der neunten Stunde rief Jesus mit lauter Stimme: Eloi, Eloi, lema sabachtani?, das heißt übersetzt: Mein Gott, mein Gott, warum hast du mich verlassen? Einige von denen, die dabeistanden und es hörten, sagten: Hört, er ruft nach Elija! Einer lief hin, tauchte einen Schwamm in Essig, steckte ihn auf einen Stock und gab Jesus zu trinken. Dabei sagte er: Laß uns doch sehen, ob Elija kommt und ihn herabnimmt. Jesus aber schrie laut auf. Dann hauchte er den Geist aus. Da riß der Vorhang im Tempel von oben bis unten entzwei. Als der Hauptmann, der Jesus gegenüberstand, ihn auf diese Weise sterben sah, sagte er: Wahrhaftig, dieser Mensch war Gottes Sohn« (Mk 15,33-39).

Im Mittelpunkt dieses Textes steht der Todesruf Jesu. Markus berichtet, daß Jesus auf aramäisch: Eloi, Eloi, lema sabachtani! gerufen habe. Die Mehrzahl der zeitgenössischen Exegeten möchte diesen Text wörtlich verstehen, indem sie darin sehen, daß sich Jesus von seinem Vater verworfen vorkam. Gott, sein Vater, ist Jesus in der größten Not nicht zur Hilfe gekommen.

Das jüdische Volk jedoch hat immer an die folgenden Worte von Mose geglaubt: »Der Herr, dein Gott, zieht mit dir. Er läßt dich nicht fallen und verläßt dich nicht« (Dt 31,6; Jos 1,5). Jesus hat zwar seine Verlassenheit mit lauter Stimme hinausgerufen. Wir dürfen jedoch nicht annehmen, daß Jesus im Übermaß des Leidens am Kreuz den Glauben an dieses Wort des Mose verloren hat.

Das können wir auch mit Jesu Worten selber beweisen. Denn Jesus ruft inmitten seiner Verlassenheit durch Gott, den Vater, ihn doch mit den Worten »Mein Gott, mein Gott« weiterhin an, wodurch er zeigt, daß er sein Vertrauen zu Gott, seinem Vater, nicht verloren hat. Hier stehen wir vor einem großen Paradox. Auf der einen Seite fühlt Jesus sich von seinem Vater verworfen, auf der anderen Seite ist er überzeugt, daß der Vater ganz nahe bei ihm ist. Um dieses Paradox zu lösen, wollen wir uns die Geschehnisse noch einmal genauer ansehen.

Von Mose stammt das Wort: »Der Herr, dein Gott, hat dich auf dem ganzen Weg, den ihr gewandert seid, getragen, wie ein Vater seinen Sohn trägt« (Dt 1,31). Wie sollte daher Gott, der so voller Erbarmen ist, sich nicht um die brennenden Schmerzen seines geliebten Sohnes am Kreuz gekümmert und ihn verlassen haben. Wir stehen hier vor einem absoluten göttlichen Geheimnis, das unser menschliches Verstehen weit übersteigt. Uns bleibt nichts anderes übrig, als staunend zu verstummen, ohne einen Versuch zu machen, mit menschlicher Logik eine Erklärung zu versuchen. Wenn wir uns im vollständigen Schweigen in die Betrachtung Jesu auf dem Kreuzweg versenken, öffnen sich wie von selbst die Tore zu diesem absoluten göttlichen Geheimnis. Denn dann wird es uns geschenkt, in Jesu vollständiges Schweigen einzutreten, wobei wir bedenken sollten, daß der Eintritt in das vollständige Schweigen gleichbedeutend damit ist, daß wir zusammen mit Jesus am Kreuz sterben. Und das ist nicht einfach!

Den Eingang in Jesu Schweigen zu finden, möchte ich den

Lesern selber überlassen. Mir bleibt nur, einige Hinweise zu geben, um einen Zugang zu diesem absoluten göttlichen Geheimnis zu finden.

Als Jesus im Todeskampf im Garten Getsemani den ganzen Abend im Gebet verbrachte, hielt das Schweigen des Vaters an. Und doch gelang es Jesus, die Türen des Geheimnisses des Schweigens seines Vaters zu öffnen. Diese Erfahrung war für Jesus zweifellos ein Lichtstrahl, der ihn auf seinen Kreuzweg begleitete. Auslöser dieser Erfahrung war Jesu Dialog mit den von Schlaf übermannten Jüngern. Jesus sah, daß der Vater in seinem von Liebe erfüllten Wirken den Jüngern schon den Geist mitgeteilt hatte, obwohl die Jünger in der Schwäche ihres Fleisches das Feuer des Geistes erstickt hatten, indem sie in einen tiefen Schlaf versanken. Er sah auch, daß der Vater mit tiefer Trauer die eingeschlafenen Jünger ansah, wodurch Jesus sich in die Lage versetzt sah, seine eigene tiefe Trauer mit der des Vaters zu verbinden und so in der Lage zu sein, die Dinge aus dem Blickwinkel des Vaters zu betrachten.

Was Jesus da im Garten von Getsemani gelernt hat, stellt sowohl für ihn als auch für uns eine wichtige Wegweisung dar. Diese im Garten Getsemani gewonnene Erfahrung hat ohne Zweifel Jesus in seinem Leiden am Kreuz gestärkt. Inmitten der von allen Seiten auf ihn einstürzenden Flüche und Verwünschungen war Jesus in einem Dialog mit den unter seinem Kreuz versammelten Hohenpriestern und Schriftgelehrten, den beiden Räubern und der Menschenmenge verbunden, woduch ihm die Türen zum absoluten göttlichen Geheimnis seines Vaters offenstanden. Jesus sah, daß der Vater ihnen seinen Geist mitgeteilt hatte, obschon sie das Wirken des Geistes erstickten, von Fleischesbegierde brannten und in den Abgrund des Bösen sich stürzten. Jesus erkannte die tiefe Trauer, die seinen Vater angesichts dieses Verhaltens überfiel, und er sah das große Verlangen, das sein Vater für die Bekehrung der Sünder in sich trägt. So stand ihm die Gestalt seines Vaters ständig vor Augen, der über die Bekehrung des einen Sünders sich mehr freut als über die neunundneunzig Gerechten, die der Buße nicht bedürfen.

Alle, die unter seinem Kreuz standen, waren ohne Ausnahme Sünder. Während sie die von Jesu ganzer Person ausgehende Kraft des Heiligen Geistes empfingen, verweigerten sie sich dem Wirken des Geistes und schlugen Jesu, dem Trieb des Fleisches nachgebend, ans Kreuz. Dies stellt in der Tat eine gewaltige Verfehlung dar. Obschon sie von der Glut der Liebe, die dem göttlichen Geheimnis entströmt, berührt wurden, fuhren sie fort, sich zu verweigern und machten deutlich, daß sie im wahrsten Sinne des Wortes »Sünder« sind. Und doch weiß Jesus, daß sein Vater diese extremen Sünder auch weiterhin liebt und sein Verlangen fortdauert, daß sie zur Bekehrung finden.

Deshalb ist Jesus auch bereit, damit dieser Wunsch des Vaters in Erfüllung gehen kann, die größten Leiden auf sich zu nehmen. Genau zu diesem Zeitpunkt beginnen sich die Türen zum absoluten göttlichen Geheimnis für ihn lautlos zu öffnen. Wir können es noch genauer fassen, indem wir feststellen, daß genau zu dem Zeitpunkt im Garten von Getsemani, als Jesus die tiefe Trauer seines Vaters über die Sünder, gepaart mit dem Verlangen nach ihrer Bekehrung, erkannte, sich die Türen zum absoluten göttlichen Geheimnis implizit schon geöffnet hatten. Das Wissen um die Glut der göttlichen Liebe war es, das in Jesus nach dem übereinstimmenden Zeugnis aller vier Evangelien die Bereitschaft weckte, den Kelch der Leiden am Kreuz bis zum Letzten zu leeren und bis zum Ende durchzuhalten.

Doch gibt es einen großen Unterschied zwischen der Bereitschaft Jesu, das Leiden auf sich zu nehmen, wie sie sich im Garten von Getsemani und am Kreuz zeigt. Da ist zunächst die gewaltige Sünde, die die Hohenpriester und Schriftgelehrten sowie die Menge unter dem Kreuz begehen, gekoppelt mit der Bereitschaft des Vaters, ihnen trotz allem auch weiterhin zu vergeben. Darin hatte die erbarmungsvolle Liebe des Vaters ihren in der Geschichte der Menschheit noch nicht dagewesenen Höhepunkt erreicht. Jesus wußte darum und wurde immer mehr von der glühenden Liebe des Vaters durchdrungen und beschloß, vom unermeßlichen Wirken dieser unendlichen Liebe vor der Welt Zeugnis abzulegen. Wenn wir zweitens das Leiden Jesu im Garten von Getsemani mit dem am Kreuz vergleichen, dann müssen wir einen quantitativen und qualitativen Unterschied feststellen. Denn die Leiden Jesu am Kreuz lassen sich einfach nicht beschreiben. Ich möchte hier nur auf die innere Beziehung zwischen den beiden Unterschieden hinweisen. Denn am Kreuz erreichte die Liebe des Vaters ihren Höhepunkt, und weil Jesus sich entschloß, diese Liebe vor der Welt zu bezeugen, konnte er das Übermaß der Leiden am Kreuz aushalten.

Je mehr die Hohenpriester durch das Ausmaß ihrer Sünde sich immer mehr vom Vater abwenden und in den Abgrund der Finsternis versinken, um so mehr müht sich Jesus, indem er zu ihnen hinabsteigt und sich mit ihnen eins macht, sie zu retten und zum Vater zu führen.

Der Abgrund der Finsternis ist der Bereich, wo das Haupt des Widerstandes gegen Gott, der Satan, seine Herrschaft ausübt und wo der Aufenthaltsort für alle die ist, die von Gott verworfen sind. Dahin steigt Jesus hinab und macht sich mit den größten Sündern gemein in einer absoluten Demut, die das genaue Gegenteil des Widerspruchsgeistes und grenzenlosen Hochmuts Satans ist, und teilt ihr Schicksal, von Gott verworfen zu sein.

Wenn wir dies bedenken, dann hat Jesus am Kreuz die größten Leiden nicht einfach passiv ertragen, sondern sie ganz eindeutig aktiv auf sich genommen. Dann wird uns auch die Bedeutung von Jesu Ausruf am Kreuz deutlich. »Mein Gott, mein Gott, warum hast du mich verlassen?« ist dann nicht der Ausdruck der tiefsten Verzweiflung, vom Vater verlassen worden zu sein, sondern ist Ausdruck der Tatsache, daß Jesus in den Abgrund der Finsternis zu den größten Sündern hinabgestiegen und wie sie zu einem von Gott verlassenen Sünder geworden ist.

Wenn wir Jesu Ausruf auf diese Weise positiv verstehen, dann löst sich auch ein für allemal das Rätsel des von uns eingangs beobachteten Paradoxes. Das Paradox bestand darin, daß Jesus sich einerseits von Gott verlassen vorkam, andererseits zur selben Zeit die starke Überzeugung hatte, daß Gott ihm ganz nahe sei. Das Paradox resultiert daraus, daß wir mit menschlicher Logik nicht verstehen können, wie jemand tatsächlich von Gott verlassen sein und gleichzeitig ihm ganz verbunden sein kann, weil dies auf der gleichen Ebene verglichen, nicht zusammenpaßt. Denn auf der gleichen Ebene betrachtet, verbirgt sich hier tatsächlich ein Widerspruch. Wenn wir jedoch, wie Jesus dies am Kreuz getan hat, das Ganze aus der Perspektive von Gottes direktem Eingreifen betrachten, dann ist da nicht nur kein Widerspruch, sondern es ergibt sich deutlich, daß hier eine harmonische Ergänzung stattfand. Dann zeigt sich ein doppeltes Paradox. Gerade weil Jesus ganz vereint mit dem Vater ist, kann er zu jemanden werden, der vom Gott verlassen ist. Oder wieder anders herum, weil er ein von Gott Verlassener geworden ist, ist Jesus zu jemanden geworden, der dem Vater ganz nahe ist.

Der Tod am Kreuz als Offenbarung der größten Liebe des Vaters

Wenn wir die Dinge so betrachten, dann wird deutlich, daß Jesu Tod am Kreuz die Offenbarung der größten Liebe des Vaters darstellt. In der ganzen Menschheitsgeschichte hat es keine größere Offenbarung der Barmherzigkeit gegeben. Sicher war das Mitleid des Buddha von beeindruckender Größe. Buddha besaß ein Mitleid, das so weit ging, sich selber darzubieten, um einen verhungernden Tiger zu retten. Das Erbarmen, das Gott, der Vater, durch seinen Sohn gezeigt hat, geht unendlich weit über die Haltung des Erbarmens des Buddhas hinaus, weil der Vater, statt sich selber zu opfern, den glücklichen Gedanken hatte, seinen Sohn zu einem von Gott Verlassenen zu machen.

Auf diese Weise sind wir direkt und ohne Schwierigkeit zum selben Verständnis gelangt, das sich auch im Johannesevangelium findet, wenn es heißt: »Denn Gott hat die Welt so sehr geliebt, daß er seinen einzigen Sohn hingab« (Joh 3,16). »Seinen einzigen Sohn hingeben« bedeutet, den einzigen Sohn in die Hände seiner Feinde zu übergeben. Das ist gleichbedeutend damit, daß Jesus ans Kreuz geschlagen und von Gott verlassen wird. Wie Markus den Augenblick von Jesu Tod beschreibt: »Jesus aber schrie laut auf. Dann hauchte er seinen Geist aus« (Mk 15,37).

Bei der Interpretation von Jesu Ruf am Kreuz ist der Tod des großen Zenmeisters Hakuin sehr aufschlußreich. Hakuin war es, der eine Anthologie der verschiedenen Zen-Kôan zusammenstellte, berühmte Schüler wie Tôrei Enji, Suiô Genro und Gasan Jitô ausbildete und zum Erneuerer der Rinzai-Schule des modernen

Zen wurde und eine der herausragenden Gestalten des Zen darstellt, der eine hohe Stufe der Erleuchtung erreicht hat. Er starb mit 83 Jahren und soll im Augenblick seines Todes einen gewaltigen Schrei ausgestoßen haben, der weit in der Umgebung zu hören war. Hakuin hat eine ganze Reihe ausgezeichneter Kalligraphien hinterlassen, die ganz den Geist des Zen atmen und den Betrachter stark beeindrucken. Glaubt man dem alten Sprichwort, daß man an der Schrift die wahre Qualität eines Menschen erkennen kann, dann ist Hakuin ohne Zweifel ein Mensch unvergleichlicher Geistesgaben gewesen.

Wenn schon die Schrift die Persönlichkeit des Schreibers deutlich erkennen läßt, dann gilt noch viel mehr, daß der Tod, der wichtigste Augenblick im Leben eines Menschen, den wahren Charakter eines Menschen offenbart. Ein gewöhnlicher Mensch erfährt im Alter von 83 Jahren eine Schwächung seiner Lebenskraft und seiner geistigen Fähigkeiten. Das war aber bei Hakuin ganz anders, er besaß trotz seines hohen Alters noch die Vitalität, in der Stunde seines Todes laut zu rufen.

Wenn der Todesruf von Hakuin seine geistige Größe offenbarte, dann gilt, daß Jesu Ruf am Kreuz offenbart, wie seine ganze Person von einer gewaltigen geistigen Energie erfüllt war. Darin zeigte sich die Dynamik seines grenzenlosen Erbarmens, indem offenbar wird, daß Gott Liebe ist.

Als der Hauptmann, der unter dem Kreuz Jesu stand, seinen Todesruf hörte, sagte er: »Wahrhaftig, dieser Mensch war Gottes Sohn« (Mk 15,39). Weil Jesu Ruf am Kreuz eine Offenbarung von Gottes brennender Liebe und seiner wahren Natur, die Liebe ist, darstellt, bewegte sie einen einfachen Menschen, der diesen Schrei hörte, dergestalt, daß er unmittelbar einsah, daß Jesus Gottes Sohn ist.

Der diesem Text vorangehende Satz: »Da riß der Vorhang im Tempel von oben bis unten entzwei« (Mk 15,38), bereitet den modernen Exegeten große Kopfschmerzen. Für Exegeten, die dem modernen rationalistischen Weltbild sich verpflichtet fühlen, erscheint dieses Ereignis der Logik zu widersprechen und irgendwie unannehmbar. Deshalb erklären sie, daß es sich hier nicht um den Bericht über ein geschichtliches Ereignis handle, sondern um

eine symbolhafte Beschreibung, die von der frühen Kirche ange-
fügt wurde, um auszudrücken, daß durch Jesu Tod der Alte Bund
sein Ende gefunden habe. Menschen, die eine solche Interpretation geben, vertreten den Standpunkt, daß jedes Geschehen, das
von der Naturwissenschaft nicht erklärt werden kann, kein hi-
storisches Ereignis darstellt, sondern eine aus der tiefen Religio-
sität der Menschen des Altertums herrührende Fiktion ist.

Dieser moderne Rationalismus ist aber genauso wie der Glaube
an die Allmacht der Naturwissenschaften dabei zu verschwinden.
Denn der moderne Mensch hat angefangen einzusehen, daß bei
allem Fortschritt die Naturwissenschaften doch niemals in der
Lage sein werden, alle Rätsel des Universums zu lösen. Tatsächlich ist der Bereich dessen, was die Menschheit naturwissenschaft-
lich verstehen kann, sehr begrenzt. Echte Naturwissenschaftler
sind sich dessen auch durchaus bewußt. So kann man naturwis-
senschaftlich nicht erklären, daß die Handschrift den wahren
Charakter eines Menschen verrät. Denn es läßt sich naturwissen-
schaftlich nicht erklären, wie sich die Stärke einer Persönlichkeit
über den Pinsel bis auf die Tusche auswirkt. Dabei läßt sich nicht
leugnen, daß die Tusche die Stärke der Persönlichkeit des Schrei-
benden zum Ausdruck bringt.

Mein alter Zenmeister, Omori Sogen, hat mir folgende persönliche Erfahrung einmal mitgeteilt. Die Erfahrung des alten Meisters belegt, daß eine Persönlichkeit tatsächlich die äußere Welt
verändern kann.

Omori Roshi hält den Titel eines Meisters in der Chokushin
Eiryu Fechtschule. In dieser Schule sind ganz bestimmte Übungen
vorgeschrieben. Als Voraussetzung für den Erhalt des Meistertí-
tels gilt es, die Übung der hundert Schläge zu verrichten. Omori
Roshi fühlte sich in seiner Jugend durch diese Übung herausgefordert. Einen Monat lang mühte er sich jeden Tag, die Übung
zu lernen. Das Ziel der Übung bestand darin, die hundert Schläge
an einem Tag fertigzubringen. Doch nach drei Wochen harter
Übung hatte er das Gefühl, nie mit dieser Aufgabe zurande zu
kommen. Er schrieb einen Abschiedsbrief und verbrannte alle
seine persönliche Post. Doch langsam gelang es ihm, diese Krise
zu überwinden, und er schaffte es, nach einem Monat im Garten

270

eines Bergklosters glücklich die Übung der hundert Schläge zu vollenden. Es war der Augenblick, wo ihm dies gelang, als er mit ganzer Kraft »Eh-iii« rief, als er sein Schwert niedersausen ließ, und die Glocke des Bergtempels mit »Wa-mm« das Echo aufnahm und widerklingen ließ. Der Ruf des Roshi, in den er seine ganze Kraft gelegt hatte, hatte die Luft in der Umgebung so in Schwingungen versetzt, daß die schwere Glocke in Bewegung geriet und mit »Wa-mm« antwortete. Dieses Erlebnis des Roshi zeigt, daß die geistige Energie eines Menschen in der Außenwelt Veränderungen hervorbringen kann.

Wenn wir dies als Tatsache anerkennen, dann ist es nicht weiter verwunderlich, wenn Jesu gewaltiger Tod in der Außenwelt Veränderungen bewirkt haben soll. Wir brauchen nur zu bedenken, welche gewaltige Kraft der Liebe sich im Tod Jesu zeigte und welche geistige Energie darin enthalten war, dann verstehen wir, daß das Zerreißen des Vorhangs im Tempel des Alten Bundes so verwunderlich nicht ist. Jesus hat durch sein am Kreuz vergossenes Blut den Neuen Bund geschlossen, und durch dieses Geschehen auf symbolische Weise das Ende des Alten Bundes, der durch das Blut von Tieren besiegelt war, angekündigt.

Doch es gilt zu beachten, daß das durch das Zerreißen des Vorhangs im Tempel symbolisch bezeichnete Ende des Alten Bundes nicht im Sinne der modernen Exegeten zu verstehen ist. In seinem Tod am Kreuz war Jesus von der gewaltigen Kraft Gottes durchdrungen und hat diese gewaltige Energie gerade durch seinen Schrei deutlich gezeigt, so daß der Vorhang des Tempels in zwei Stücke zerriß. Daher wurden auch die Personen, die dabei als Zeugen zugegen waren, von diesem Ereignis am ganzen Leib berührt und verspürten selber die gewaltige Kraft des göttlichen Wirkens. Das Zerreißen des Vorhangs ging auf das Wirken Gottes zurück, es war direkt darauf zurückzuführen. Denn das Wirken Gottes, das Jesu Körper am Kreuz durchdringt, übersteigt bei weitem den im Blut geschlossenen Alten Bund und birgt in sich die Kraft, den Neuen Bund zu schaffen. Weil diese Kraft sich entlädt und den Vorhang im Tempel zerreißen läßt, ist es gar nicht mehr verwunderlich, daß die Augenzeugen darin deutlich das Ende des Alten Bundes erkannten.

c. In Jesu Auferstehung leuchtet die Herrlichkeit des Wortes auf

Die Auferstehung verwandelt die Jünger und schafft Geschichte

Hiermit sind wir zum Ereignis der Auferstehung Jesu, dem Höhepunkt unserer Theologie des Weges, gelangt. Wie Paulus gesagt hat, wenn Jesus nicht auferstanden ist, dann wäre der christliche Glaube hinfällig. Tatsächlich wäre ohne das Ereignis der Auferstehung der christliche Glaube nicht entstanden. Bei der Verhaftung Jesu haben die Jünger Jesus in Stich gelassen und sind geflohen. Der Tod Jesu am Kreuz war für sie nicht nur unverständlich, sondern stellte ein Ereignis dar, das ihren Glauben in den Grundfesten erschütterte. Und doch haben diese Jünger, die ihren Glauben verloren hatten und die so voll Feigheit waren, später ohne Furcht vor Verfolgung im römischen Kaiserreich Jesus verkündigt, sind selber verhaftet worden und den Martyrertod gestorben. Durch ihre Verkündigungstätigkeit wurden viele Menschen zu Jüngern des Weges, entstand die Frühe Kirche, wurde der »Weg« im ganzen Römerreich verbreitet und zur bestimmenden Kraft in der Entstehung der westlichen Kultur. In diesem Verständnis können wir davon sprechen, daß die Auferstehung Geschichte gemacht hat. Doch worin lag die Kraft, die aus Feiglingen Helden machte, die das Martyrium nicht scheuten? Wenn wir den vier Evangelien folgen, dann lag das daran, daß sie dem auferstandenen Jesus begegneten. Deshalb sagen einige Exegeten: »Daß sich am Auferstehungstag entscheidende Dinge ereignet haben, läßt sich vom Standpunkt des Historikers nicht bezweifeln« (Eduard Schweitzer, Jesus Christus, jap. Übersetzung von Saeki Haruo, Kyobunkan, S.81).

Auch Paulus berichtet in seinem um das Jahr 55 n.Chr. geschriebenen Brief (1 Kor 15,5-8) vom Ereignis der Auferstehung, das sich auf seine eigene Erfahrung und das Zeugnis der direkten Zeugen stützt. Danach ist Jesus zuerst dem Kephas erschienen, dann den Zwölfen und schließlich mehr als fünfhundert Jüngern auf einmal. Von den mehr als fünfhundert Jüngern lebten damals noch die meisten. Paulus ist fünf bis sechs Jahre nach dem Tod Jesu vielen der Zeugen der Auferstehung begegnet und hatte die

Erfahrung, in Jerusalem unter den Gläubigen gewirkt zu haben. Deshalb hat sein Zeugnis eine hohe Glaubwürdigkeit.

Die vier Evangelien berichten auf verschiedene Quellen sich stützend auf vielfältige Weise von der Auferstehung. Ihre Zeugnisse erscheinen uns modernen Menschen sich gegenseitig zu widersprechen. Matthäus berichtet von einer Auferstehung in Galiläa, während sie sich nach Lukas am Sonntag in Jerusalem ereignete. Einige der Details werden auf sehr verschiedene Weise berichtet. Wie sollen wir uns dazu stellen? Die vier Evangelisten zeigen sich erstaunlich unbekümmert zu Fragen, wo sich die Auferstehung ereignet hat, wie sie zustandekam und zu anderen Details. Sie stimmen in ihrem Zeugnis aber darin überein, daß die Aussagen der Augenzeugen wichtig sind. Das, was sie übereinstimmend berichten, können wir daher auch als geschichtlich richtig annehmen. Sie stimmen in den vier folgenden Punkten überein: Das erste ist, daß die Jünger durch die Begegnung mit dem auferstandenen Jesus zum Glauben gefunden haben und vollkommen neue Menschen geworden sind. Zum zweiten sind sie vom auferstandenen Jesus zur Verkündigung gesandt worden, wobei drittens die Sendung zur Verkündigung von ihnen nicht als eine Garantie zur Erlangung ewigen Lebens verstanden wurde, sondern als ein Auftrag, mit dessen Ausführung sie ihr eigenes Leben aufs Spiel zu setzen bereit waren. Viertens waren sie davon überzeugt, daß sie auf ihren Missionsreisen den auferstandenen Jesus zu ihrem Weggefährten haben werden. Diese vier Gegebenheiten erscheinen aus der horizontalen Perspektive als vier nacheinander geschehende Ereignisse, während aus der vertikalen Perspektive des Wirkens des Wortes sie sich als vier Phasen des einen Auferstehungsgeschehens erweisen. Es kommt noch hinzu, daß die Jünger während ihrer Begegnung mit dem auferstandenen Jesus eine tiefe, sie ganz durchdringende Erfahrung von der Auferstehung machten. Dies bestand einmal in einer umfassenden Erfahrung des gesamten Auferstehungsgeschehens und in der Erfahrung, die in den drei anderen Phasen anfanghaft enthalten war, am Wirken des Wortes Anteil zu haben. Wegen des geringen Raums, der uns hier zur Verfügung steht, wollen wir uns darauf beschränken, nur den Text der ersten Phase mit Leib und Seele zu lesen.

Die Bibel gebraucht besondere Fachausdrücke, um die Begegnung mit dem Auferstandenen zu beschreiben. Ein typisches Beispiel ist die Formulierung: »Der Herr ist wirklich auferstanden und ist dem Simon erschienen« (Lk 24,34; 1 Kor 15,5; Apg 9,17; 13,31; 26,16). Das Wort »erschienen« (ophte) wird im Alten Testament gebraucht, um Gottes Erscheinen zu beschreiben (vgl. Gen 12,7; 17,1 und passim). Die Evangelisten benutzen dieses spezielle Wort, um zu zeigen, daß die Erscheinungen des auferstandenen Jesus auf derselben Stufe wie das Erscheinen Gottes liegen, daß durch das Ereignis der Auferstehung der Schleier, der bislang über dem göttlichen Geheimnis gelegen hat, weggenommen wurde und die eigentlich göttliche Natur Jesu sich damit offenbart habe. Im Alten Testament wurde Mose durch die Begegnung mit Gott von Furcht erfüllt, machte die Erfahrung der erdrückenden Größe Gottes und wurde in die Fülle der Liebe hineingezogen. Auf ähnliche Weise erfahren die Jünger in der Begegnung mit dem auferstandenen Jesus zunächst Erstaunen, Furcht und sogar Zweifel, kommen zur direkten Begegnung mit dem von Herrlichkeit erfüllten Jesus und werden dadurch mit tiefem Frieden und großer Freude erfüllt. Es ist gerade die Ostererfahrung, die die Jünger grundlegend verändert und für ihr ganzes späteres Leben und Wirken die Richtung bestimmt. Darin liegt auch der Grund, warum die Jünger, als sie anfangen das Evangelium von Jesus zu verkünden, zu allererst von dieser mit so viel Freude erfüllten Grunderfahrung sprechen. Es ist Matthäus, der als erster diese Einsicht, daß der Schleier vom göttlichen Geheimnis entfernt wurde, in Worte faßt (Mt 28,16-20). Diesen Text wollen wir uns näher ansehen, indem wir uns gleichsam an den Ort des Geschehens versetzen, um an diesem göttlichen Geschehen teilzuhaben.

Die Körpersprache des auferstandenen Jesus

»Die elf Jünger gingen nach Galiläa auf den Berg, den Jesus ihnen genannt hatte. Und als sie Jesus sahen, fielen sie vor ihm nieder. Einige aber hatten Zweifel. Da trat Jesus auf sie zu und sagte zu ihnen: Mir ist alle Macht gegeben im Himmel und auf der Erde. Darum geht zu allen Völkern und macht alle Menschen zu meinen Jüngern, tauft sie auf den Namen des Vaters und des Sohnes und des Heiligen Geistes und lehrt sie, alles zu befolgen, was ich euch geboten habe. Seid gewiß: Ich bin bei euch alle Tage bis zum Ende der Welt« (Mt 28,16-20).

Das Ereignis der Auferstehung, das dieser Text beschreibt, enthält drei Aspekte: 1. Der Begegnung der Jünger mit Jesus geht ein Dialog der Aktion voraus; 2. der gewaltige Eindruck, den Jesu Erscheinung auf die Jünger macht und 3. der Abschluß durch die wörtliche Weisung. Da ist zunächst der Aspekt, daß wir die Besteigung des Berges durch die Jünger einen »Dialog der Aktion« genannt haben. Das findet seine Erklärung darin, daß die Jünger den ihnen durch die Frauen zugetragenen Wunsch Jesu: »Geht und sagt meinen Brüdern, sie sollen nach Galiläa gehen, und dort werden sie mich sehen« (Mt 28,10) dadurch erfüllten. Als sie diese Botschaft hörten, sind die Jünger sicher mit großer Freude auf den Berg gestiegen. Denn als Jesus die Strafe der Kreuzigung auf sich nahm, hatten die Jünger Jesus verlassen. Daß Jesus trotz allem sie als seine Brüder bezeichnet und den Wunsch äußert, sich mit ihnen zu treffen, muß sie daher mit großer Freude erfüllt haben. Ohne Zweifel verspürten die Jünger die in dieser Handlung sich zeigende grenzenlose Liebe Jesu sehr direkt. Wenn wir dies verstehen, können wir auch leicht einsehen, daß die eigentliche Antriebskraft hinter der Bergbesteigung der Jünger das Wirken dieser Liebe Jesu ist. Hinzu kommt, daß im Alten Testament, herausragendes Beispiel ist der Berg Sinai, der Berg der bevorzugte Ort göttlicher Offenbarung ist, und die Jünger daher wohl mit der stillen Erwartung göttlicher Offenbarung im Herzen sich an den Aufstieg gemacht haben. So können wir auch sagen, daß die Hauptperson im Hintergrund bei diesem Dialog der Aktion der auferstandene Jesus selber gewesen ist. Zum zweiten macht der nachfolgende Text deutlich, wie die Jünger die Auferstehung erfahren haben: »Sie fielen vor ihm nieder« (Mt 28,17). Dieser kurze Satz beschreibt deutlich die tiefe religiöse Erfahrung, die die Jünger gemacht haben. Das Verb »sehen« (horao) bezeichnet das körperliche Sehen mit den Augen. Lukas beschreibt, wie die

Jünger bei der Begegnung »erschraken und große Angst hatten, denn sie meinten, einen Geist zu sehen« (Lk 24,37). Dabei gebraucht er für »sehen« das Wort »theorein«, während er an der Stelle, wo Jesus zu ihnen sagt: »Seht meine Hände und meine Füße« (ebd. V. 39) das Wort »horao« für »sehen« gebraucht. Von daher können wir annehmen, daß die Jünger den auferstandenen Jesus genau so wie vor seinem Leiden in seiner körperlichen Gestalt mit ihren leiblichen Augen gesehen haben. Daß Jesu Leib aber zugleich gänzlich verschieden von seiner vorigen Gestalt als etwas Göttliches den Jüngern erschienen sein muß, macht die Tatsache deutlich, daß sie vor ihm niederfielen. Dieses Niederfallen hat dieselbe Qualität wie die Handlung des Mose, der bei seiner Begegnung mit Gott »sein Gesicht verhüllte, weil er sich fürchtete, Gott anzuschauen« (Ex 3,6). Mose erfuhr die Begegnung mit Gott als eine Art mystischen Sterbens. Die Jünger erfuhren ebenfalls die Begegnung mit dem auferstandenen Jesus als mystisches Sterben. Denn, wie die Bibel an verschiedenen Stellen sagt: Wer Gott sieht, muß sterben. Das mystische Sterben bedeutet, der Eigenliebe und der Anhänglichkeit an alles Geschöpfliche abzusagen, sich selbst zu übersteigen und den unverrücklichen Entschluß zu fassen, nur Gott zu dienen. Daß dies die richtige Beurteilung des Geschehens ist, erweist sich am Zeugnis der Jünger, die danach ihr ganzes Leben ausrichteten. Sie erfüllten Jesu Auftrag bis ins letzte und starben schließlich als Märtyrer.

Der Text beschreibt an keiner Stelle, in welchem Zustand der Leib Jesu sich befand. Darin unterscheidet er sich von der Beschreibung, die die Bibel die Augenzeugen der Verklärung Jesu geben läßt, wo es heißt: »Und er wurde vor ihren Augen verwandelt; seine Kleider wurden strahlend weiß, so weiß, wie sie auf Erden kein Bleicher machen kann« (Mk 9,2-3).

Die Bedeutung liegt wohl darin, daß die Erfahrung der Auferstehung anders als das Erlebnis der Verklärung eine göttliche Erfahrung höherer Qualität darstellt. Der Unterschied liegt zunächst einmal darin, daß bei der Verklärung die Jünger nur Angstgefühle hatten, während sie sich bei der Auferstehung niederwarfen. Ferner erschienen bei der Verklärung Elija und Mose und sprachen mit Jesus, so daß Petrus den Vorschlag machte, drei

Hütten zu errichten und anderes redete, wodurch er der reinen Gotteserfahrung menschliche Überlegungen beifügte. Bei der Auferstehung dagegen sahen die Jünger nichts außer Jesus, es verschlug ihnen vollständig die Sprache, und es blieb ihnen kein Raum, der reinen Erfahrung der göttlichen Gegenwart menschliche Gedanken hinzuzufügen. Daraus können wir den Schluß ziehen, daß für die Jünger die Erfahrung der Auferstehung eine solch beeindruckende Erfahrung göttlicher Gegenwart darstellte, daß sie gar nicht mehr in der Lage waren, seine Gestalt in Einzelheiten zu beschreiben. Das bedeutet, daß der in der Gestalt des Leibes sich zeigende Jesus den Jüngern offenbarte, Gott zu sein, d.h. daß der auferstandene Jesus identisch mit dem Fleisch gewordenen Wort Gottes ist. Auch die nachfolgenden Worte Jesu belegen diese Interpretation, weil Jesus in der Gestalt des Fleisches den Anspruch erhebt, derselben Allmacht teilhaft zu sein, die nur Gott zusteht.

Bisher haben wir die Worte Jesu immer als Ausdruck einer Mitteilung seiner ganzen Person zu verstehen versucht, weil diese Art der Körpersprache typisch für alle seine Worte ist und es für die Deutung der tieferen Bedeutung wichtig ist, dies zu beachten. Dies gilt gerade auch für die Worte des auferstandenen Jesus, die nicht nur einfach mit dem Mund gesprochene Worte sind, sondern als eine Mitteilung durch Jesu ganzen Leib verstanden werden wollen, wenn wir zu ihrer wahren Bedeutung durchdringen möchten. Wie wir schon bei der Betrachtung der Gotteserfahrung durch Mose gesehen haben, ist die erste Phase der Gotteserfahrung ihrem Ursprung nach dergestalt, daß sie sich nicht in Worten ausdrücken läßt. Das, was in diesem Erlebnis erfahren wird, ist so voller unaussprechlicher Bedeutung, daß es sich nicht erklären und ausdrücken läßt. Weil die Jünger durch die Kraft des Heiligen Geistes mit Leib und Seele in die göttliche Sphäre erhöht wurden, konnten sie in der zweiten Phase der Gotteserfahrung den Inhalt ihrer Erfahrung in Worte fassen und den Menschen in Worten mitteilen. Doch der Inhalt dieser Erfahrung bleibt letztlich immer ein unaussprechbares Geheimnis. Doch anders als in der Gotteserfahrung des Mose unterscheidet sich die Ostererfahrung dadurch, daß das Fleisch gewordene Wort auf die gleiche Weise wie zu seinen Lebzeiten mit Leib und Seele sich mitteilt, und die Jünger in der gleichen Weise dies vernehmen. Was hat aber der auferstandene Jesus mit Leib und Seele mitgeteilt? Um es mit einem Lieblingswort von Johannes auszudrücken, war das die Offenbarung seiner Herrlichkeit (doxa). Im Alten Testament wird »Herrlichkeit« mit »kabod« bezeichnet und drückt die sich im Tun offenbarende göttliche Majestät aus. Das größte Werk göttlicher Aktivität im Alten Testament stellt das geschichtliche Ereignis der Herausführung des israelitischen Volkes aus Ägypten dar, das auf der Wanderung durch die Wüste begleitet war von den Symbolen von Wolke und Feuer, durch die sich Gottes transzendente Gegenwart bezeugte. Im Neuen Testament hat Jesus durch seine Person die absolute Majestät Gottes den Augen sichtbar gemacht. Johannes sieht Jesus sein ganzes Leben hindurch diese Herrlichkeit offenbaren und versteht Kreuz und Auferstehung als die strahlendste Offenbarung dieser Herrlichkeit. Die übrigen drei Evangelisten sehen in der Auferstehung Jesu ebenfalls die Offenbarung der Herrlichkeit Gottes. Es ist damit wohl sicher, daß die Jünger in der ersten Phase ihrer Ostererfahrung den mit Leib und Seele in Herrlichkeit erstrahlenden Jesus geschaut haben. Diese Erfahrung des mit Leib und Seele in Herrlichkeit strahlenden Jesus läßt sich nicht in Worte fassen, sie drückte für die Jünger aber das göttliche Geheimnis des Fleisch gewordenen Wortes aus.

Das göttliche Geheimnis des Fleisch gewordenen Wortes besteht aber, wie wir bei der Untersuchung des Prologs gesehen haben, darin, den Plan des Vaters, die ganze Menschheit zu erlösen, zu erfüllen und in einer Spiralbewegung hinab- und wieder aufzusteigen, um die ganze Menschheit in die Fülle der Liebe des Vaters zu führen. In der freiwilligen Annahme des Todes am Kreuz und indem er sich zum Weggefährten der Sünder machte, hat Jesus seine grenzenlose Liebe offenbart und darin zugleich auf vollkommene Weise die Liebe des Vaters aufscheinen lassen. Da Jesu Tod am Kreuz die für das menschliche Auge am besten geeignete Offenbarung des göttlichen Willens darstellt, können wir davon sprechen, daß Jesus am Kreuz die Herrlichkeit des Vaters hat erstrahlen lassen.

Die Absichten Gottes übersteigen aber bei weitem die Pläne der Menschen. Deshalb konnten die Menschen, die für Gottes Pläne blind sind, die Herrlichkeit, die von Jesu ganzer Person am Kreuz ausging, nicht sehen. Aus diesem Grund hat der Vater den am Kreuze gestorbenen Jesus wieder auferweckt und in seiner Herrlichkeit den Jüngern gezeigt, ihnen selber die Herrlichkeit Gottes mitgeteilt und sie in die Fülle seiner Liebe hineingeholt.

Der Text des Matthäusevangeliums (Mt 28,16-20) zeigt nun, wie die Jünger in der zweiten Phase ihrer Ostererfahrung die Mitteilung, die Jesus ihnen mit seiner ganzen Person vermittelte, in Worte faßten und niederschrieben. Das in diesem Text zum Ausdruck gebrachte Wirken der Herrlichkeit übersteigt bei weitem die durch Mose im Alten Testament bezeugte Herrlichkeit und stellt ein Wirken dar, das Paulus später eine zweite Schöpfung nannte. Im folgenden wollen wir die Aussage, die Jesus mit seiner ganzen Person vermittelt, in Einzelheiten uns ansehen.

Der auferstandene Jesus als unser Weggefährte

»Mir ist alle Macht gegeben im Himmel und auf der Erde« (Mt 28,18), in diesen Worten drückt sich die Fülle der Macht aus, die Jesus erfüllt. Da diese Machtfülle ihm von seinem Vater übertragen worden ist, zeigt sich hierin, daß der im Hintergrund wirkende Hauptdarsteller bei der Auferstehung der Vater gewesen ist. Die Jünger haben jedoch die Mitteilung, die Jesus durch seine ganze Person vermittelt, nicht einfach nur von außen gehört. Denn in einer echten Gotteserfahrung durchbricht Gott die Grenzen von Zeit und Raum und offenbart sich dem Menschen, den er gleichsam in sein göttliches Wirken hineinzieht. Da die Ostererfahrung die im Alten Testament sonst berichteten Gotteserfahrungen bei weitem übersteigt, werden die Jünger durch den in seiner Herrlichkeit strahlenden Jesus in das Wirken seiner Allmacht hineingezogen, von seiner göttlichen Vollmacht gleichsam erdrückt und erfüllt. Erfüllt mit Jesu Vollmacht, sind die Jünger in den Stand gesetzt, die gleiche Aktivität wie Jesus zu entfalten.

Wie Jesus vom Vater gesandt ist, das Reich Gottes zu verkünden, sind auch die Jünger mit der Verkündigung des Reiches Gottes beauftragt, wie der Sendungsbefehl belegt, wo es heißt: »Darum geht zu allen Völkern, und macht alle Menschen zu meinen Jüngern« (Mt 28,19). In diesem Text ist die Botschaft, die Jesus mit seiner ganzen Person vermittelte, in Worte gefaßt worden, allerdings nicht nur im Sinne der herkömmlichen Linguistik, sondern verstanden als Teilhabe an Jesu absoluter Autorität. Jesus ist ganz mit absoluter Autorität erfüllt, die interpretiert und konkretisiert sich darin zeigt, daß die Jünger ebenfalls den Auftrag erhalten, das Reich Gottes zu verkünden. Diese Sendung besteht nicht darin, die Dogmen des christlichen Glaubens zu verkünden, sondern in erster Linie darin, wie wir schon gezeigt haben, Menschen zu Jüngern zu machen. Die Jüngerschaft besteht darin, daß die Jünger, nachdem sie den Heiligen Geist empfangen haben, auf die gleiche Weise, wie Jesus den Willen des Vaters erfüllt hat, Jesu Auftrag ein Leben lang erfüllen.

Der Taufbefehl »Tauft sie auf den Namen des Vaters und des Sohnes und des Heiligen Geistes« (Mt 28,19) wird von vielen Exegeten nicht als ein Wort angesehen, das Jesus selber wörtlich so gesprochen hat, sondern als eine aus der Praxis der Urkirche erwachsene spätere Bildung. Wie weit diese Ansicht richtig oder falsch ist, müssen wir der weiteren exegetischen Forschung überlassen. Getreu unserer bisher angewandten Methode können wir diesen Satz so verstehen, daß sich in ihm das, was Jesus mit seiner ganzen Person hat vermitteln wollen, in Worten niedergeschlagen hat. Was aber bedeutet die Formel: Im Namen des Vaters und des Sohnes und des Heiligen Geistes? Zunächst läßt sich sagen, daß sie nicht im Sinne der später von Augustinus und Thomas von Aquin entwickelten abstrakten Trinitätslehre verstanden werden kann. Der Gott der Bibel ist »nicht der Gott der Philosophen, sondern ein lebendiger Gott« (Blaise Pascal), der die Menschheit liebt und für die Menschheit sich einsetzt.

Vater, Sohn und Heiliger Geist stellen drei Weisen der Tätigkeit und der Existenz dar, in denen der lebendige Gott in der Geschichte uns Menschen begegnet. Der Vater ist der wirkende Gott, der den Sohn, das Wort, sendet und den Heiligen Geist mitteilt.

Der Sohn, der Fleisch geworden ist, offenbart Gottes Absichten mit seiner ganzen Person, führt die ganze Menschheit dem Herzen des Vaters zuund ist ebenfalls Gott in seinem Wirken. Der Heilige Geist wiederum ist Ausdruck der Liebe zwischen Vater und Sohn und arbeitet daran, die Menschheit in die alles übersteigende Liebe zu führen, er ist darin wiederum Gott in seinem Wirken. Der so ständig wirkende Gott erscheint der Menschheit in seinem Wirken auf diese dreifache Weise und ist doch in seinem Wesen nur ein Wirken und eine Existenz. Während er nur ein einziger Gott ist, zeigt er sich den Menschen auf dreifache Weise und besteht aus drei Personen. Da wir bisher die Bibel mit Leib und Seele gelesen und uns bemüht haben, Jesus am Ort des jeweiligen Geschehens zu begegnen und so imstande waren, mit der Hilfe des Vaters und des Heiligen Geistes Jesus zu begegnen, sind wir in der Begegnung mit Jesus zugleich auch dem Vater und dem Heiligen Geist begegnet. Denn der dreifaltige Gott der Bibel ist ein lebendiger Gott, den wir auf diese Weise in lebendiger Erfahrung begegnen können. Wir können daher folgende Schlußfolgerung ziehen. Die Bedeutung des Taufbefehls: »Taufet sie im Namen des Vaters und des Sohnes und des Heiligen Geistes« liegt darin, daß die Jünger in den Bereich des Wirkens des auf diese dreifache Weise aktiven Gottes hineingenommen werden, mit dieser Aktivität erfüllt und zu Menschen werden, die die gleiche Sendung, wie Jesus sie hatte, ebenfalls erfüllen sollen. Wie Jesus vom Vater gesandt und mit dem Heiligen Geist erfüllt wurde, um die ganze Menschheit an die Brust des Vaters zu führen, sind auch die Jünger vom Vater gesandt und mit dem Heiligen Geist erfüllt und zu Aposteln geworden, die mit Jesus zusammen die Menschheit in die alles übersteigende Liebe des Vaters führen sollen.

»Lehrt sie, alles zu befolgen, was ich euch geboten habe«, damit ist nicht gemeint, daß der Inhalt der Sendung die Dogmen sind, sondern Jesus erteilt seinen Jüngern die grundlegende Weisung (entolesthai), alle Befehle bzw. Weisungen (entole) zu erfüllen, die für das Jüngerwerden notwendig sind. Das bedeutet konkret, alles zu verlassen, sich selber zu verleugnen, täglich sein Kreuz auf sich zu nehmen und Jesus nachzufolgen. Das hat Jesus selber beim Letzten Abendmahl gezeigt, als er den Jüngern die Füße wusch und sie aufforderte, einander zu lieben, wie Jesus sie geliebt hatte (Joh 13,2-19,34). Gerade dieses Liebesgebot ist das Neue Gebot, in dem Jesus das Gesetz des Alten Testaments zusammenfaßt. Das Gebot, das Jesus an seine Jünger weitergibt, hat er selber vom Vater empfangen, es wurde vom Vater an den Sohn und vom Sohn an seine Jünger weitergegeben. Wie Jesus das Gebot, das der Vater dem Sohn gegeben hat, sein ganzes Leben hindurch beobachtet und verwirklicht hat, so sollen auch die Jünger, das Gebot, das ihnen Jesus gegeben hat, lieben und es ihr ganzes Leben hindurch treu beobachten. Zusammen mit dem Auftrag hat Jesus ihnen aber zugleich auch die Kraft gegeben, es zu beobachten. Mit dieser Zusicherung hat Jesus zugleich verkündet, daß das Werk der Erlösung der ganzen Menschheit bis zur Vollendung am Ende der Zeiten fortdauern und Bestand haben werde.

Das Wirken Jesu als der Weg, das sich vor unseren Augen mächtig und herrlich entfaltet

»Seid gewiß: Ich bin bei euch alle Tage bis zum Ende der Welt« (Mt 28,20), mit diesen Worten möchte Jesus einmal auf die gerade Wirklichkeit gewordenen Ereignisse hinweisen und zugleich die Hörer auf die Bedeutung dieser Ereignisse aufmerksam machen. Diese wichtigen Ereignisse entfalten sich in zwei Phasen, in denen sich das erlösende Wirken Jesu als Weg und Wegbegleiter sich zeigt. Die erste Phase wird durch den Satz:»Ich bin bei euch alle Tage«, der in der Gegenwartsform gehalten ist, ausgedrückt. Die zweite Phase besteht darin, daß Jesu Mitsein bis ans Ende der Welt gelten wird, wenn Jesus am Ende in die Herrlichkeit Gottes aufgenommen und zusammen mit seinen Jüngern zum Festmahl der Liebe mit dem Vater Einzug halten wird, worin alles seine Vollendung finden wird. Diese Vollendung wird an anderen Stellen mit dem Hochzeitsmahl eines Königssohns (Mt 22,1-14) oder mit einem Festmahl (Mt 8,11) verglichen. Wieder an einer anderen Stelle wird das Bild des Propheten Daniel gebraucht, der davon spricht, daß»der Menschensohn zur Rechten der Macht sitzt und auf den Wolken des Himmels kommen wird« (Mt

26,64), wobei die Wolken als Symbol für die Offenbarung der Herrlichkeit Gottes gebraucht werden. Die erste Phase bedeutet, daß Jesus zu jeder Zeit und an allen Orten, solange die Jünger Jesus, dem Wort, nachfolgen, Tag für Tag und Augenblick für Augenblick als Weggefährte sie begleitet und in seinem Wirken sich machtvoll an ihnen erweist. Darin zeigt sich das zeitlose Wirken Jesu als der Weg. Die zweite Phase beinhaltet, daß das sich im Verlauf der Geschichte zeigende horizontale Wirken Jesu, soweit es auf die Vollendung hin angelegt ist, das eschatologische Wirken Jesu als der Weg offenbart. Dieses eschatologische Wirken erweist sich inmitten einer Welt und einer Menschheit, die unter die Herrschaft der Macht der Finsternis und in die Gewalt des Satans gefallen erscheinen, als die absolut herrschende Kraft, die gegen die gegnerischen Kräfte sich durchsetzt und die Menschheit zum Festmahl der Liebe mit dem Vater zu führen imstande ist.

Wenn wir es so betrachten, dann verstehen wir, daß das Wirken von Jesus als der Weg verglichen mit der Dynamik des grundlegenden Prinzips Dôgens (»Dô-moto-en-tsû«) eine persönliche Qualität hat und durch die Überwindung der Polaritäten von Licht und Finsternis, von Leben und Tod, von Freiheit und Knechtschaft eher in der Lage ist, den glorreichen Weg zur transzendenten Liebe und zum Zusammenleben mit dem Vater zu eröffnen. Darin besteht das Drama der Liebe, das »im Anfang« (Joh 1,1) zwischen dem Vater, dem Sohn und dem Heiligen Geist sich abspielt. Folgen wir dem Text des Philipperbriefes (Phil 2,6-11), dann hat Jesus, der Weg, einen Exodus aus der transzendenten Liebe des Vaters vollzogen, sich selbst entleert (Kenosis) und unter Mitwirken des Heiligen Geistes Fleisch angenommen, um das heiße Verlangen des Vaters, die ganze Menschheit zu retten, zu erfüllen. Vom Heiligen Geist geleitet, wurde er »gehorsam bis zum Kreuz« und verkündete mit Leib und Seele, daß der Vater die sündig gewordene Menschheit grenzenlos liebt. Dieser Liebe entspricht, daß der Vater Jesus, den Weg, »über alle erhöhte und ihm den Namen verlieh, der größer ist als alle Namen«. Dieses Drama der Liebe zwischen dem Vater, dem Sohn und dem Heiligen Geist ist nicht ein Geschehnis im Bereich jenseitiger Ideen einer platonischen Philosophie, sondern es ist ein dramatisches Liebesgeschehen, das die ganze Menschheit umfaßt und sich in der Geschichte großartig vollzieht.

Jesus, der Weg, lädt die ganze Menschheit ein, an diesem großartigen Drama der Liebe teilzuhaben. Alle, die dieser Einladung folgen, werden hineingenommen in Jesu Wirkungsbereich, der als Weg sich zum Weggefährten gemacht hat; sie sollen sich selbst verleugnen und täglich das Kreuz auf sich nehmen, um Jesus zu folgen, um so selber in die Gemeinschaft der transzendenten Liebe des Vaters Einzug zu halten. Zugleich sollen sie mitwirken, alle übrigen Menschen zur Teilnahme an diesem Drama der Liebe aufzufordern und zusammen mit Jesus, dem Weg, daran arbeiten, sie in die eschatologische Vollendung der Liebesgemeinschaft von Vater, Sohn und Heiligem Geist zu führen.

Auf diese Weise erweist sich das Wirken Jesu, des Wortes, vor unseren Augen als die Kraft, die Himmel und Erde geschaffen hat, die die Erlösung der Menschheit zur Vollendung bringt und die in ihrer Größe alle unsere Vorstellungen übersteigt. Darin unterscheidet sich unsere Sicht von der herkömmlichen Vorstellung der westlichen Theologie, die die Heilsgeschichte nur als lineares Geschehen begreift. Weil wir in unserer Theologie des Weges das vertikale Wirken des Weges (Jesu Christi) überall und zu jeder Zeit feststellen, begreifen wir das Heilsgeschehen eher als eine im höheren Verständnis spiralförmige Bewegung. Denn der Weg begleitet uns auf unserer Pilgerfahrt in Weggemeinschaft als innere Antriebskraft, belebt von oben her unser Tun und verleiht so unserem Wirken unendlichen Wert und größte Wirksamkeit. Folglich erweist sich das das All und alle Dinge durchdringende großartige Wirken des Weges als eine Kraft, die sowohl vertikal als auch horizontal alles unendlich durchdringt, alles im Himmel und auf Erden erfüllt, die absolute Fülle (Pleroma) des Vaters gegenwärtig setzt und offenbart. Zugleich ist es das Drama der Liebe zwischen Vater, Sohn und Heiligem Geist, ein Loblied, das wie eine feierliche Symphonie Himmel und Erde erfüllt. Das Wirken der Liebe dieses Menschen, der sein Leben für seine Freunde dahingegeben hat, erfüllt Himmel und Erde und durchdringt das gesamte All und die gesamte Geschichte der Menschheit. Das hat zur Folge, daß die gesamte Menschheit und das ganze Weltall durch dieses vertikale Wirken der Liebe miteinander in Beziehung stehen und verbunden sind, so daß alle zusammen in einem mächtigen und großartigen Preisgesang der Liebe erklingen, der das All und die Geschichte durchdringt und bis ins Jenseits widerhallt.

Nachwort

Karl Rahner, der 1984 gestorben ist, gilt als der größte katholische Theologe unseres Jahrhunderts. Als er noch in der Blüte seiner Schaffenskraft stand, fragte ihn ein geschätzter Freund von mir, Yanase Mutsuo, woher es käme, daß es im Westen keine Theologie des Weges gäbe. Darauf soll ihm Rahner geantwortet haben: »Die Aufgabe, eine Theologie des Weges zu schaffen, habt ihr Japaner.« Rahner war sich ohne Frage nur zu gut bewußt, daß es im Westen, der über keine Tradition des Weges verfügt, nicht möglich sein würde, eine Theologie des Weges zu entwickeln. Ich habe diese Aussage Rahners erst kürzlich gehört. Als ich an die Ausarbeitung des vorliegenden Buches ging, hatte ich zunächst geplant, eine Kritik der Theologie Karl Rahners zu schreiben.

Doch dann wurde mir auf einmal deutlich, daß zu kritisieren zwar leicht, aber zugleich auch etwas Steriles ist und daß es besser wäre, etwas gänzlich von der Theologie Rahners Verschiedenes zu schreiben, nämlich aus der Perspektive des Weges eine völlig neue Theologie zu schaffen, um damit nicht nur die Theologie Rahners, sondern die gesamte westliche Theologie intellektuell anzugreifen und herauszufordern. Das war zu Beginn des Herbstes vor fünf Jahren. In den darauffolgenden vier Jahren habe ich in der katholischen Kulturzeitschrift »Seiki« von der ersten Nummer des Jahres 1985 angefangen bis zur Septembernummer 1988 unter der Überschrift »Hinführung zu einer Theologie des Weges – Entfaltung einer japanischen allgemeinen Theologie« eine Reihe von Artikeln veröffentlicht. Dieses Material stellt den ersten Entwurf zum vorliegenden Buch dar. Ich habe es auf ein Drittel gekürzt, einige neue Kapitel hinzugefügt (Teil III, Einleitung 1 und 2; Teil III.1 und 3), andere überarbeitet und daraus ein neues Ganzes, das vorliegende Buch, gemacht.

Dabei sind aus Platzgründen viele Dinge weggefallen bzw. nicht aufgenommen worden, auf die ich nur ungern verzichtet habe. So möchte ich gerne in der Zukunft ausführlicher beschreiben, wie die Gedanken Bashôs zum Weg und Dôgens Metaphysik des Weges miteinander in Beziehung stehen, und zum anderen herausarbeiten, welche Bedeutung eine Theologie des Weges für unsere Zeit haben könnte. Bei der ersten Fragestellung müßte deutlicher gesagt werden, wie Jesus, der Weg, mit dem Weg, den Bashô und Dôgen entdeckt, in Beziehung stehen. Dabei handelt es sich einmal um eine brennende Frage, auf die Christen dringend eine Antwort erwarten. Japaner im allgemeinen sind wohl eher daran interessiert zu erfahren, ob und wie sich das Christentum mit japanischem Denken verträgt. Bei der zweiten Problematik handelt es sich um eine wichtige Frage, die mein hauptsächliches Interesse ausmacht, nämlich um die äußerst aktuelle Fragestellung, wie für den Christen, der an Christus als den Weg glaubt, dieser Jesus, der sich zu unserem Weggefährten gemacht hat, in der gegenwärtigen Krise uns auf unserem Weg begleitet. Damit verbunden ist die andere aktuelle Frage, welche Vision und konkrete Wegweisung eine Theologie des Weges in der gegenwärtigen Krise, die die ganze Menschheit bedroht, geben kann.

Während dieser fünf Jahre habe ich ständig unter einer Art innerem Zwang gestanden, so daß ich, der ich von Natur her eher ein langsamer Schreiber bin, sehr zügig vorangekommen bin. Dieser Zwang war mehr als ein psychologisch zu erklärendes Motiv, nämlich eine aus der Tiefe meiner Seele hervorbrechende Bewegung. In einer Zeit, wo Ost und West erstmals in der Geschichte zu einer wirklichen Begegnung finden, fühlte ich mich von dieser Grundströmung herausgefordert und gedrängt. Denn ich hatte während der letzten 40 Jahre auf der einen Seite westliche Philosophie und Religion studiert und auf der anderen Seite mich mit japanischem Denken und japanischen Religionen befaßt, zunächst sicher aus intellektueller Neugier heraus, aber auch aus der ernsthaften Suche nach dem Weg, so daß das vorliegende Buch auch die Entwicklung meiner lebenslangen Suche nach dem Weg widerspiegelt. So kann man im vorliegenden Buch vielleicht auch so etwas wie ein aus dieser schicksalhaften Begegnung zwischen Ost und West geborenes Kind sehen.

Wenn ich an dieser Stelle zurückblicke, wird mir so richtig deutlich, wie gewichtig die Aussage Rahners ist, daß es den Japanern aufgegeben sei, eine Theologie des Weges zu schreiben. Es läßt mir keine Ruhe, ob ich den Erwartungen Rahners auch wirklich entsprochen habe. Trotz dieser Last und mancherlei Bedenken habe ich mich auf das Wagnis eingelassen, das Buch zu veröffentlichen. Dabei gab ich einmal dem starken inneren Drang nach, es gab aber noch eine andere mich stärkende Kraft, nämlich die Unterstützung durch Izutsu Toshihiko, Endô Shusaku und Kaga Otohiko, die mich tief berührt hat und denen ich hiermit herzlich danken möchte.

Bei der Abfassung des zweiten Hauptteils über Dôgens Metaphysik des Weges bin ich Prof. Kawamura Kôdô von der Komazawa Universität sehr verpflichtet. Prof. Kawamura leitete die Konferenz »Studien zu Dôgen«, die vor vier Jahren an der Sophia Universität abgehalten wurde, er hat mir damals den inneren Zugang zum Gedankengut Dôgens erschlossen. Prof. Suzuki Kakuzen von der Komazawa Universität war so freundlich, das Manuskript des zweiten Hauptteils zu lesen und versicherte mir, daß meine Interpretation Dôgens korrekt sei. Beiden fühle ich mich wegen ihrer Kenntnisse verpflichtet.

Meinen Mitbrüdern P. Adolfo Nicolas, P. Iwashima Tadao, P. Semoto Masayuki, alle von der Sophia Universität, und Herrn Ono Terao von der Seisen Frauen-Universität, Herrn Tsuchida Tomosho von der Nanzan Universität sowie Herrn Matsumoto Tama, die den letzten Entwurf des Manuskripts gelesen haben, Verbesserungsvorschläge machten und Rat erteilten, schulde ich tiefen Dank. Zugleich bin ich mir bewußt, daß ich einer Vielzahl von Personen, deren Namen ich hier nicht nennen kann, für ihre tiefe Freundschaft und Unterstützung zu Dank verpflichtet bin. Ganz besonders möchte ich aber meine Dankbarkeit für Frau Kunugiyama und Frau Yoshihira Kimiko ausdrücken, die das Manuskript zusammengestellt und geschrieben haben.

Schließlich möchte ich Herrn Aiba und Herrn Tokoro vom Iwanami Verlag für ihre unablässige Unterstützung danken.

Am Heiligen Abend, 24. Dezember 1989